浙江改革开放口述史

王祖强　主编

中共党史出版社

图书在版编目（CIP）数据

浙江改革开放口述史 / 王祖强主编 . -- 北京 : 中共党史出版社 , 2018.12
（改革开放口述史丛书）
ISBN 978-7-5098-4934-7

Ⅰ . ①浙… Ⅱ . ①王… Ⅲ . ①改革开放—历史—浙江 Ⅳ . ① D619.55

中国版本图书馆 CIP 数据核字 (2018) 第 270331 号

出版发行：中共党史出版社
责任编辑：韩冬梅
复　　审：吴江
终　　审：汪晓军
责任校对：龚秀华
责任印制：谷智宇
责任监制：贺冬英
社　　址：北京市海淀区芙蓉里南街 6 号院 1 号楼
邮　　编：100080
网　　址：www.dscbs.com
经　　销：新华书店
印　　刷：北京盛通印刷股份有限公司
开　　本：170mm × 240mm　1/16
字　　数：270 千字
印　　张：18.25
印　　数：1—2050 册
版　　次：2018 年 12 月第 1 版
印　　次：2018 年 12 月第 1 次印刷
ISBN 978-7-5098-4934-7
定　　价：41.00 元

“改革开放口述史丛书”编委会

《浙江改革开放口述史》

目　录

回顾改革开放初期浙江的工作

铁　瑛

解放思想搞改革

党的十一届三中全会前后，浙江省与全国一样开展了解放思想的运动，主要围绕实践是检验真理的唯一标准的问题展开大讨论。

1978年5月11日，一篇题为《实践是检验真理的唯一标准》的特约评论员文章在《光明日报》头版发表。这篇文章引发了一场关于真理标准问题的大讨论。我们积极支持这场讨论，并始终认为检验真理的标准只有一个，那就是实践。

6月10日，《浙江日报》全文转载了这篇文章。

我们连续几天召开省委常委会，学习和讨论关于检验真理的标准问题。大家在讨论中认为，一定要以实践第一的观点，总结20多年来正反两方面的经验；要敢于从实际出发，实事求是地研究、解决新的历史条件下提出的各种新问题。1978年9月26日，《人民日报》登载了我们的讨论情况。

10月5日至12日，省委宣传部召开了理论与实践问题理论讨论会。我代表省委作了《实践是检验真理的唯一标准问题》的报告。强调坚持实践是检验真理的唯一标准，才能真正高举毛泽东思想的伟大旗帜；坚持实践是检验真理的唯一标准，才能正确地总结正反两方面的经验；坚持实践是检验真理的唯一标准，才能恢复和发扬党的优良作风。

当中央领导同志征求浙江对“两个凡是”的看法时，我当即代表省委向中央明确表示，支持实践是检验真理的唯一标准。

1979 年 1 月 4 日至 22 日，浙江省委召开六届二次全会扩大会议，传达贯彻党的十一届三中全会精神，以实践是检验真理的唯一标准为思想武器，总结了“以阶级斗争为纲”的历史教训。会议讨论了如何把党的工作重心转移到社会主义现代化建设上来，如何贯彻中央关于农业问题的两个文件及建立各种生产责任制问题。会议要求全省各级党组织和广大党员、干部、群众，坚决响应党的十一届三中全会号召，集中精力，同心同德，为促进国民经济的高速度发展，实现社会主义现代化而英勇奋斗。我代表浙江省委郑重宣布：浙江全省的“揭批查”群众运动已经结束，各级党组织应及时地、果断地把工作重点转移到现代化建设上来。

但人们的思想认识毕竟不能很快统一，会后有人要与我们辩论，说现在工作重点绝不能转移，“四人帮”反党集团的阴谋虽然已经粉碎，但是与他们有牵连的人和事尚未彻底查清，“造反派”的帮派体系还没彻底查清，革命绝不能半途而废……

对此，我们一边强调干部要加强学习，一边耐心细致地做说服工作，讲明为什么要把工作重心转移过来。

1979 年 9 月，浙江省委召开常委扩大会议，讨论浙江的四化建设问题。认为搞好经济工作，必须在指导思想上解决好两个问题：一是贯彻实事求是的原则；二是明确社会主义生产的目的。会议确定今后浙江省国民经济调整工作的主要任务是：按照农、轻、重的次序，搞好综合平衡，以长补短，以轻养重，充分发挥本省的经济优势和特长；在继续抓好粮食生产的同时，大力发展多种经营；加快丝绸、棉纺、麻纺、造纸和工艺美术等轻纺工业、手工业的发展；积极创造条件，使旅游、外贸事业有较大的发展。

事实上，一直到 1981 年 6 月党的十一届六中全会，对毛泽东、毛泽东思想作出公正全面的评价，人们的思想认识才真正统一起来。

改革开放的硕果

我在浙江省委第一书记任内，主要领导了浙江改革开放的初始阶段。

这个阶段改革的重点，开始是调整农村生产关系，主要是撤销人民公社建制，改“三级所有，队为基础；集中劳动，统一分配”的管理体制为“包干到户，包产到户，联产计酬”的家庭联产承包责任制。随后，又改革了农产品统购统销制度，逐步放开农副产品的价格，较大幅度地调整农村产业结构；逐步开展城市经济体制改革。

党的十一届三中全会以来，浙江的经济面貌发生了深刻变化。按照中央的统一部署，先后在农村和城市逐步开展了改革。改变了片面追求“一大二公”的指导思想，出现了以国营经济为主导、多种经济成分共同发展的新局面；改变了脱离实际的生产经营方针，经济优势得到发挥，产业结构渐趋合理；逐步改革经营管理体制，增强企业活力，发挥了劳动者的生产积极性。对内对外实行开放，封闭式经济开始向开放型经济转化；重视了教育科技事业的发展和人民生活的改善，经济、科技和社会发展比较协调。

1979 年，浙江国民经济各部门认真贯彻执行“调整、改革、整顿、提高”的方针，在农业方面采用调价、奖售、换购、议价等经济措施，加快了农业生产的发展，在工业上进行了扩大企业自主权的试点，工农业生产出现了稳定增长的好势头。全省工农业总产值达 231.45 亿元，比上年增长 16.3%。其中工业总产值 149.36 亿元，增长 17.9%，增长幅度居全国首位；农业总产值 82.09 亿元，增长 13.4%。

1980 年，浙江国民经济在调整中前进。全省工农业总产值为 276.55 亿元，比上年增长 19.5%。工业总产值为 190.43 亿元，增长 27.5%。80 种主要产品的产量有 67 种超额完成全年计划。

1981 年，全省贯彻执行了在经济上实行进一步调整、政治上实行进一步安定的方针，工农业生产稳步发展。工农业总产值达 332.82 亿元，比上年增长 20.3%。

到 1982 年，浙江国民经济在调整中继续前进。工农业总产值完成了 368.3 亿元，比上年增长 10.7%。由于农业联产承包责任制的全面推行，农民生产积极性空前高涨，农业获得了新中国成立以来最好的收成，总产值达 137.6 亿元，比上年增长 15.5%。工业生产在连续三年大幅度增长的基础上继续上升，总产值为 230.7 亿元，增长 8%。

这一时期，浙江的改革开放、经济建设的起飞，虽然付出了很多努力，但由于历史的局限，在某些问题上仍然存在着这样那样的缺点。浙江的发展虽有进步，但离心目中的目标还有很大的距离。

关于第一生产力

党的十一届三中全会后，工作重心转移，百业振兴。经济工作最终成了各级党委最重要的工作。在经济工作过程中，虽然我们竭力调动劳动者的生产积极性，强化管理，合理安排生产，经济指标也大幅度地上升，但总觉得发展还有着某种缺陷，本来经济发展应该还要快些的。症结在哪里呢？思来想去，我们觉得应该在科学技术上面做文章。当时，“科学技术是第一生产力”的科学论断还在探索总结过程中，但邓小平同志关于科学技术与生产力的一系列论断，都给我们的实际工作指明了方向。

1979 年 3 月 10 日至 14 日，浙江省科学技术大会召开。重点是解决科学技术为经济建设服务的问题，并讨论了 1979 年科技计划及 1978 年至 1985 年科技发展规划草案，奖励了一批科研成果。

1980 年 5 月 15 日至 22 日，全省科学技术工作会议在杭州召开，会议着重讨论了国民经济调整期间浙江省科研工作的任务。

1981 年 6 月 16 日至 22 日，在浙江省科技工作会议上，省委、省政府再次强调，要坚定不移地贯彻科学技术为经济建设服务的方针，各级领导要提高对国民经济发展必须靠科学技术的认识。

1983年1月，我在《工人日报》上发表题为《从实际出发开创工业生产新局面》的文章，强调“要狠抓科学技术的进步，加快现有3万多个企业技术改造的步伐”。指明“像浙江这样人多地少，重化工资源不足，加工工业比重大的地方，更要依靠科学技术的进步，来提高经济效益。这就是有计划地把科技人员、科研机构组织起来，投入到经济建设的实践中去。”

由于我们认识早些，抓得比较紧，至1982年，浙江有22个重大科技成果推广项目获得国家农委和国家科委的“农业科技推广奖”。这大大促进了浙江国民经济的发展，为后来“科教兴省”战略的提出与实施打下了基础。

抓文化教育

科技工作的发展有赖于教育工作者的整体素质，这就对教育工作提出了新的更高的要求。

浙江素有“文化之邦”的美称，教育事业发展的起点较高。但由于种种原因，浙江大专院校数目偏少（当时只有11所），无形中极大地制约了教育事业的进一步发展。粉碎“四人帮”后，我们对教育事业逐步重视起来。

1977年11月5日，在全省教育工作会议上，我作了《全党动员，书记动手，把教育工作搞上去》的专题讲话，强调要坚持“两条腿走路，多种形式办学的方针，使普及与提高、重点与一般正确地结合起来，为我国社会主义教育事业的发展开辟一条多快好省的途径”。

党的十一届三中全会后，教育得到各级党委的重视。1980年1月5日，浙江省委发出《关于加强职工教育工作的通知》，规定浙江省职工教育的目的、任务，并且提出为鼓励职工学习，要制定必要的政策、措施。这掀起了全省性业余学习的高潮。

1981 年 6 月 16 日至 22 日，浙江省委、省政府召开全省教育工作会议，学习贯彻中共中央、国务院《关于普及小学教育若干问题的决定》。

教育的发展为科技的发展打下基础，而科技的发展为国民经济的发展注入新的活力。

在抓经济建设的同时，文化建设也同样有着不可偏废的地位。浙江人杰地灵，名人辈出，文化渊源深厚，戏剧颇有特色。我们同样花精力抓文化工作，并且抓出了一定的成效。浙江省文学艺术工作者第二次代表大会提出：“文艺界应当继续解放思想，深入生活，放开手足，大胆创作。各级党委对文艺工作要担负起扶持、引导的责任。”

浙江小百花越剧团的成功，就是当时大胆扶持文化方面的一个典型。

当时，戏剧领域出现严重的青黄不接和后继乏人的状况，使我们十分吃惊。我们深知文化工作对于人们精神面貌有着不可低估的影响力，戏剧更是人们喜闻乐见的形式之一。越剧是全国第二大剧种，有广泛的观众。而 1979 年国家文化部筹备新中国成立 30 周年献礼演出时，浙江却无法组团参赛，更谈不上取得好的名次。

我们了解了这一严峻现实后，毅然支持浙江文化部门的筹划，决定在全省范围内招生，组团参赛，争取在几年内培养出一批戏剧新人。当时这个招生在人事和劳动工资方面算是新的突破，在我们几位省委常委的支持下，招生终于落实了。但小百花演出团胜利归来后，又面临一个严峻的现实，即这个并无编制又是从各地抽调来的 20 几位新秀组成的临时剧团，是继续组团，还是分返各地？我们听取汇报后认为人不能散，并协调有关部门，最终决定成立浙江小百花越剧团。这样几年后，就有了全省戏曲的小百花会演，也才有浙江越剧重新享誉海内外。

江南春来早

1983 年春节前夕，我们接到中央办公厅的通知：邓小平同志将到杭州，与浙江人民共度新春佳节。

我的心里不禁涌过一股暖流。小平同志到杭州来，要亲眼看看改革开放后浙江的蓬勃发展，我的心里充满了喜悦。

这是粉碎“四人帮”后小平同志第一次到杭州，也是我第一次和最后一次以省委第一书记的身份接待小平同志。因为当时我们已经将省委机构改革的方案上报中央，并已获得中央政治局批准。我与原省委的大多数同志都将退居二线，提拔一批年轻同志担任领导，只是根据中央指示尚未对外公布。

一辆黑色红旗牌小轿车缓缓停下，小平同志从车中下来，步履平稳，满面笑容，伸出手来与我和李丰平、王芳、薛驹同志一一握手。

我们想小平同志已经是近 80 高龄的老人了，鞍马劳顿，还是请他先休息几天。小平同志摇摇手说：我不累，大家进屋里一块儿谈谈。于是我们一起进了屋里。

寒暄一番后，我开始汇报。当我讲完第一个问题“省委机构改革情况”后，小平同志说：“班子如果可以再年轻一些，11 个常委中有两个 50 岁以下的同志就更好。”接着，我汇报第二个问题“浙江 1982 年工农业生产情况”。当时，全省工农业总产值已经人均 600 美元，我们分析了浙江工农业发展情况，提出“到 2000 年翻两番半到三番是可能的”。

“噢？你们有信心能翻两番半到三番？”小平同志面带微笑认真地反问道：“你们有什么具体的措施？”

“有的。”我接着汇报了省委目前抓紧的五项工作：解放思想，抓改革，抓科技和教育，发挥浙江轻工业的特点和优势，发展乡镇企业和农业。

汇报了近两个小时，小平同志全神贯注，毫无倦容。听完，他露出满意的微笑：“你们是沿海发展比较快的一个省，你们的工作不错，我很高兴！是呀，到 2000 年，江苏、浙江是应多翻一点，不然青海、甘肃这些基础落后的省可能会有困难。江浙多翻一点，可以拉一拉，保证达到全国翻两番的指标。……”

我任省委书记时所做主要工作

王　芳

出任浙江省委书记

1981 年 2 月中旬“两案”审判结束后，我回到杭州已是除夕前夜。我继续担任中共浙江省委副书记、浙江省人大常委会副主任，分管政法工作、外事工作，主持人大常委会工作。

6 月，我去广州，主要解决与华南、广东在隐蔽斗争中的配合协调和处理“文化大革命”中的一些遗留问题。同时参观学习、考察深圳、珠海特区的情况。其时特区刚刚起步，蛇口区域正在大规模地搞“三通一平”，建设已经铺开，形势很好，深受启发。我还会见了港澳的霍英东等一些著名人士。

8 月底，我去中央党校学习半年。

1982 年 9 月 1 日至 11 日，我作为党的十二大代表，参加了中国共产党第十二次全国代表大会。我当选为中共中央委员。浙江省同时当选为中央委员的有铁瑛、薛驹；袁芳烈、陈作霖当选为候补委员。李丰平当选为中央顾问委员会委员。

党的十二大是“文化大革命”以后，我们党英明果断地处理林彪、江青两个集团，经过拨乱反正后召开的一次代表大会。邓小平同志提出的建设有中国特色社会主义，是十二大的指导思想，也是整个新的历史时期改革开放和现代化建设的指导思想。我有幸参加这次大会，深受教育，对建设社会主义的理解更加全面和深刻，这对我以后的工作起了重要的作用。

1983年2月9日至18日，邓小平同志到浙江视察。刚来那一天，小平同志一到刘庄住地，不顾旅途劳顿，就要迎候他的中共浙江省委领导铁瑛、李丰平、我和薛驹进到会见厅。这次小平同志是从江苏苏州过来的，主要是调查、思考到20世纪末我国国民生产总值翻两番和人民生活实现小康的问题。他讲了苏州的经验和苏州人的生活水平。他神采奕奕，非常高兴，说苏州人的生活水平已接近小康，吃穿问题已经解决，住房问题也基本解决，人均住房面积已达20平方米。他说，就业问题解决，工农业生产总值达到人均800美元以上，教育问题也可望解决。他也仔细地听取了铁瑛和李丰平同志的汇报，并对浙江省委提出的到2000年可望实现翻两番半到三番的目标，表示很满意。

当时正值机构改革，铁瑛同志也向小平同志汇报了浙江省委班子调整方案。小平同志对浙江省委主要领导的安排也拍板认可，并强调指出省委常委班子中要有两个50岁以下的同志。

3月初，中央对浙江省委的领导班子进行全面调整，铁瑛、李丰平等老同志退到二线，我担任中共浙江省委书记，薛驹任副书记、省长。

机构改革后，省委不再设第一书记，这样我担任了浙江解放后第七任浙江省委书记。

第一任浙江省委书记谭震林，任期1949年5月—1952年9月；

第二任浙江省委书记谭启龙，任期1952年9月—1954年8月；

第三任浙江省委第一书记江华，任期1954年8月—“文化大革命”初期；

第四任浙江省委第一书记南萍，任期1971年1月—1973年5月

（1972 年 3 月以后停职，不主持省委工作）；

第五任浙江第一书记谭启龙，任期 1973 年 5 月—1977 年 2 月；

第六任浙江省委第一书记铁瑛，任期 1977 年 2 月—1983 年 3 月；

第七任浙江省委书记王芳，任期 1983 年 3 月—1987 年 3 月。

中共中央任命浙江省委常委班子后不久，同年 4 月底，就召开了浙江省第六届人民代表大会第一次会议和政协浙江省第五届委员会第一次会议，选举产生了省人大常委会、省人民政府、省政协的领导班子和法、检“两长”。原省长李丰平当选为省人大常委会主任，薛驹当选为省长，王家扬当选为省政协主席。

经过 10 个多月的积极筹备，并经中共中央批准，1983 年 11 月 26 日至 12 月 1 日，召开了中共浙江省第七次代表大会。出席会议的正式代表 680 名，候补代表 68 名，代表全省 117.6 万余党员。会议提出了全力推进经济建设，为 20 世纪 90 年代经济振兴打好基础，努力争取提前实现工农业总产值翻两番的任务。同时提出要努力建设以共产主义思想为核心的精神文明，使经济建设沿着社会主义的正确方向不断前进。会议听取和审议了我代表上届浙江省委作的《沿着十二大确定的正确道路，全面开创浙江社会主义现代化建设的新局面》的工作报告，审议和批准了省纪律检查委员会的工作报告，并通过了两个报告的决议。会议通过充分酝酿和民主选举，产生了由 49 名委员和 13 名候补委员组成的中共浙江省第七届委员会。同时选出了浙江省顾问委员会和省纪律检查委员会。

12 月 2 日，中共浙江省第七届委员会第一次会议上，选举我为书记，陈法文、吴敏达为副书记；常委有王芳、薛驹、陈法文、吴敏达、张兆万、罗东、沈桂芳、张秀夫、厉德馨、王维澄、马骥良等 12 人，其中有两位 50 岁以下，落实了邓小平同志的指示。铁瑛同志任省顾问委员会主任，张敬堂、崔健同志任副主任。陈作霖同志任省纪律检查委员会书记。会议开得非常顺利。

我代表上届省委作的报告，对浙江的省情作了客观分析后，提出今后我们应该坚持的指导思想是：要把中央有关经济建设的一系列方针政策同我省的实际结合起来，努力建设具有中国特色的社会主义现代化经济。

1. 一切经济工作都要转到以提高经济效益为中心的轨道上来，实现速度和效益的统一。不论工业、农业、交通、商业、基本建设，各行各业都要努力做到决策正确、技术进步、经营得法，以尽可能少的投入获得最大的效益，克服不讲质量，不计成本，不顾社会需要，单纯追求数量和速度的片面做法。

2. 紧紧抓住农业、能源和交通、教育科技三个战略重点。特别是抓好电力、铁路、港口和内河航运的重点建设项目，使我省能源、交通紧张的状况得到缓解。

3. 在发挥原有拳头产品优势的同时，积极开拓新的生产领域。坚持保护和合理开发各种自然资源，大兴山海之利，向生产的广度和深度进军。有计划地发展新的工业生产门类，特别是发展耗能少、污染少、劳动密集型的行业和知识密集型、技术密集型的行业，以适应社会的需要，为国家积累更多的资金。

4. 领导经济工作要从单纯抓生产转到生产流通一起抓，放眼国内外市场，把我们需要的新技术和原材料搞进来，把我们的产品打出去，使我省的经济逐步从半封闭、技术落后的状态，转变到开放的、社会化商品化的、技术进步的现代化经济上来。

5. 继续解放思想，立志改革，坚持实行“对外开放、对内搞活”的政策，根据中央的部署，搞好经济体制的改革，促进生产的发展。

报告强调，今后的五年，我们在经济建设中，要着重在以下几方面下工夫：继续加强农业这个国民经济的基础，加快农村商品生产的发展；搞好工业的技术改造和调整改组，发展有浙江特色的工业经济；集中力量，保证以能源交通为中心的重点建设；大力发展教育和科技事业，高度重视智力开发；积极开拓市场，促进商品生产和商品交换；重视环境保护，严格控制人口的增长，继续改善人民生活；适应经济建设发展的要求，大胆探索和积极推进经济体制的改革。

那个时候，党的大批领导干部正处于新老交替之际，从我们这届省委班子的组成人员看，担负着承前启后的作用。当年，胡耀邦同志提出建立“第三梯队”，按照他的说法，我们省里的党政一把手，也就是我和薛驹同志都属于“第二梯队”中年纪较大一点的。那时我已63岁，薛驹同志61岁，我们不仅要兢兢业业，以改革、开放、创新的精神做好工作，更重要的还要全心全意地支持和扶持比我们年轻一些的“第三梯队”的同志。

此时，我深感自己肩上的担子和责任更重了。我想，既然当了“过河卒子”，就要积极稳步向前。为此，我一再要求省委领导集体，必须与党中央保持高度一致，认真贯彻执行党的十一届三中全会以来的路线、方针和政策；必须努力学习，增长新的知识，不断提高领导水平和驾驭全局、处置重大事件的能力；必须遵守党的民主集中制原则，坚持集体领导，分工负责，要求每位成员齐心协力，大胆放手，创造性地、独立地开展工作。同时要求刚退下来的老同志从党的事业出发，搞好“传、帮、带”。要求省级几套领导班子充分发挥各自的职能作用，为浙江的经济发展和社会进步作出贡献，不负党中央、国务院和全省人民的期望。

我作为一班之长，努力从全局出发，想大事议大事，首要的是加强党的自身建设，特别是抓好正在进行的机构改革，地市领导班子、县级主要领导和省直各单位领导班子的配备，选拔德才兼备的中青年干部，开展全面整党，等等。对浙江今后一个时期的发展，也是我集中思考的一个重要问题。当时的构想和对浙江的发展思路，集中反映在1983年9月1日我为《文汇报》创刊35周年撰写的《浙江的今天和明天》一文，以及我代表省委在中共浙江省第七次代表大会所作的报告。当然，这些都是经过省委常委、副省长特别是我与薛驹同志多次酝酿后形成的。我在《文汇报》的文章中，在比较系统地回顾党的十一届三中全会以来浙江经济建设成就之后，着重谈了开创浙江经济建设新局面的设想。总的目标是：在不断提高经济效益的前提下，到2000年全省工农业总产值在1980年的基础上实现翻两番，并力争超过，使人民的物质文化生活达到小康水平。同时提出了实现今后20年宏伟目标的步骤。

端正工作的指导思想

1983年10月11日、12日，中共中央召开了十二届二中全会，讨论通过《中共中央关于整党的决定》。我出席了这次全会，聆听了邓小平、陈云同志就整党问题作的重要讲话。小平同志以《党在组织战线和思想战线上的迫切任务》为题，强调“整党不能走过场”和“思想战线不能搞精神污染”等问题。

10月26日至31日，浙江省委召开六届七次扩大会议，传达党的十二届二中全会精神，讨论整党问题。会上，我要求每位党员领导干部带头学习整党文件、亮思想、开展批评与自我批评、边整边改，用严肃的态度进行整党。同时，省委对全省整党作出部署，决定分两期进行，为期三年。先用一年时间，搞好省委和省直各单位党组织的整党；再用两年时间整顿各地、市、县和全省所有党的基层组织。省委还决定成立以我为组长、省委副书记陈法文为副组长的省委整党工作指导小组。还从省纪委、省委组织部等机关抽调干部组建“省委整党指导小组办公室”，负责日常工作。自此，整党工作分期分批地在全省展开。

浙江省委和省直各单位在整党中，一面学习整党文件，提高认识，开展谈心活动，进行对照检查；一面提出深入基层，调查研究领导工作指导思想和实际工作中存在的重要问题，在此基础上制定整改方案。当时，省委常委和副省长按照集体议定的开创全省工作新局面中的若干重大问题，自己认题，分头调研，边整边改。省直各单位的150多名领导也带领干部下去调研，一时兴起了到基层调查研究之风。我记得《人民日报》曾就浙江整党工作刊发题为《带着重大业务问题深入调查研究》的报道，报道说：中共浙江省委和省级机关在整党中，出现了既生动又扎扎实实的新气象。

1984年4月26日至5月2日，省委常委在学习、调研、广泛征求意见、充分讨论的基础上，召开扩大会议，我代表省委作整党对照检查。省委常委在对照检查中，紧紧抓住思想上政治上同党中央保持高度一致和积极开创浙江工作新局面的主题，从清“左”、破满、唯实、创新四个方面，认真总结经验教训，进一步解放思想、振奋精神，决心更好地从浙江的实际出发，贯彻执行中央的路线、方针、政策，开创物质文明、精神文明建设的新局面。

3月至5月，当时正在浙江视察工作的中央顾问委员会副主任、中央整党指导委员会常务副主任薄一波，曾先后两次听取浙江省委关于整党工作情况的汇报。薄老由于工作劳累过度，突发心脏病，幸好经组织专家及时诊治，精心护理，化险为夷。薄老非常关心浙江的工作，5月2日，他病情稳定不久，就会见了参加省委扩大会议的全体同志，发表了长篇讲话。薄老在讲话中充分肯定了浙江的工作，从全局的高度提出了希望。他要求到会同志真正从思想上政治上解决彻底否定“文化大革命”的问题，肃清“左”的影响；在思想上政治上必须同党中央保持高度一致，要积极稳步地改革和进一步开放；要反对官僚主义；认真清查“三种人”（即追随林彪、江青集团造反起家的人、帮派思想严重的人、打砸抢分子），建立“第三梯队”；把反对自由化倾向、抵制精神污染作为一项长期的根本性的任务来抓。

7月21日，《人民日报》以《浙江省委对照检查总结经验教训提出工作指导思想》为题予以报道。同时发表了中央整党工作指导委员会办公室的按语。按语说：浙江省委常委在对照检查中，提出“系统清‘左’，不断破满，勇于唯实，大胆创新”，作为浙江今后经济建设和各项工作的指导想想，说明他们通过整党，在思想认识上有了新的提高。这四句话，对其他地区和部门的党委、党组也可以作为借鉴。

省委和省直各单位整党基本结束后，省委于8月6日至25日，在杭州举办了地市委书记整党读书班，学习文件，统一思想，明确整党的基本方针、基本任务、基本政策和基本方法，为开展地市委整党和领导所属机关的整党做好思想准备。我就如何高标准、严要求地搞好地市整党问题讲了话。陈法文向大家介绍了省委和省直各单位整党的基本情况和大体做法，并对全省开展第二期整党作出分期分批的部署。全省整党到1987年3月底结束。

这次整党，实际上是“文化大革命”后党在组织战线和思想战线上的一次进一步的拨乱反正。浙江省委及全省各级党组织特别是县以上党委，在整党中是严格按照党中央《关于整党的决定》和中央整党指导委员会的具体部署进行的。全省6.35万余个单位、129.49万党员参加整党，占应参加党员的96%。经过整党，总的来说，全省各级党组织在思想、作风、组织、纪律等方面都有进步。我觉得最大的收获是，进一步端正、明确了省委工作的指导思想，就是前面讲到的系统清“左”，不断破满，勇于唯实，大胆创新。这次整党，可以说为改革开放新时期党的建设打下比较好的基础。

浙江的机构改革，分省和地市两期进行。省委和省级机关的改革，从1982年10月开始，到1983年3月基本结束，是李丰平和张敬堂、崔健同志负责的。地市机关的改革作为第二期，从1983年2月省委建立地市机构改革领导小组开始，到同年10月底基本结束，由我担任组长，直接抓的。地市也建立领导小组。省委组织部还抽调一批干部，特别是选调一些有经验的老同志，其中厅局级以上的就有23位，组成工作组，对每个地市进行指导帮助、检查督促，每个地市的改革方案，经省委讨论后实施。

通过这次机构改革，解决了当时带有共性的三个问题：

一是理顺了领导体制，精简了一些工作机构。比如宁波地、市合并，撤销地区；绍兴撤地建市；嘉兴撤销地区，分别建立嘉兴市、湖州市。这四个市都建立市管县的体制。这些工作都是在地市机构改革时期进行的。1985年5月，又撤销了金华地区，分别建立金华、衢州两个市。这些行政区划和领导体制的调整，都是报经国务院批准的。

二是比较好地解决了领导干部职务终身制的问题。在当时的机构改革中，集中离退了一大批干部。对从地市领导岗位退下来的130位老干部和从省级部委办厅局领导岗位上退下来的700多位干部，都作了妥善安排，他们中多数全退，少数半退作过渡。

三是比较好地解决了干部老化问题。由于历史的种种原因，干部队伍成了“一潭死水”，出不去，进不来，上不去，尤其是县以上领导干部年龄老化、知识老化的问题比较突出。当时的县委书记、县长平均年龄54岁多，地市领导班子成员平均年龄57.1岁。这些同志绝大多数是从革命战争年代过来的，经过长期考验，对党忠心耿耿，对事业兢兢业业，比较普遍的是文化水平偏低，知识面不够宽。这是当时亟待解决的问题。经过这次机构改革，十个地市委领导班子成员平均年龄为47岁，比原来下降10.1岁。大专以上文化程度的，从原来的4.9%提高到56.9%。

当时，大批干部退下来，我记忆当中，还比较顺利，没有发生什么问题。这主要是两条：一是宣传工作和思想教育工作做得比较深入细致，大会讲、小会讲，干部都有充分的思想准备；二是显示了老同志的高风亮节和宽大胸怀，他们从党的事业后继有人出发，多数同志主动提出退出位子，让新上来的年轻同志干。我认为，在当时的情况下，新上来工作的同志，没有老同志的帮助和支持也是很难开展工作和有所作为的。

与此同时，省委决定按照干部“四化”的要求，开阔视野，从基层单位、工厂企业、高等院校、科研机构中选拔一批具有高学历、高职称，有丰富专业知识，有一定的工作能力，勇于开拓的优秀中青年干部充实到各级领导岗位。建立干部队伍的“第三梯队”和“各级领导干部后备名单”等，也是从那时开始落实的。在调整地市委领导和选拔干部中，充分发扬民主，把群众推荐和组织考察结合起来，改变了过去的习惯做法。当时选拔到县级以上领导岗位的年轻干部，大多数是称职和比较称职的。他们中间，走上省部领导岗位的也不乏其人。

强调勇于改革

新一届浙江省委领导班子选举产生后，我及时指出：针对我省经济上存在的薄弱环节，以及不能适应激烈的市场竞争和世界新的工业革命挑战的现状，我们要有清醒的认识。要加快发展经济建设和科技事业，一方面应该立足于当前，努力把目前的各项工作抓好，同时应当高瞻远瞩，展望世界经济、科技发展的趋势，要很好地研究如何从本省的实际出发，跟上形势，把四化建设搞得更好。

20 世纪 80 年代初期，浙江改革开放逐步深入，城市企业体制改革步子走得比较早。但前进中出现了思想不够解放的问题，具体表现在怎么正确对待经营者、分清主支流等问题上。省委抓住典型事例，围绕海盐衬衫总厂的改革历程，进行解放思想的教育，步鑫生成为当时全省、全国知名度很高的企业改革家。

步鑫生是浙江海盐衬衫总厂厂长，改革开放以来他围绕提高企业经济效益，对企业进行大胆管理，根本的一条是打破大锅饭，调动工人积极性。这些措施在今天看来再普通不过了，但在当时却引起一场轩然大波，引发一场如何进行企业改革的大讨论。该厂有部分职工因不满步鑫生的管理闹了起来，上级工会出来干涉，认为侵犯了工人阶级利益，是不人道的，县总工会对步鑫生的做法提出严厉的批评并要求县委、县政府采取措施，不能听之任之。县里派员调查后也感到问题严重、压力大，有关材料反映到了省里。我看后立即指示组织联合工作组，调查后向省委汇报。

1984 年 2 月 9 日，我在浙江省委办公会议上明确指出：要勇于改革，要坚定改革的思想和勇气，改革中难免会出现问题，遇到问题后，正确的要支持，有缺点的要帮助，不要堵卡压。浙江出现了一批好厂，其特点是思想解放、有竞争力。这不是个别的企业，而是一批，这是新的问题，通过这次总结，解决好改革的指导思想，这是一个大问题。步鑫生敢于打破几十年来企业管理的旧框框，冲破重重阻力，顶住极大压力，走出企业改革的一条路子，总的应该肯定他有事业心，这种改革精神是符合时代潮流的，是十分可贵的，应当大力支持，积极宣扬和推广。我们要从大的方面统一思想，要看大的目标，不要去搞那些鸡毛蒜皮的事，水至清则无鱼，应该肯定的事要肯定，进一步总结经验是需要的。至于步鑫生本人的缺点和企业改革措施中存在的问题，可以通过教育帮助，总结经验教训，逐步完善起来的。我特别强调各级领导一定要站在改革的前沿，做改革的带头人，要进一步解放思想，千万不能墨守成规，成为改革的阻力。

浙江省委决定通过新闻单位号召企业界学习步鑫生的改革精神。新华社内参全文刊登了我在省委常委会上的讲话，引起中央的重视。紧接着《人民日报》大篇幅报道了海盐衬衫总厂的改革经验，肯定了浙江省委的工作。和步鑫生差不多同时涌现出来的企业改革家还有鲁冠球，他真正成功了，而步鑫生红了几年就倒了。究其原因，根本的一条是，以鲁冠球为代表的一批成功的企业家，他们在成绩面前头脑冷静、居安思危，不断提高自身素质和企业管理水平，在激烈的市场竞争中，使自己立于不败之地；而红了一阵、不久销声匿迹的企业改革家，正好相反。这是值得后人借鉴的。

1984 年 10 月，党的十二届三中全会通过《中共中央关于经济体制改革的决定》后，浙江省委即召开全会扩大会议研究贯彻意见。我和薛驹同志都讲了话，我在回顾一年来城市经济体制改革情况后，重点讲了如何进一步解放思想、开拓创新的问题。我提出，要坚持实事求是的思想路线，彻底破除陈旧、僵化的观念。

一是要破除把计划经济与商品经济对立起来的传统观念，明确计划经济必须自觉依据和运用价值规律；

二是要破除“恐资”心理，在坚持社会主义制度的前提下，大胆吸取资本主义一切有用的东西；

三是要破除把稳定物价理解为冻结物价的观念，打消对价格体系的不必要的疑虑；

四是要破除竞争是资本主义特有现象的旧观念，提倡社会主义的竞争；

五是要破除把企业当作行政机关附属物的旧观念，实行政企职责分开；

六是要破除“社会主义社会要建立单一的全民所有制”的旧观念，在社会主义历史阶段必须长期坚持多种经济形式；

七是要破除闭关自守的旧观念，更加自觉地实行对外开放的政策；

八是要破除在用人问题上的陈腐观念，大胆起用能开创新局面的人才。

1985 年 11 月 26 日，浙江省委又及时召开常委扩大会议，认真回顾总结各级领导班子在深化改革、加快发展过程中的经验教训。我指出：各级领导干部对于经济建设和改革开放的认识和领导水平有了很大的进步，表现在：一是提高了服从宏观管理的自觉性；二是开始把注意力转到提高经济效益上来；三是更多的农村干部学会抓工业、抓流通，运用市场机制指导农村经济；四是把扩大横向经济联系作为改革经济体制和发展国民经济的一个重要途径。但也要清醒地看到当前经济建设中存在着“固定资产投资规模过大、消费基金增长过猛所带来经济生活中的不稳定状况”，“经济手段缺乏实力，行政手段界限难分，法律手段尚不完备”的问题，同时有的领导思想上、工作上存在种种不适应的现象。我们决不能因此而否定改革的正确方向，应当积极妥善地解决矛盾，使改革建设更健康地发展。

我强调了当前要做好的几个方面工作：

1. 坚定不移地把改革放在首位。一是要增强企业特别是大中型企业的活力；二是要进一步发展社会主义有计划的商品经济，逐步完善市场体系；三是要进一步加强和逐步完善有效的间接的宏观管理手段，求得经济的稳定和平衡。

2. 把经济发展的重点放在改善经营管理，推进技术进步，提高经济和社会效益上。

3. 进一步活跃和繁荣市场，保持市场物价的基本稳定，使群众生活在生产发展的基础上，逐步有所改善。

4. 在推进物质文明建设的同时，大力加强社会主义精神文明建设，加强党的思想和组织建设。

1986 年 1 月 17 日，邓小平同志在中央政治局常委会上作了重要讲话。他指出：“抓精神文明建设，抓党风、社会风气好转，必须狠狠地抓，一天不放松地抓，从具体事件抓起。”为了具体落实这一重要讲话精神，浙江省委于 3 月 18 日召开了全省党的建设工作会议。

我代表省委要求全省各级党组织进一步统一思想认识，提高“两手抓”的自觉性，摆正经济工作与政治工作的关系，加强和改善思想政治工作，加强党的建设、精神文明建设，切实端正党风，动员广大干部和群众，振奋精神，和衷共济，再展宏图，为实现“七五”计划而奋斗。

我指出，端正党风要严肃认真，抓住关键，多办实事；要抓紧查处大案要案，坚决改变对严重经济犯罪活动打击不力的状况；要严格按照党的原则选拔任用干部，进一步加强各级领导班子建设；要用更多的精力去研究思想政治工作，加强和改进思想政治工作；要善始善终搞好整党，加强党的基层组织建设。

在发展多种经济成分过程中，有的私营五金厂有一定数量的党团员，想建立党团组织，帮助办好企业，但县里的同志吃不准，没有表态。我及时批示：有一定数量党团员的私人企业，该建立党团组织的要建立。

把农村改革引向深入

在浙江农村建立联产承包责任制后，农村改革的形势喜人。如何把改革引向深入，这是浙江省委一直在考虑的重大问题。

1984 年 2 月 10 日至 25 日，浙江省委召开了全省农村工作会议。这是机构改革后，省委新班子召开的第一次农村工作会议。记得我在主持浙江省委工作期间，这样的会议开过两次。

这次会议，主要是学习贯彻 1984 年 1 月 1 日中共中央发出的农村工作通知《当前农村经济政策的若干问题》和国务院副总理万里的讲话，分析当前农村新形势，提高认识，使我们的思想和各方面的工作能够更好地适应农村经济的历史性转变，进一步开创农村工作的新局面。

我在会上提出，1984 年农村工作的主要任务是推动商品生产大发展，具体讲了四项工作：一是继续稳定和完善联产承包制，健全有统有分的双层经营结构；二是疏通流通渠道，开展多种形式的联营；三是搞好技术推广和科学管理，提高经济效益；四是加强农村思想政治工作，抓好精神文明建设。

这次会议开得很成功。事先省委召开常委扩大会议，对《当前农村经济政策的若干问题》进行学习讨论，并分头进行调查研究，作了充分准备。可以说，这次会议，对我们长期生活在商品生产不发达的环境中形成的一些与大规模的商品生产格格不入的观念和条条框框，是一个强有力的冲破，认识上有了一个飞跃。对千方百计使农民富起来、使农村富起来，特别是让一部分人先富起来，提高了认识，统一了思想。对进一步搞好粮食生产，稳定粮食生产规模面积，实行集约经营，支持专业户，努力提高单产，提高粮食商品率等等，都有了新的认识和举措。

1985年初，省委又召开了全省农村工作会议，主要是学习贯彻中共中央关于农村改革的1985年1号文件。这个文件回顾了前三个1号文件的基本精神，提出进一步活跃农村经济的十项政策，核心是改革农产品统派购制度，逐步把价格放开，真正按照价值规律办事，做市场调节的文章，把发展商品经济的工作推向新的高潮。我根据省委常委讨论的精神，着重分析了这场改革的意义、面临的形势和下一步的工作。我指出：把农村生产真正转到商品经济的轨道上来，这是农村打破“大锅饭”以后的一场大变革。这一步比第一步影响更加广泛、更加深刻。我们要充分认识这场改革的深远意义，认识改革的复杂性、艰巨性，积极主动地领导好这场改革。我认为当前农村经济面临着较好的形势，体现在以下几个方面：城乡经济发展突破常规的速度；城乡经济正在从封闭型的自给半自给状态转向开放型的大规模商品经济；农民已经从求温饱转向为小康而奋斗；城市改革的全面展开，对农村的改革提出了新的要求。因此，我们要把部分干部群众的思想从小生产观念的束缚中解放出来。

对此，我作了具体分析：发展大规模商品经济，要有宏图大略和开拓精神，而小生产者的经济活动以自给自足为目标，市场对于他们来说是无关紧要的；大规模的商品经济必须是高度社会化的，而小生产者总是摆脱不了狭隘的地域观念。在强调解放思想的必要性后，我提出下一步工作的要求：一是按照中央的要求，改革农产品统派购制度；二是进一步调整农村产业结构。我从实际出发，提出：

1. 调整好农作物布局，积极发展经济作物和饲料作物。比如，对浙江省著名特产，黄岩的柑橘、湖州的百合、平湖海宁的西瓜、鄞县的贝母、席草、玉环的文旦、上虞的葡萄等等，建立起区域性的专业化商品基地，大力发展“名特优新”产品。

2. 狠抓薄弱环节，迅速改变林、牧、渔业“短腿”状况。

3. 大力发展乡镇企业，逐步实行农村工业化。要坚持多路并进，几个轮子一起转。要支持和鼓励农民发展家庭工业和联办企业，在政策上要和乡镇企业一视同仁。乡镇企业不仅要面向国内市场，而且要积极开拓国际市场。这就要大胆引进外资，实行技术改造，起用有能力的经营者，改善职工素质，积极开发新产品，提高经济效益。

4. 发展以商业为重点的第三产业，这是当务之急。

5. 农村科研和科技服务工作，要适应农村产业结构调整的需要。

6. 要高度重视农村集镇的建设。

最后，我对各级领导提出要求：要把注意力从微观指导转向宏观决策，从战术动作转向战略动作；要从单纯抓生产转向抓市场；要从单纯的行政管理转向服务，转向用经济手段管理经济。在集中精力抓经济建设和改革的时候，决不要忽视精神文明建设。精神文明建设不能停留在空洞的说教上，要从解决多数群众最关心的问题入手，每年切切实实抓好几件事情，日积月累，持之以恒，农村面貌就会越来越好。

会后不久，浙江省政府发出《关于调整农副产品购销政策的通知》，决定从 1985 年起，政府不再下达农副产品派购任务，按照不同情况实行合同定购和市场收购。

对于农村改革中出现的新事物，我十分关注。1985 年 3 月 21 日，浙江省委办公厅《信息通报》反映：苍南宜山镇一名农业生产能手，承包 29 亩土地，办家庭小农场，向国家提供商品粮 22411 公斤，平均亩产量 757 公斤。小农场全年净收入 7759 元。我对此作了充分肯定：种植业、粮食生产业，逐步向生产能手集中，我看是个方向，应予提倡。

这里，应当说说当时分管农村工作的副省长，后来做过省长的沈祖伦。我曾不止一次地说过，他热心农村工作，懂得农村经济，又经常下乡，比较了解实际情况。他对农村的改革和发展，抓商品生产，发展乡镇、民营企业等，出了一些好主意，做了许多工作。他抓农村这一块是到位的，尽心尽责的。

我所亲历的浙江改革开放历程

薛 驹

作为浙江改革开放初期的亲身经历者，回顾20世纪80年代在浙江改革开放中的历史情况，真是感慨万千。浙江省委始终沿着邓小平同志倡导的解放思想、实事求是的思想路线和中国特色社会主义道路，坚持从浙江实际出发，不断冲破各种思想束缚，在实践中敢试敢闯、创业创新，推动了经济社会的快速发展和人民生活水平的不断提高，使浙江这个人口多，土地少，资源也不丰富的一个沿海小省，在“文化大革命”中经济发展不断下降、财政连续七年赤字、经济社会陷于严重困境的穷省，逐步发展成为经济总量、城乡居民收入都名列全国第四位的经济大省。到2007年底，全省GDP已达到18640亿元，比30年前增长了54倍，城镇居民人均实际收入20577元，增长50倍，农村居民人均实际收入8265元，增长54倍。

浙江改革开放的实践经验证明，解放思想是实现解放生产力的先导，是我们实现从“文革”中以“阶级斗争为纲”到以经济建设为中心的转变、从高度集中的计划经济向充满生机活力的社会主义市场经济转变、人民生活从多数贫困向基本小康转变的重要法宝。如果没有解放思想，就不会有浙江改革开放的今天。

（一）

1976年10月“四人帮”被粉碎之后，浙江同全国一样，人心大快。省委遵照党中央的部署，多次召开会议，揭批“四人帮”的罪行，清查同“四人帮”有牵连的人和事，大力拨乱反正，平反冤假错案，落实干部政策，努力恢复和发展经济，广大干部群众看到了希望。

但是，到了1977年上半年，听到“两个凡是”精神的传达，多数干部又增添了一些担心。有的同志说，“两个凡是，早已如此，不是新话”。现在大家关心的问题是邓小平、陈云等老同志能不能出来工作，斗“走资派”是否还要斗下去，大量的冤假错案能不能平反？此后，1978年5月，《光明日报》刊出《实践是检验真理的唯一标准》一文后，引起较大的反响，多数干部表示赞成；也有些人认为是“砍旗”的谬论。邓小平同志最早对“两个凡是”提出批评，在他还没有恢复工作时，就向党中央写信，指出“两个凡是不符合马克思主义”，“必须用准确的完整的毛泽东思想来指导我们全党、全军和全国人民”。当他恢复工作后，首先抓思想战线的拨乱反正，支持真理标准问题的大讨论。他指出：“一个党，一个国家，一个民族，如果一切从本本出发，思想僵化，迷信盛行，那它就不能前进，它的生机就停止了。”当时，省委专门召开会议进行学习讨论，省委第一书记铁瑛和省委书记李丰平同志带头发言，认为小平同志的讲话极大地震动和推进了党员干部的思想解放，明确了如何以实事求是的科学态度正确对待毛泽东同志和毛泽东思想的问题。此后，在党的十一届三中全会上，邓小平同志又作了《解放思想，实事求是，团结一致向前看》的重要讲话，总结我们党的历史经验和教训，强调必须把全党的工作重点从以阶级斗争为纲转移到集中力量解放和发展生产力，使我们明确认识，思想解放必须经过实践检验，实践是检验真理的唯一标准。

改革开放初期的浙江，由于受十年内乱的影响，人们的思想相当混乱，经济陷于十分困难的境地，遗留了大量的政治、经济和社会问题。要闯出一条新路，首先要总结过去的经验教训，大力拨乱反正，平反冤假错案，落实有关政策。在总结经验教训中，推动思想解放，研究如何从改革开放中找出新路。当时主要从两个方面着手，一条是抓党内思想整顿和组织整顿；一条是探索经济发展的路子。

1983 年 10 月，党的十二届二中全会通过整党的决定后，浙江省委迅速作了传达贯彻，并结合我省的实际情况，把“清左、破满、唯实、创新”作为指导全省整党的工作方针，用以解决省委自身、省级各部门和地市党委在解放思想、改革开放中存在的问题。在统一思想、开展批评与自我批评的基础上，王芳同志代表省委作了对整党问题的认识和检查，并提出整改的措施。省委认为，过去对“左”的影响估计不足，系统地清理不够，该否定的没有彻底否定，如“文革”时期的派性问题仍然没有彻底清除。在所有制问题上，把“一大二公”、吃“大锅饭”都当作社会主义优越性，认为实行家庭联产承包、发展商品生产就会出现“资本主义”等等。把过去那些“左”的理论、政策当作正统的社会主义，加上作风上脱离群众，对“左”的危害缺乏切身之痛。几十年来的政治运动一直在反右，使人们心有余悸，怕犯错误。新中国成立以来经济建设中出现的大波折，国家人民遭受的苦难，大都是吃了“左”的苦头。因此，必须进一步解放思想，坚决清除“左”的思想影响。在组织建设上，清“左”主要是纠正那些压抑埋没人才、轻视知识分子的倾向，进一步落实干部队伍革命化、年轻化、知识化、专业化的方针，把大批德才兼备、年富力强的中青年干部选拔到各级领导岗位上来，使他们在新老合作、交替过程中得到实践和锻炼；把一批专家、学者放到省、地市领导机关和科技教育部门的领导岗位上，使他们的能力和积极性得到更好的发挥。与此同时，消除派性，清理积案。对那些在“文革”中顽固坚持派性的人，认真进行清理，彻底消除两派的派性。对“文革”中发生的重大派性事件和较大的经济犯罪案件，依照法纪进行了检查和处理，对多名党员分别作出开除党籍、留党察看等处分。另外，对“文革”中发生的冤假错案继续清查处理，先后为那些“浙南叛徒集团”、“勾结美帝、蒋匪通敌叛国”等冤假错案进行彻底平反，恢复名誉。同时，为那些“文革”以前错划为右派的干部彻底平反改正。通过这次大清理，使党员干部和广大人民更加认识到，解放思想必须通过实际行动，才能从“左”的影响下解放出来。

这次组织整顿工作，对于我省管理体制改革也起了很大作用。80年代，省委确定以杭州、宁波、温州三个对外窗口推进对外开放，同时也认识到县域经济、中小城镇发展的重要性，认为中小城镇是日用小商品和农副产品的集散地，是农副产品加工和为农民提供产前、产中、产后服务的重要基地，也是传播科学技术、文化知识，加强精神文明建设的重要阵地。因此，省委、省政府对一些不合理的管理体制进行了改革。在全省普遍实行地市直接领导县（市）的管理体制，但对县（市）级党政主要负责人的任命、管理和县（市）级财政，仍由省里直接负责、统一安排。这样做，便于干部交流，发达地区的干部可以到欠发达地区任职，山区县（市）的干部也可以到沿海县（市）工作。县（市）一级财政由省里直接管理，可以全省统一调剂，推进县域经济的统筹协调发展。当时，省里确定了十个重点县（市），重点扶持其发展工业和优势农业；又确定了八个贫困县，由省里的部门和发达县（市）挂钩结对扶贫。后来的实践证明，这种省管县（市）的体制成为浙江经济社会快速发展的成功经验，不仅有利于在全省范围内调动和交流主要领导干部，更快地推广各地成功的先进经验，也大大推动了县域经济、块状经济和中小城镇的快速发展，特别是有利于全省财政收入的统筹安排，建立合理的财政转移支付，有利于先富带后富，促进欠发达地区的发展。

（二）

党的十一届三中全会以后，浙江省委就开始抓农村改革。那时安徽省小岗村“承包到户”的经验，已经开始介绍推广，但是干部中认识很不一致。1979 年 9 月，中央召开十一届四中全会通过《关于加快农业发展若干问题的决定》。当时还是有不少人不同意承包到户，省委内部也有争论。对此，我到绍兴、慈溪等地农村进行了调查，找了一些农村劳动模范、农村基层干部，与他们探讨。谈起包产到户，他们都表示摇头和怀疑，有的干部发牢骚，说“辛辛苦苦三十年，一退退到解放前”。但在温州、台州等地，不少地方干部和农民是赞成的。在新昌、仙居、永嘉等地，因过去搞过包产到户，有些县区和基层干部受到过处分甚至坐牢，至今仍有怨气，他们要求先平反，再推广包产到户。

对这些不同的看法，我们研究了邓小平同志的有关指示。他强调先搞试点，在实践中逐步取得共识。对实行家庭联产承包和废除人民公社制度，一开始有不同意见是正常的，要通过实践检验让大家看。“中央的政策是允许看，允许看比强制要好得多。不搞强迫，不搞运动，愿意干就干，干多少是多少，这样就慢慢跟上来了。”我们按照这个指示，要求各地都搞试点，不愿干的可以不干。经过试点，效果很好，人们的思想转弯了。这样，经过两年多的时间，浙江同全国一样，基本上都实行了“承包责任制”，有的承包到户，有的承包到组，还有的承包到合作社，广大干部群众也看到了实际效果。通过总结经验，大家逐步认识到这是个体制改革问题。过去人民公社的体制是一切都要服从命令听指挥，吹哨上工，敲锣收工，要你干啥就干啥；想多养几只猪鸡，干点私活，就是搞“资本主义”，而在分配上又实行“吃大锅饭”的平均主义。这种体制影响了农民的积极性，严重阻碍了生产力的发展。在落实了联产承包责任制以后，农民有了一定的自主权，就能调动起责任心和积极性，千方百计发展生产，增产粮食，发展多种经济。到 1984 年，全省落实家庭联产承包责任制的，已经占到农户数的 99%，粮食、棉花的产量都达到了历史最高水平。

随着农村改革的不断深入，在农村和城镇又冒出来很多经营各种行业的专业户和联合起来的小企业，出现了乡镇企业异军突起的局面。

对乡镇企业发展问题，开始时省委尚未引起重视。到 1984 年，我们重视了，就作出统一部署，把它作为农村的一项重要任务。因为在落实农村联产承包责任制后，出现了一批富余劳动力。而浙江人多地少，一直有外出务工经商、走南闯北创业的习惯，在手工业、建筑业等方面能工巧匠为数不少。早在60年代初期，浙江省委就十分重视乡村工业的发展，称为社办企业。当时省委书记处书记林乎加作过调查，提出人民公社可以办加工工业，并以江华、林乎加两人的名义向毛泽东主席写了报告，要求发展社办企业。毛主席对此专门作了批示："这是人民公社光明灿烂的未来"。那时，在许多地方办了一批社队企业，但在"文革"中就陷于自流状态。到落实农村家庭联产承包责任制后，原有的社办企业逐步活跃起来，又新办了一批乡镇企业。有的是家庭经营和亲属、朋友合伙经营，也有集体和个体联合的，还有的试办股份合作制的企业，特点是敢闯敢试、敢于创新。还有一批手工业者外出闯荡市场，四海为家。当时，上海和浙江的城市中，有些企业更新设备，就向农村乡镇企业原价转让旧机器，派"星期日工程师"、退休工人帮助技术辅导，用城市的资源支持乡镇企业的发展。而乡镇企业的迅速发展，开辟了农村劳动力就业的广阔门路，造就了一批农村能人和企业家，推动了城乡经济的迅速发展。1988年1月，邓小平同志第二次到浙江时，我和沈祖伦同志向他汇报1982年到1987年5年间，浙江国民经济总产值从200多亿元增加到600多亿元，增加了2倍多，而浙江的经济发展首先得益于乡镇企业的大发展，占到全省工业产值的2/3，城乡居民收入水平也增长了1倍多。他高兴地说，乡镇企业的"异军突起"，是农民的创造，是我们"完全没有预料到的最大收获"。

对乡镇企业的发展，当时也有争论，认为个人办的或联户办的企业，是私营企业。特别是对温州小企业的迅速发展，争论更多，赞成的人称之为"温州模式"，是新的经验和创造；反对的人认为，"温州模式"是单干、是搞私营经济，就是"走资本主义道路"。有的国营企业也反对乡镇企业发展，认为乡镇企业是在挖国营企业的墙脚，质量低劣，浪费原料，污染环境等。当时市县领导也确实没有对污染问题引起重视，如电镀、印染、化工等企业，对农村和城镇带来了污染，群众反应很大。后来，市县领导看到问题严重，开始对污染问题抓紧整治。但是有些地方依然不重视，一直到现在，仍然没有完全解决，这应该说是一大教训。对发展农村乡镇企业、个体私营企业的争论，省委的态度就是按照邓小平同志"敢试、敢闯，在实践中检验，争取时间干，也允许人家看”的指示精神，积极支持和引导乡镇企业的发展。比如，温州乡镇企业（后来称民营经济）的发展，就是在支持和反对的争论之中不断发展的。

温州地区是全国早期对外开放的 14 个城市之一。中共十一届三中全会后，温州从当地实际情况出发，大力发展以家庭经营为基础的小商品生产，举办了多种类型的产销结合的专业市场，依靠十多万购销大军面向全国，走出一条有特色的发展商品经济的新路子。由于发展很快，又走遍全国，引起全国不少领导同志和专家的注意，有的赞成，有的反对。如费孝通等专家就认为“温州是小商品，大市场，利国利民，大有发展前途”。也有些人认为“温州模式”“鼓励私营经济发展，会搞投机倒把，侵吞国有和公办经济”；说“温州模式”，是走资本主义道路，是“方向性错误”。“苏南模式是社会主义的，温州模式是资本主义的”。当时很多中央领导都来过浙江。我陪当时国务院总理去温州视察，他看后认为温州人多地少，部分人离开农业去搞多种经营，这是必然的，但如何发展，可以考虑在温州搞试验。万里副总理对温州经验完全支持。此后，又听北京来的同志讲，邓小平同志也讲过要大胆地试、大胆地闯，不要轻易否定，也不要争论，要在实践中检验。省委书记王芳亲自带一个十多人的调研组，去温州作了十多天的调查，然后经省委研究，决定在温州搞个试验区，既不要自称“模式”，也不要泼冷水，起草了一个报告，请中央批准在温州建立一个“农村改革试验区”，要求温州市委在实践中认真总结经验教训，创造出公有制经济和私有制经济相互合作、协调发展的经验，把相互合作和竞争变成经济发展的动力。这个报告最后由王芳同志签发，中央也批准了这个试验区，可惜 1989 年政治风波后，不了了之了。

总之，在乡镇企业发展的过程中，尽管出现了这样那样的缺点和错误，其中也有少数人品质较差，有违法乱纪的行为，多数乡镇企业能够在国家没有投入、集体缺少积累的困难条件下，依靠自己艰苦奋斗，发展生产，增加社会财富，对解决富余劳动力的出路，搞活流通，增加国家税收，改善人民生活，起了很大的作用。

随着农村家庭联产承包责任制的普遍推行和乡镇企业的迅速发展，

城镇集贸市场也迅速发展起来，从南到北，从温州的苍南、平阳，到台州的黄岩和金华的义乌，不少城镇和农村开办了各类农副产品和加工产品专业市场、批发市场。各类集贸市场的发展，搞活了流通，启动了小城镇建设，繁荣了城乡经济，有力地推动了县域经济的发展。在城乡集贸市场发展过程中，各级党委、政府对农民群众发展集贸市场予以积极扶持和正确引导是非常重要的。义乌小商品市场的兴起和繁荣，就是其中一个范例。义乌的老百姓有鸡毛换糖的历史传统，许多人走南闯北，外出经销日用小商品。改革开放后，这些人在当地自发地兴办了地摊市场，在公路边、在街道旁摆摊，影响了交通和市容。开始时，县委要下决心取缔，这些经营户就到当时的县政府上访、吵闹。时任县委书记的谢高华进行了调查研究，在调查研究的基础上，决定放开市场，大胆提出“四个允许”的政策：允许农民进城经商，允许从事长途贩运，允许开放城乡市场，允许多渠道竞争。政策一放开，建在公路两旁的市场一下子繁荣起来，摊位也逐渐增多，直接影响公路交通，堵塞现象十分严重。1983 年，我去温州，路过义乌，当时的县委要求省政府能批准改道，在城外建一条新的公路，把老公路让给市场。我回到杭州后，就与沈祖伦同志商量，同意公路改道，帮助解决市场拥挤问题。这就是当初非常简陋的市场。此后，义乌小商品市场不断发展，规模不断扩大，不断升级换代，已经成为国际性的小商品商贸城。义乌会发展这么快，这是我们当初没有想到的。现在，“义乌经验”已经受到各方面的重视，中央党校、浙江省委都专门组织调查组，研究总结义乌经验，对义乌市场从鸡毛换糖到国际商贸城的发展历史作了系统全面的总结，认为义乌在人多地少、资源贫乏、国家投资缺少的条件下，通过自身的努力，从小商品市场起步，逐步发展壮大，成为全国最大的小商品市场之一。同时义乌重视以商强工，以商强农，科教兴商，统筹发展，推动了农村逐步走向工业化、城镇化、现代化。

改革开放以来，“姓资姓社”的大讨论和浙江民营经济快速发展的成功实践使我认识到，民营经济的发展是符合人民群众要求，符合社会发展规律的，只要正确引导，它可以成为社会主义经济的重要力量，不会走向资本主义。国营企业是社会主义经济的中坚力量，它要合理使用和保护国家的重大资源，发展能源、交通，推动科技发展，并在市场中起调控作用，成为社会主义经济的主力。计划和市场都是手段，不是社会主义和资本主义社会的本质区别。

（三）

20 世纪 80 年代，浙江的对外开放也在中央领导的关怀下有了很大的起色。1984 年 3 月，在邓小平同志的倡议下，中共中央、国务院召开 14 个沿海港口城市座谈会，浙江宁波、温州两市名列其中。当时，中央对这些城市给予多方面的优惠政策，如逐步扩大利用外资审批权、促进对外贸易、加强老企业技术改造、发展旅游等方面的政策。

国务院为了加强对宁波市对外开放的领导和指导，专门成立了一个宁波经济开放协调小组，由国务委员谷牧为组长，国家计委副主任陈先为副组长，以及由国家经委、财政部、外贸部等部门和浙江省、宁波市的负责同志共同组成，并聘请香港环球航运集团主席包玉刚为顾问，共同推进宁波市的对外开放和经济发展。浙江省委研究了宁波对外开放的部署，首先充分利用宁波深水港的优势，大力开拓海陆空三方面交通运输和辐射全国的综合运输网，同时积极发展临港工业和滨海工业及能源工业，尽快把宁波市建设成为华东地区一个重要临港工业城市。小平同志一直非常关心宁波的建设和改革开放事业，他认为宁波有两大优势，一是宁波帮，二是宁波港。1984 年 8 月，他提出要“把全世界的‘宁波帮’都动员起来，建设宁波”，并亲自在北京会见包玉刚，为包玉刚捐资创办的宁波大学题写校名等等。1988 年 1 月，小平同志以 84 岁的高龄到浙江视察时，仍然关心询问宁波北仑港的建设情况，问到包玉刚先生捐资办宁波大学的情况，还问到包先生投资办钢铁厂的情况。当我说到包玉刚主张利用英国、德国几家外国公司的投资来办钢厂时，小平同志说，可以利用外资来办厂，要学会利用外国的资金技术，共同发展。第二次世界大战后，日本及东南亚一些国家都是利用外资和国外先进技术发展起来的。我们也要学会对外开放。人家来投资，只要是好的项目，就能带动我们工业发展。我们应该让他们有利可图，这样才有竞争力。

温州是浙江历史上另一个重要的对外贸易口岸，早在 1957 年 2 月，国务院就批准温州港对外开放。改革开放初期，浙江省委对温州港的要求是建设成为我国东南沿海一个重要的对外贸易口岸和出口工业基地。但因温州交通条件较差，除东面临海港口发达外，周围山区多，公路不能直达，没有机场、铁路，交通不便。温州人自称只有水（死）路一条。因此必须组织更大的财力、人力和物力，搞好港口、机场和公路、铁路建设。1984 年，当时的国务院总理来浙江考察，研究浙江的对外开放问题，由我陪同从宁波到温州。温州市负责人提出迫切要求解决海陆空交通运输和信息通讯问题。经过商议，同意先抓海运口岸建设、机场建设和公路（桥梁）建设，对金温铁路建设，可以暂缓一步，应该先计算一下有多少批量货物必须铁路运输，需要多少财力，再作决定。对这一点，温州的同志还对金温铁路未能批准不满意。直到 90 年代，金温铁路问题才得到解决。当时还讲了宁波、温州都要充分发挥在外华侨的作用。温州和宁波在外的华侨、华裔各有 10 万多人，每年侨汇很多。1985 年，温州市收到的侨汇占全省侨汇的 1/3。他们还利用侨汇创办了一批鞋厂、服装厂、五金、化工、印刷、人造大理石等企业，对繁荣市场和发展出口起到积极的作用。

1984 年，省委、省政府按照国务院关于外贸体制改革的指示，推行外贸企业承包经营责任制，实行自负盈亏，放开经营，工贸结合，推行代理制，有力地促进了外贸收购和出口的大幅增长。到 1987 年，全省外贸进出口总值达 15.84 亿美元，其中出口总值 13.7 亿美元，占 80% 多。同时，先后在台州、嘉兴、湖州建立出口商品加工基地，每年在政策上给予支持，帮助城镇、农村的企业发展出口商品生产基地。同时，也鼓励一些有条件的企业到境外、国外发展，建立在外国的基地。宁波、温州等沿海港口城市的对外开放以及外贸体制的改革，带动了全省经济的发展，推动浙江经济从封闭式经济向开放式经济转变。这是浙江对外开放的良好开端。

（四）

1989 年 7 月，我被调到中央党校工作。这是非常突然的。因为浙江省委换届后，我已退出书记的岗位，当选为省顾问委员会主任。但是到了 6 月份，中央组织部来电，调我去北京中央党校工作。本来我已到离休之年，却又被调到党的理论教育第一线，几曾告退不成，只好应命。

那时，正在政治风波刚平息不久，国际上苏联、东欧政治风波也日趋严重，负责校内工作的只有我和邢贲思两个人。后来，又请来苏星同志。开始时，想通过学习马列著作和毛主席的著作，稳定学习秩序，保证师生正常上课学习。但效果不甚好。我就到教师、学员中了解情况，觉得政治风波以及东欧剧变、苏联解体后，党校师生思想上关心的问题，还是“中国向哪里去”？如何坚持社会主义道路？当时，从北京到上海，理论界、新闻界都有些人强调反和平演变，有些人认为市场经济就是搞资本主义。在党校也有些学员批评温州模式，说走的是资本主义道路。

1992 年初，邓小平南方谈话引起全党和全社会的高度关注和重视。他再次申述：“计划多一点还是市场多一点，不是社会主义与资本主义的本质区别，计划经济不等于社会主义，资本主义也有计划；市场经济不等于资本主义，社会主义也有市场。”中央党校收到中央发出的邓小平南方谈话全文后，就把它作为省部级学员和教师的学习资料，大家在学习中提高了认识，统一了思想。

1992 年 6 月 9 日，江泽民同志到中央党校作报告，向党校省部级干部进修班学员和驻京中央各部门、各省市主要领导同志，谈对邓小平南方谈话的学习和召开党的十四大的准备。他说：“最近，经过学习邓小平同志的重要谈话，在对计划和市场、建立新经济体制问题的认识上又有了一些新的提法。大体上有这么几种：一是建立计划与市场相结合的社会主义商品经济体制，二是建立社会主义有计划的市场经济体制，三是建立社会主义的市场经济体制。”他要大家认真考虑，选择一种提法。最后，他亮出自己的观点：“我个人的看法，比较倾向于使用‘社会主义市场经济体制’这个提法”。他还交代我在党校省部级学员中开展认真讨论，并对选择的结果向中央作报告。

我在中央党校组织的学习讨论中，对社会主义市场经济这个问题有了进一步的认识和体会：

一是破除了传统的苏联模式——就是社会主义计划经济体制的陈旧概念。马克思未讲过这个问题，列宁在十月革命后先搞了一段战时共产主义经济计划，此后又提出要改为“探索”新经济政策，以适应市场经济发展规律，运用市场机制来实现国家计划。可是不久，列宁就去世了。斯大林就改变政策，高度集中人力、财力、物力和权力，用于国防战时需要和重点建设，使苏联取得了第二次世界大战的胜利，并迅速促进了工业化。此后，斯大林就把这种经济发展模式称为社会主义计划经济，成为一种定论。其实，计划经济的提出，是二战前一位意大利经济学家向墨索里尼提出的建议，认为市场变化无常，经常要发生经济危机，必须由国家统一计划和执行。后来，墨索里尼和希特勒都采用战时计划经济。二战后，匈牙利经济学家科尔奈写了一本书，叫《短缺经济》，对东欧几个国家的计划经济分析得很深刻。“在社会主义经济中，没有一个企业不想得到投资和赢利，也没有一个政府不想得到投资和政绩。投资饥饿症成为普通现象，一旦投资减少或失灵，就会走向反面。”邓小平同志讲得很深刻，市场和计划都是手段，不是社会主义和资本主义的本质区别。到党的十六大、十七大，党中央和胡锦涛提出的科学发展观，就能较好地体现出社会主义的本质。

二是认为社会主义所有制就是“一大二公”的概念应该修正。公有制为主体和多种所有制共同发展，可以推动社会主义经济更快发展，并不会改变社会主义的性质。判断姓资姓社的标准，是邓小平所指出的“三个有利于”，有利于发展社会主义国家的生产力，有利于增强国家的综合国力，有利于提高人民生活水平。他还指出，在发展生产力中，科学技术是第一生产力。

三是对于宏观调控和计划经济的区分也有了新的理解。市场经济有动力，能够调动人民群众和各方面的积极性，但是也有盲目性和只重视个人或本单位利益的片面性，容易忽视社会公益事业。因此，必须同社会主义经济、政治、文化相结合，用市场经济的方式和宏观调控的手段来为国家强盛、社会公平和人民生活服务，全面推进物质文明、精神文明、政治文明，坚持以人为本，反对一切损害人民利益和扩大差别、互不协调的行为。实行市场经济要学人之长，补己之短，扬长避短，相互兼容，惠己惠人，双赢多赢，这才是中国社会主义的特色，符合中国的国情和传统文化。

（五）

1999 年我离休后，回到浙江，虽然已经离开工作岗位，但仍时常关心中国和浙江的发展。

进入 21 世纪，我国已经成为举世瞩目的大国。经济总量列全世界第 4 位，外汇储备占全世界第 1 位。浙江经济总量列全国第 4 位，生产总值和人均消费平均数都是第 4 位，在发展速度上可以说已经走入全国的前列，但是在落实科学发展、解决民生问题、构建和谐社会等方面，还有不少问题和差距，应该按照胡锦涛对我省提出的“三个走在全国前列”的要求，在认真树立和落实科学发展观、构建社会主义和谐社会、加强党的先进性建设等方面作出更大的努力，争取走在全国前列。从党的十六大到十七大，党中央反复强调要牢固树立和落实科学发展观，指出“科学发展观，第一要义是发展，核心是以人为本，基本要求是全面协调可持续，根本方法是统筹兼顾”，目标是全面建设小康社会，加快推进社会主义现代化的实现。我认为这是对我国社会主义建设指导思想的新发展，是建设中国特色社会主义的重大战略方针和继续开拓前进的武器。新一轮解放思想，就是要在实践中真正落实科学发展观，克服那些不科学的发展方式和不正确的思想作风，使各项建设能够真正取得实效。

当前亟须研究解决的问题：第一是如何切实做到“以人为本”。记得1983年1月，小平同志来浙江时，主要是研究江苏、浙江两省到上世纪末要达到小康水平的目标，总的要求是国民经济总值翻两番，反映在人民生活水平上，要求达到小康水平。“小康水平”，是个虽不富裕，但日子好过的水平。他介绍了苏州的经验，一是人不往外跑，乐于在当地干活；二是人均有20平方米左右住房；三是中小学教育普及了，当地政府拿钱办教育；四是家里几大件也有了，如电视机、自行车等；五是违法乱纪、犯罪行为大大减少，人的精神面貌有大变化。这套奋斗目标就是要改善人民生活，让人民能看得见、摸得着。但是，现在有些干部往往只重视自己的政绩指标，GDP增加多少，财政收入增加多少，城乡人民总收入多少，而对群众迫切要求解决的民生问题，却不是很重视，对收入较低的群众和困难问题，对落后的革命老区、欠发达地区也知之甚少。

第二是如何应对通货膨胀，保持经济平衡较快发展。美国次贷危机引发全球的通货膨胀，也造成我国通货膨胀和能源、各种原料价格上涨，导致我国沿海省份包括浙江省在内的一批劳动密集型的中小企业生产经营和出口都十分困难。各级党政领导应该十分重视对这些企业的支持和保护。除了有违法乱纪行为外，都应该保护它们的生产力。要深入调查研究，用贷款、减税等手段，帮助解决实际困难，渡过难关。要支持他们创新转型，提高产品质量和科技水平，开拓新的市场。中小企业是浙江的优势所在，是我们要保护和依靠的生产力基础。支持中小企业的发展，这才是符合科学发展的实践。同时要在实践中培养一批能够克服困难、扭转局面、敢想敢干的优秀干部。

第三是农业方面要大力推动农业发展方式的转变。要努力保证农民种粮不吃亏，在粮食增产后收入能有增加。这些年，由于化肥、农药等农业生产资料价格上涨，人工工资上涨，粮食价格提高难抵成本的提高。这直接影响粮农的积极性。建议国家在粮食收购价格上和粮食补贴政策上，要深入农村调查研究，使国家政策真正有利于农民，落到实处。要用工业化的理念，促进现代农业的发展，逐步使农业规模化生产、品牌化经营、组织化管理。要在有条件的地方，大胆试验，培育和扶植一批创新农业发展方式、创新农业经营体制、规模化生产、产业化经营的现代高科技生态农业的先进典型。

改革开放的实践证明，建设中国特色的社会主义社会是一项伟大的工程，不可能一帆风顺、一蹴而就。中国还处于社会主义初级阶段，要实现建设社会主义现代化国家的目标，还需要经历相当长的时间，会遇到各种新的问题。站在新的历史起点上，只有坚持科学发展观，继续解放思想，不停顿地改革开放、创新发展，不断地解放和发展生产力，才能使中国特色社会主义道路越走越宽广。

学习贯彻南方谈话精神

李泽民

20 世纪 80 年代末 90 年代初，中国的改革开放和经济建设处在面临重大转折时期。当时国际国内形势复杂严峻，东欧剧变，苏联解体，世界社会主义运动遭受严重挫折，人们对社会主义前途表示忧虑。国内又发生了政治风波和经济上的治理整顿，物价改革受挫，严重通货膨胀，物质匮乏，全国和省内经济一度滑坡，增长缓慢，国家宏观调控强化了计划调节的力度。一些曾经在改革开放理论和政策上的争议又凸现起来，主要还是计划和市场有没有资本主义属性，中国的改革开放步伐是不是还可以更快一些，人们的思想是不是可以更解放一些，胆子更大一些的议论。

当时这些议论和争议虽然大多是认识问题，却关系到解放思想、实事求是的思想路线，关系到建设有中国特色社会主义的理论和政策，关系到党的十一届三中全会以来“一个中心、两个基本点”的基本路线要不要继续坚持，说到底是关系到社会主义现代化建设的前途和命运。在这个关键时刻，邓小平高瞻远瞩，以巨大的政治智慧和胆略，不顾 88 岁高龄，于 1992 年 1 月至 2 月视察南方的武昌、深圳、珠海、上海，发表了著名的南方谈话。

邓小平南方谈话内容非常丰富、论述精辟，既体现了邓小平的一贯思想，又在新的形势下阐述了许多新的思想、新的观点，提出了新的科学论断，有很强的理论性、思想性和针对性。概括起来有这么一些：关于坚持党的基本路线一百年不动摇的论述；关于解放思想，抓住时机、大胆探索，加快发展的论述；关于社会主义本质特征的论述；关于改革也是解放生产力的论述；关于计划和市场是手段，社会主义也可以搞市场经济的论述；关于衡量是非得失有利于生产力发展“三个标准”的论述；关于警惕右，主要是防“左”的论述；关于坚持两手抓、两手都要硬的论述；关于关键在党在人，加强党的领导核心建设的论述等等。

小平同志的南方谈话，当时中央是以 2 号文件下发的，同时还发了政治局学习贯彻南方谈话的几点意见。3 月初，我们接到文件后，立即组织省委常委进行传达学习，并研究部署全省的学习贯彻，前后用了两天的时间。在学习讨论中，大家都强调学习一定要联系实际，特别是联系思想实际，对照南方谈话精神找差距；强调要进一步打破思想禁锢，打破“左”的思想束缚，掀起一个解放思想、转变观念、推动加快发展的新高潮。省委常委会在初学的基础上，3 月 24 日，省委召开了地（市）委书记会议，通报了省委常委学习的情况以及对全省进一步的学习和贯彻提出了要求。这个会上，我代表省委常委会谈了大家学习南方谈话的主要情况，指出解放思想的程度决定了改革开放的深度和广度。会上，我重点讲了大家学习之后，认识到与先进地区之间存在的三个方面差距。

一个是思想观念方面的差距。我省与广东、福建相比，改革开放的步子不够大，这里固然有客观因素，投资环境、政策不完全一样，但也要看到主要还是主观原因，在于思想观念上的差距。特别是我们各级领导的思想不如人家解放，改革开放意识不如人家强，气魄胆略不如人家大，闯劲不如人家足。在改革问题上我们不是不愿改革，在实际工作中，也想试，也想闯，但是遇到困难和阻力，就退回来了。有些事情，我们作过积极探索，也取得了一些经验，但没有很好总结推广，坚持下去。有些事情，人家不搞，我们也不敢搞。有些事情，人家从实际出发，而我们有的部门和地方却死扣条条框框，常常等着、看着、拖着，畏首畏尾，左顾右盼。在对外开放问题上，既存在思想认识不够一致，思路不够开阔的问题，也存在精明有余、高明不足，算小账，算眼前账，不会算大账、算长远账，怕吃亏、怕肥水外流的思想；怕冒风险，怕人家说搞了资本主义，因此甩不开膀子，放不开手脚，导致我省利用外资发展外向型经济、发展非公有制经济，几起几落，几经波折，丧失了一些有利时机。

还有一个是精神状态上的差距。我们有的同志缺乏改革开放加快经济发展的紧迫感和责任感，主要表现在满足现状，自我感觉良好。认为浙江无广东、福建的有利环境和特殊政策，又缺少像山东那样的丰富资源，我省集体企业、乡镇企业、中小企业比重大，享受不了搞活企业的政策，经济经过滑坡后，能保持现在的发展速度就不错了。盲目乐观，存在小富即安、小进则满的思想。有的同志因循守旧，墨守成规，守摊守业，不思进取，多一事不如少一事。在有些地方和部门，干的不如看的，真抓实干的少，当评论员的多；上台表演的少，举牌警告的多。有的同志精神不振，畏难情绪比较重，强调困难多，想办法出点子少，存在等靠要的思想。有的同志考虑后路，等待安排，得过且过，一些该干的工作也采取等和推的态度。

第三个是工作作风方面的差距。十三届四中全会以后，特别是通过贯彻六中全会决定，应该说作风有所好转，但是问题没有根本解决。领导干部和机关中，官僚主义、形式主义、本位主义还相当严重，主要问题是：全局观念，为经济建设服务的观念不强。局部利益、部门利益置于全局利益之上，对全局任务采取实用主义态度，与部门利益矛盾的就顶着不办，部门之间互相掣肘，互相扯皮，办事效率低下，有的甚至利用手中的权力谋利，卡基层，卡群众，基层同志对此极为不满。这里既有现行管理体制的毛病，也有思想作风方面的问题。再一个就是工作不深入，只是限于一般性的号召，常常缠于日常事务而脱不开身，工作难有起色，难有实效。这些问题影响和制约着我省改革开放、经济发展。省委特别是我自己的思想观念和思想作风上也存在差距，没有及时采取切实有力的措施去解决这些问题，工作抓得不够紧、不够实。

学习南方谈话，联系思想实际，我们省还面临一个很现实的问题，就是如何正确评价温州经济格局的问题，这是包括我自己也曾经感到困惑的一个问题。因为上下、省内外议论颇多，担心温州经济发展走偏方向，担心非公有制经济发展后，公有制经济会受到冲击。北京政治风波和治理整顿后，对温州的责难非议，从上到下是比较尖锐的。当时我们省委常委会包括我自己，一度也感到很困惑。所谓困惑，说到底还是担心怕搞了资本主义，这是长期以来“左”的思想禁锢的结果。我在常委会议上曾多次提出，学习贯彻南方谈话精神必须正确地评价温州经济发展格局的问题，要按照“三个有利于”标准分清是非，在这个问题上我们要进一步统一思想，而且在党的会议上要有一个明确的表态。在起草省委会议报告时，我建议要郑重地回答这个问题。当时要不要在党的会议上讲这个问题，上下和常委内部还有些不同意见，我说服引导大家要敢于正视这个问题，在党的会议上要把这个问题讲清楚。我说，如果对这个问题不回答，我们在政治上要陷于被动。在 1992 年 12 月 11 日省委召开的八届八次全体（扩大）会议报告中，我专门有一段话讲这个问题，就是要正确看待温州经济发展。对温州改革开放所发生的巨大变化和取得的成绩，几届省委都是肯定的，省委总的态度是肯定成绩，稳定政策，管理引导，保护和发展现有生产力。温州的经济格局，包括随着经济发展出现的股份制经济是改革开放的产物，符合党的基本路线，符合温州实际，是群众在改革中的探索和创造，促进了生产力和人民生活水平的提高。要继续支持温州从实际情况出发，加快改革开放和经济建设的步伐，树立温州改革开放的新形象。现在回忆起来，当时讲这么一段也不容易。南方谈话前，固然有当时的背景，但是在贯彻南方谈话精神中，如果这个问题还不解决，作为一级党委，政治上是不清醒的。通过贯彻南方谈话，联系我省实际，把这个问题基本解决了。在这个问题上统一了思想，对后来浙江的非公有制经济、县域经济、民营经济的发展环境的改善起了至关重要的作用。

这是讲联系思想实际，从我省实际出发。怎么在行动上贯彻落实，省委省政府又组织专题研究，组织了 9 个调查组，到 32 个地方和部门进行调研，我自己到一些厅局和市地县作了调研，同时由我带队，到广东、福建、海南三省考察调研，去学习这三个改革开放先进地区的经验。当时去学习的还有常委、副省长许行贯等同志，学习回来以后，向省委省政府写了考察报告。4月底，在省委八届七次会议上讨论形成了《关于进一步加快改革开放和经济发展的若干意见》，总共40条，主要是三条：一是加快经济发展，调整布局和把握发展思路，力争浙江经济发展上新台阶；二是进一步扩大对外开放，接轨浦东开放，提出三市率先（指杭、宁、温）、突出重点、依托港口、拓展两线、梯度推进、全面开放的总体布局；三是深化改革，总的目标是围绕建立社会主义体制和机制，推进市场化改革。

6月，江泽民在中央党校开了个党员领导干部会议，明确提出中国经济体制改革的目标是建立社会主义市场经济体制，到10月召开党的十四大的时候，正式向全党提出了这个问题。那个时候考虑改革的举措基本是围绕建立社会主义市场经济体制和机制这个目标，应该说围绕市场取向的改革，浙江起步早，有自己的优势，这方面内容很多，我归纳了以下主要几点：

一个是深化农村改革。主要是调整农业产业结构，发展“一优两高”（优质高产高效）农业，支持发展适应规模经营，搞活农业这个基础产业。当时提出要进行农村经营体制的改革和农产品流通体制的改革，放开农产品的购销价格，主要是粮食。当时广东是放开的，我们认真研究和学习广东的经验，广东的粮食农副产品价格面向市场放开以后是放一个活一个。经省委省政府研究决定，率先把浙江的粮油价格也放开，并向国务院正式报告。国务院最初是表示同意的，后来因为粮食供求关系发生变化，到1993年1月，全省才放开粮食购销和价格。另外，省委省政府要继续支持、鼓励乡镇企业大发展大提高，多轮驱动多业并举。

其次是深化企业改革。主要是转换企业经营机制，贯彻国务院关于转换企业经营机制的条例，加大经营机制改革的力度，并选择了若干企业进行产权制度改革和股份制改革的试点。

第三是深化科技体制改革。1992年召开的省科技工作会议明确提出要实施科技兴省，强调要把经济发展转移到依靠科技进步和提高劳动者素质轨道上来，明确提出科技进步和创新的主体是企业。

第四是继续进行综合配套改革。主要是搞好撤区并乡，县级机构改革试点，积极开展农村小城镇建设改革，扶持经济强镇的发展，并确定萧山、绍兴作为强县扩权试点。支持市场大省的建设，培育市场体系。8 月份，我在调研义乌小商品市场时指出，培育和发展市场，较多地运用市场机制的作用，是发展社会主义商品经济必备的条件。义乌小商品市场还要再上一个新台阶，逐步把它建设成为全国小商品流通中心市场的规模还要进一步扩大，解决有证无摊的问题，吸引更多的摊主，以求得更大的规模效益。采取灵活优惠的办法，继续吸引大的生产厂家和大的商业企业进入市场。当时有这个认识，也是来自实践，来自解放思想。

当时还有一个重大举措，就是正式表态支持、鼓励和引导非公经济的发展。1992 年 12 月 29 日在省物资大厦，省里召开全省个体劳动者第二次代表大会和全省私营企业第一次代表大会，我到会看望代表并作了讲话。我在讲话中强调必须贯彻坚持以公有制经济为主体，多种经济成分长期共同发展的方针，并指出个体私营经济已经成为我省经济中一支不可忽视的重要力量，必须充分肯定非公有制经济，在吸引劳动力就业，方便人民生活，增加财政收入，搞活流通，推动外贸出口，促进经济发展中具有很大的作用。我提出全省各级领导干部要进一步解放思想放宽政策，进一步清理“左”的思想，以“三个有利于”为标准，从当地情况出发，选择适合当地非公经济发展的举措，具体在一个经济区域内不要死扣各种经济成分的比例，特别是在经济欠发达地区要放手发展个体私营经济，使之成为当地经济的重要增长点。这个讲话在当时反响是比较好的。会议的召开包括这篇讲话实际上体现了一个政策的转变和思路的重大调整，在这以前还是有种种限制的，学习南方谈话后这个问题的种种思想束缚应该是打破了，到了 1993 年省委省政府正式下文，进一步提出了支持、鼓励和引导非公经济发展的举措。

在学习贯彻中我们还强调，要完整准确地理解南方谈话的精神，南方谈话六个部分是一个整体，在贯彻南方谈话精神的行动上，既要坚持解放思想，实事求是，又要从实际出发量力而行，尽力而为，心要热头要冷，胆要大心要细，要尽可能避免出现大的反复。由于我们在思想上保持了清醒，行动上比较稳妥，所以在 1993 年中央加强宏观调控的时候，浙江经济继续保持好的发展势头，没有出现大的起伏。贯彻南方谈话精神一年多时间，即 1993 年 6 月国家进一步加强宏观调控，防止经济过热，当时办开发区热，办市场热，主流是好的，有些支流不从实际出发，导致全国经济过热，所以中央不得不提出宏观调控，当时最大的问题是通货膨胀，银根紧缩，31 个省市大部分的省委书记都被叫到北京去约谈，当时可能有三四个省没去，其中就有浙江，因为浙江的经济形势总的来说还比较稳定，银行的放贷总量我们控制得比较好，外贸进出口我们是顺差，所以当时谈话没约我们去。

学习贯彻南方谈话精神，掀起解放思想、转变观念的热潮，打破束缚干部群众的思想禁锢，极大地调动了广大干部群众加快发展经济，推动改革开放的积极性，增强了加快经济社会发展的历史责任感和使命感。南方谈话以来，我省的经济保持了高于全国增长速度的快速增长，实现了小平同志提出的跨越式发展的要求。20 世纪 80 年代浙江经济社会发展上了一个台阶，南方谈话后，浙江经济社会发展又上了一个新台阶，到 1996 年浙江经济总量首次名列全国第四位，这是贯彻南方谈话的一个最大的成果。

浙江改革前期并非“无为而治”

沈祖伦

省委党史研究室的同志几次对我说，想搞口述史，希望我能说点什么。我同他们说，当务之急是抓紧征集改革开放的历史，特别是前期的历史资料。趁当时亲历的领导人和关键的知情者大多健在，抓紧请他们说说，把这段历史留下来。不然，过一段时间会有困难。今天，我想说说时下人们谈论浙江改革前期历史的某种说法，觉得需要商榷。因为研究总结这段历史的多是年轻的同志。而当时亲历的领导人，有的没有去关心这段历史的总结，有的由于某种原因不太愿意主动去澄清有关情况。这种说法就是认为，浙江改革是群众自发的产物，是浙江省各级领导对改革采取听其自然、不干预态度的结果，把浙江改革前期的领导，归结为所谓“无为而治”。也有人从文化因素解读人们所谓的“浙江现象”，这也是很好的。但他们偏重历史上有文字记载的上层文化的影响，对于深刻地渗透在广大人民生活习俗中的近现代工商传统研究发掘显得不够。他们尤其忽视了浙江改革发展中最直接起作用的，新中国成立以来在骨干队伍中形成的“注重民生、崇尚实际”这一精神文化传统。因而也不能更好地总结历史经验。

我说过，不管哪里的哪一项改革，只靠群众自发，没有领导，是不可能成功的。即如包产到户这样的事，群众自己分土地，没有生产队干部、会计的参加，没有人算账，没有公道的人定方案，怎么行？土地有好坏、远近之分，有多少个等级。正如农民说，“猪头猪脚爪”要合理搭配。家庭承包后耕地的细分化，每户人家分得的土地为什么会有七八块、十几块之多？就是因为必须合理搭配，不然要打破头。还有分山，更是困难。浙江又是多种经营发达的地区。有的专业性生产不好按人平均分包。拖拉机、加工运输机械，拆零部件分掉，那不是破坏生产吗？还有规模养殖等，你只能搞专业承包。这些都比较复杂。至于其他改革，如企业改制，更需要有领导、有秩序地去进行。那不知经过多少次领导试点，不断实践，不断总结，不断完善，也不知经历过多少次曲折，经历过来自同级的、高层的多少干扰，才逐步推开，得以有今天。

浙江改革初期，从农村家庭承包说，在全国不是走在前面。这有客观原因。因为改革的直接动因源自农民的日子难过，而浙江不少地方相对说，农民的日子比别的省要稍好一些。所以浙江几个主要领导人开始不赞成包产到户。我那时在下面，起初对维护集体经济、公有制的立场，也很坚定。但是这个情况后来有变化。特别是包产到户在一些贫困地区、在浙江的周边省突破以后，事实教育了我们，懂得了农业家庭经营在现有生产力条件下的普适性。包产到户在温州，当时是袁芳烈同志违背省委主要领导的意志，以分管副省长的名义压着温州地委领导首先突破。以后又有厉德馨同志在金华、衢州地区相继推开。这是在浙江的欠发达地区的情况。至于发达地区的家庭承包，情况复杂，统一思想难度也大。但是经过努力，特别在中央领导的指导下，也在杭嘉湖宁绍等地推开，而且工作做得比较细，生产力得到较好的保护。家庭承包责任制本身，在适应不同地区、不同生产经营特点的过程中，也得到了完善。家庭承包在浙江的推行，总的说经过省委内部认真的思想交锋、统一认识，这个问题还是解决得比较好的，为浙江农业、农村工作的进一步发展，打下了较好的制度基础。

浙江的改革走在全国前列，是从 1983 年开始的。也就是从王芳、薛驹同志主政浙江开始的。作为改革的动因，群众要改变困难的现状，有自发的要求，这一点浙江与其他省基本相同。这是基础，是改革的群众条件。但只有这一点还不能决定问题的全部。就是除了群众条件，还要有领导的条件。而对于改革的领导，据我的比较研究，觉得浙江与有些省存在一定的差别。

首先是改革的领导思想。浙江把市场取向的改革作为目标和方向，在全国比较早。这当然得益于全国改革开放先行地区的启示，以及当时中央领导和经济学界先驱者的指引。同时也应该说，浙江的历史文化底蕴和近现代工商传统，对这一点也有重要的关系。

有人提出，有的全国先行包产到户的地方，为什么那里农民的富裕和农村发展，落后于浙江与之毗邻、条件近似的一些地方？我思考，问题可能就在改革的领导思想。有的地方率先推行家庭承包，对我国农村改革和农业发展作出了巨大的贡献。由于包产到户的推行，1982 年、1983 年、1984 年全国农业连年丰收。1984 年，全国粮食总产达 8100 多亿斤，国务院总理通告联合国粮农组织，中国温饱问题基本解决。这样奇迹般的大好形势，一方面促进了人们思想大解放，推动全国改革开放的开展。但同时也使一些干部满足于家庭承包以后农民的积极性。用他们的话说，农民种田种得真有味道！似乎由此就有了社会主义的美好前景。我们在中央开会，总能听到来自一些地方陶醉于包产到户的声音，一听说农业规模经营、土地流转，就很反感。包产到户在全国推开后，浙江等部分省在全国农村工作会议上大声疾呼把发展商品生产作为农村的主要任务，一些省并不很感兴趣。他们对发展二、三产业的要求，敏感性不如广东、江苏、浙江这些地方。这当然有客观原因，就是那些省人均耕地多。而浙江农民只有几分地，靠它种粮食日子好过不了。所以，尽管 1984 年、1985 年 2 个中央 1 号文件都明确提出发展商品经济（先是提发展商品生产）的任务，但各地理解和接受的程度有不同。有的最早搞包产到户的地方，发展农村工业迟了一步。有的发展工业，对民营中小企业的发展重视不够。

浙江的农村改革，既着眼于克服农业生产经营上吃“大锅饭”的弊端，同时着眼于农业、农村和整个国民经济的发展，着眼于商品经济的大发展。把让农民真正成为有活力的主体作为实现商品经济大发展目标的必经步骤。所以，我们待家庭承包全面推开，就以更大的力量和更多的精力抓中央提出的农村第二步改革。其实，浙江因推行包产到户相对较晚，许多地方在包产到户时就把它与农村第二步改革联系起来，就着眼于腾出农业劳动力、腾出干部的手来，便于发展多种经营，发展农村的二、三产业，把大批农村劳动力从农业上转移出来。1984 年初，浙江省委就提出把推动商品生产大发展作为农村的主要任务。1985 年初又根据中央 1 号文件的精神，提出发展大规模的商品经济。那时，我们头脑里已经有一个市场取向改革的目标。为了解除人们对商品经济姓资姓社的困惑，王芳同志代表省委在省农村工作会议上作报告，详尽地论证了商品经济并非资本主义专利的道理，使全省农村干部顿开茅塞。并且为了具体指导商品经济的大发展，省委、省政府领导和省有关部门做了大量的调查研究，系统地总结各地的创造特别是温州发展的经验。

研究浙江改革开放史，要重视 1985 年王芳同志率领部门赴温州进行较长时间深入调查和系统总结经验后，写出的关于《温州农村商品经济发展的调查》（报送中央并在《求是》杂志上发表）。这个报告以鲜明的态度肯定了温州的发展道路，同时也大体上为整个浙江走自己的路所涉及的一些方针政策问题，提出了明确的预示。

研究浙江改革开放史，也要注意义乌的发展与省委、省政府的强有力支持分不开。对义乌的做法，包括对义乌县委书记谢高华同志的看法，当时存在争议。1984 年、1985 年两次省委农村工作会议，省委特地把谢高华请到会上发言。发言的题目《兴商建县》及其具体内容，事先经过有关领导审定。目的就是显示对义乌的肯定和对发展专业市场的倡导。用王芳同志的话说，“发展一个市场比搞多少工业项目对当地经济的作用要大”。义乌最初的市场是马路市场，占用当地的公路。薛驹同志应义乌的要求，指示交通部门公路改道，支持义乌建设市场。对当时市场建设，省政府不论是土地审批还是银行贷款都给予了特别的支持。义乌市场的开幕式，省政府由我去讲话，我就引用了王芳同志关于市场推动当地经济的那句朴实而经典性的话语。

对改革的目标和方向，在理论上怎么提？我们做实际工作的人当时觉得说不准。中央说商品生产我们也说商品生产，中央说商品经济我们就说商品经济。中央不说市场经济，我们也不敢说市场经济。但问题的实质我们清楚。浙江可以说早在李丰平同志主持省政府工作时，做实际工作的同志已经意识到即使在计划经济占统治地位的情况下，市场的一定的作用也是不以我们意志为转移的。那时的计划外协作，李丰平同志的“二白一黑”（以浙江的大米和带鱼换山西省的煤），在经济上起了大作用。许多干部在实践中体会到，计划经济不是铁板一块，再细致入微的计划也不可能周到无缺，也有计划外漏洞可资利用。浙江那时计划外协作搞得轰轰烈烈，经济大县都有协作办。这也说明，浙江人搞市场经济有一点驾轻就熟。浙江因为资源的天然秉赋不足和国家计划投资项目缺少，历史上国家越强调计划经济，宏观控制越严，浙江越是糟糕；反过来越强调市场作用、开放搞活，浙江就如鱼得水。这几乎成为规律。这告诉我们在国家越强调宏观控制时，浙江的同志越要努力保护生产力，避免民力遭受杀伤。从1985年至1987年，我在省政府管常务工作，分管农村工作，也管金融、经济体制改革等工作。我与杜润生同志有过几次交谈，请教他“我们现在的改革是不是可以讲就是市场取向的改革？”杜润生明确回答：“可以这样讲。”那时，著名经济学家董辅仁、吴敬琏，实际上是我们的顾问，在说到改革目标时，都支持我们的看法。

顺便提到，1987年我们提出过“贸易兴省”的战略，这充分体现了浙江改革的指导思想。遗憾的是，后来受到个别老同志的批判。这件事的背景是，当时在中央还没有提市场经济。我们看马洪同志有一个关于市场经济问题的报告，国务院总理批示，大意是尚需在领导层统一认识。但是浙江从改革的需要出发，觉得应该有一个总的战略。我们考虑浙江本身的资源、市场有限，但有人力资源、人口素质、地理区位、沿海港口等优势。为了扬长避短，只有靠贸易兴省。这里说“贸易”不像有人狭义地理解就是经商，而是广义上的贸易，就是要充分发展交换和分工，尤其与国际上的交换和分工。这也是参照了日本战后一个时期强调贸易立国的经验。这件事，国务院领导和我们讨论沿海发展战略时，曾经说到日本的贸易立国战略。他说，我们有自己的国情，因为国土辽阔，大部分省区在中西部，不能在全国提贸易立国。所以考虑在东部实施沿海发展战略，东部先发展了可以带动中西部。从沿海省份来说，倒是可以提“贸易兴省”。所以我们是受到国务院领导的启发的。这本是无可非议的。既然以市场取向为改革目标，那就是题中应有之义。个别老同志反对提“贸易兴省”，是因为长期搞计划经济，他们形成了习惯思维，我想这也不奇怪。我当时把这个问题看得比较淡，你不赞成就不赞成。而且我觉得对地方做实际工作来说，口号问题原不是太重要的事。重要的是在正确思想指导下的实际举措。我们那时继续抓宁波、温州的改革开放，并努力为加紧这两地与腹地的联系创造条件。与此同时，在全省突出地抓外贸和外资，深化外贸改革，扩大建设开发区。当时决定新建杭州、萧山两个开发区，并一切准备就绪。待邓小平南方谈话后，全国改革开放气候转暖，浙江及时争得了先机。这是大家都看到的。浙江的外贸也很快在全国后来居上成为发展较快的省份。这些是改革进程中的小的波折。但足以说明浙江改革不像有的人设想那么简单，可以“听其自然”和所谓“无为而治”。

1983 年至 1987 年这个时期，浙江省委省政府对改革开放的领导，除了坚持正确的指导思想，还有一条就是有一个很好的作风。这是极为重要的。这时是浙江改革开放比较关键的时期。省委、省政府做了大量有效的工作，包括自上而下地把各级领导思想统一到中央的改革开放路线上来，抓住步鑫生等典型事例明辨是非，平反错误批判处理的乐清县“包庇纵容资本主义”案（实是鼓励支持个私经济发展）等等。袁芳烈同志也在温州大刀阔斧地平反了“八大王”冤错假案。这些都在党内外营造了良好的改革氛围。特别是 1983 年起的三年整党，不求形式但求实效，重点抓领导班子建设，解决业务工作服从于服务于经济中心的指导思想。与整党相结合，省委、省政府同时大抓调查研究。在王芳、薛驹同志带领下，围绕改革开放和发展商品经济问题，进行了深入系统的调查，总结各地干部群众的创造。今天回头看，浙江的发展，走自己的路，走以民营经济为特色的发展道路，有一系列的方针政策性问题。其中包括发展家庭工商业，发展乡镇企业，乡镇企业走“三路并进”（“四轮驱动”）的路子，发展个私贩运队伍，发展各类专业市场，依靠农民力量建设小城镇，在加强地级市城市建设的同时坚持保护县域经济，在改革开放中抓住发展县域经济不放，实行省直管县的财政体制，重视县域金融，对民间金融采取观察引导、存利去弊的态度，重视外贸和外贸改革，等等。可以说，除了后来的乡镇集体企业改制、国有经济布局调整、国企公司制改造、民营经济进一步大发展，以及进一步扩大对外开放，许多方针政策在那时都已有定论，有了很好的开端，奠定了一定的基础。

了解了浙江改革开放前期的这些历史事实，如果再听那些所谓“群众自发”和“无为而治”的说法，就未免觉得可笑。对于不了解情况的后人，为了避免造成错觉，我觉得还是需要把有些情况加以澄清。这对于正确地总结改革开放的领导经验，进一步加强改革开放的领导，也有现实的意义。

回顾浙江省20世纪80年代中期的整党工作

陈法文

浙江从1983年12月开始，自上而下，分期分批，进行了为时三年多的整党工作。这次整党是遵循1983年10月党的十二届二中全会通过的整党决定的精神，结合我省的实际情况开展的。浙江省委根据党的建设从来是密切联系党的政治路线并为其服务的经验，把系统清“左”、不断破满、勇于唯实、大胆创新，作为指导全省整党工作的方针，使整党的过程成为各级党组织和广大党员思想不断解放、改革不断深入、生产力不断发展、人民生活显著提高的过程。

1982年9月召开的党的十二大，坚持和发展了十一届三中全会的路线和精神，提出全面开创社会主义现代化新局面的纲领。邓小平在这次大会上总结我们党和国家长期的历史经验，提出我们的现代化建设，必须从中国的实际出发，把马克思主义的普遍真理同我国的具体实际结合起来，走自己的道路，建设有中国特色的社会主义。党的十二大以后，我们面临着历史性的转变和新的伟大任务。当时，我们通过学习贯彻党的十一届三中全会精神，通过实践是检验真理的唯一标准的大讨论，从总体上说已从根本上冲破了长期“左”倾错误的严重束缚，重新确立了马克思主义的实事求是的思想路线，党和国家的工作重点也已转移到经济建设上来。但是，“文化大革命”和以前的“左”倾错误影响深远，那种认为“只有生产资料公有制、计划经济、按劳分配才是社会主义”的传统经济理论，还严重束缚着人们的思想。有些领导干部在抓经济工作中，一说发展商品生产就认为是偏离了社会主义经济，对发展个体、私营经济更视同于搞资本主义。（20 世纪 80 年代初期，乐清市柳市镇就出现过“八大王”案件。有八个人因从事五金、螺丝等加工和营销电器等业务，被作为资本主义行为受到批判和关押。）同时，在精神状态上满足于现状，因循守旧，怕冒风险，不思进取。这样，改革开放就迈不开步子。因此，省委认为，在整党中要解决统一思想，在政治上与中央保持高度一致的问题，必须从清“左”入手。在当时情况下，抓住清“左”，就抓住了党内思想上和实际工作中普遍存在的倾向，就抓住了要害，而破满则有助于增强清“左”的紧迫性和自觉性。这样，才能使党员干部的思想进一步从“左”的影响下解脱出来，为改革开放扫清障碍，使党的十一届三中全会以来的路线和方针政策能够在各条战线得到贯彻落实。

浙江省委提出的清“左”、破满、唯实、创新的方针，是以解决省委自身、省级各部门和市地级党委在这方面存在的问题为主，省委突出地抓住了这个重点和边整边改这个重要环节。主要做法是：

把学习理论和调查研究密切地结合起来。一方面，组织党员干部特别是党委、党组的领导成员，认真学习中央的整党决定和关于经济体制改革等文件，以及邓小平关于《解放思想，实事求是，团结一致向前看》等重要讲话。通过学习，加深对解放思想的实质及其重大意义的理解，使大家认识到解放思想就是要打破习惯势力和主观偏见的束缚，坚持唯实创新，不断研究新情况，解决新问题，使我们的思想同不断发展变化的实际相符合，同人民群众的新期待相符合，做到实事求是，与时俱进。同时，始终保持永不僵化、永不停滞、昂扬向上、锐意进取的精神状态。另一方面，针对全省经济社会发展中存在的主要矛盾和问题，组织分管各个领域工作的省委常委和副省长，带领从省级机关抽调 1400 多名干部（其中各部门的领导干部有 150 多名）组成的 100 多个调查组，到基层搞调查研究，听取群众的意见和要求，总结推广改革创新的典型经验，分析研究工作中的薄弱环节，提出边整边改的有力措施。这样，就使抓整党和抓业务工作紧密地结合在一起，有利于明确整改方向，促进各行各业改革的深化。

对于影响全省改革开放和开创新局面的突出问题，省委以身作则，带头进行检查。省委在充分发扬民主、广泛听取各方面意见，认真开展批评和自我批评的基础上，由省委书记王芳代表常委作了整党的集体检查，对我们在执行十一届三中全会以来的路线、方针、政策上存在的问题及其原因作了深刻的分析，对整改的措施作了认真的研究。省委认为，党的十一届三中全会以后所进行的全面拨乱反正，基本内容就是彻底否定“文化大革命”以及纠正以前“左”的错误。在这方面，我们虽然做了一些工作，取得了一些成效，但是对“左”的严重影响估计不足，系统地清理不够，有些应该否定的东西没有彻底否定。例如，对“文化大革命”中滋生泛滥起来的派性没有彻底消除；在所有制问题上把“一大二公”当作社会主义、把吃“大锅饭”当作社会主义优越性等错误理念没有纠正；对改革单一的所有制结构和高度集中的经济体制存有很多顾虑，怕搞活经济、发展商品生产会出现资本主义等“左”的束缚没有冲破；对党内较普遍存在的轻视和不敢放手启用知识分子的状况改变不力；等等。这些“左”的东西为什么这样难以肃清？省委在集体检查中着重分析了其中的原因，主要是我们长期受到教条主义的束缚，接受的是一套“左”的理论，执行的许多方针政策也带有“左”的错误。我们一直把那些“左”的东西当作“社会主义”，当作“正统的马克思主义”，加之作风上脱离群众，对“左”的危害缺乏切肤之痛。几十年来的政治运动，一直反右，使得我们心有余悸，怕犯方向、道路的错误。大家回顾新中国成立以来在经济建设上几次大的折腾，国家和人民遭受的劫难，都是吃了“左”的苦头。十一届三中全会以来的实践证明：在什么地方、什么时候、什么问题上，对“左”的思想清除得好一些，中央的路线、方针、政策贯彻得好一些，改革就见成效，工作就能前进。反之，受“左”的干扰，思想就不解放，甚至故步自封，改革和建设的局面就打不开。这个教训必须深刻记取。

对于改革开放、发展商品经济中出现的有争议的问题，省委旗帜鲜明地分清是非。对正确的理念和政策措施，坚决予以支持；对错误的认识和做法，坚决予以纠正。例如温州的个体、私营经济在蓬勃发展的过程中，出现了姓“社”还是姓“资”的争论。为了统一认识，省委组织了强有力的调查组，进行实地调查，用事实说话，肯定温州各级党组织和人民群众是根据温州的客观条件，找到了一条符合温州城乡实际的发展社会主义商品经济的新路子。他们的经验应该为人们所理解和接受。对于在1982年发生的把乐清县委鼓励、支持和引导个体、私营经济发展作为包庇、纵容资本主义而进行错误批判和处理的事件，明确地予以平反和纠正。对于时任海盐衬衫总厂厂长步鑫生在企业内部改革分配制度，打破“大锅饭”，因此被有的领导认为是侵犯工人阶级利益而加以指责和干涉的问题，省委在经过联合调查的基础上，抓住这个典型事例，开展了怎样正确对待改革和改革者的讨论，促使各级领导干部认识到一定要做改革的带头人，站在改革的前沿，而不能墨守成规成为改革的阻力。同时，请步鑫生和鲁冠球在省级机关处以上的干部会议上具体介绍他们搞改革的经验和体会。省委则要求省级机关干部学习他们勇于改革创新的精神，使改革之风吹进机关。

上述省委抓整党的这些做法，得到了中央整党指导委员会（简称中指委）的重视和肯定。胡耀邦对省委关于支持步鑫生改革创新的决定作了批示，认为这样做是好的，要公开报道。中指委常务副主任薄一波认为浙江的整党工作抓得紧，抓得对头，抓了业务中的大事，要好好总结这些经验，并先后两次亲自听取省委关于整党工作情况的汇报。中指委还通过新华社和《人民日报》等新闻媒体，多次报道浙江的整党工作经验。中指委办公室在按语中对我省在整党中支持和提倡改革创新精神、大兴调查研究之风积极促进改革开放等做法，都予以充分肯定，认为“整党工作就是要把自己掌管的业务同党的总路线、总方针紧密地结合起来，整党就是要沿着这条路走”。对省委的集体检查，给予高度评价，指出：“浙江省委常委在对照检查中，提出‘系统清“左”、不断破满、勇于唯实、大胆创新’，作为浙江省今后经济建设和各项工作的指导思想，说明他们通过整党，在思想认识上有了新的提高。这四句话，对其他地区和部门的党委、党组也可作为借鉴。”

我们用实践是检验真理标准的观点，从总结历史经验的角度，回顾当年在整党中实行的清“左”、破满、唯实、创新的方针，不仅对我省当时的改革开放起了先导和推动作用，而且对以后浙江的改革开放和社会主义现代化建设，也有着打基础、利长远的作用。

一、解放思想推动全省经济社会发展，逐步走出一条符合浙江实际、具有鲜明特色的路子。省委在研究整党工作的指导思想和主要任务时，认为要贯彻执行党的十二大精神，全面开创浙江社会主义现代化建设新局面，必须全面正确地认识浙江的省情，既要看到有利条件，又要重视不利因素。要发挥优势，突出重点，在发展战略上着力抓好农业和农村、交通和能源、教育和科技等三大问题。这是具体分析了以下几个方面情况作出的战略决策。

浙江平原土地肥沃，山地广大，海域辽阔，是个综合性的农业区域，生产门类众多，集约经济水平较高，所以发展农业是我省的一个战略重点。但是，搞农业不能把眼睛只盯在有限的粮地上，而是要广开思路，克服单一经营的狭隘观念，树立大农业的思路，把发展多种经营作为繁荣农村经济的一项战略性措施。这就需要在抓好粮食生产的同时，大兴山海之利，全面发展农、林、牧、渔和农村的二、三产业。这样，就会加快全省商品生产的发展步伐，拓宽就业渠道，使农民能较快地富裕起来。

浙江以丝绸、纺织、食品、轻工和某些机械工业为主的中小企业有一定的基础，但是工业设备陈旧，技术比较落后，能源和原材料工业基础薄弱，交通运输严重滞后。因此，在加强技术改造、发挥现有企业作用的同时，必须把交通和能源搞上去，抓好公路、铁路、港口、机场、水利、电力、化纤、建材等一批重点建设项目，突破经济发展的瓶颈，为提高工业化水平创造条件。

浙江地处沿海，区位优势明显，有宁波、舟山、温州、台州、乍浦等天然良港，又临近上海，沿海城市的商品经济发展较早，具有发展外向型经济的良好条件。但是，受到长期的封闭半封闭的束缚，严重影响对外贸易的开展，这种局面必须尽快改变。

浙江人民富有创业创新精神，能工巧匠和外出经商的人员比较多。当时温州、台州等地已陆续出现兴办家庭工业、私营企业和专业市场的趋势。我们只要冲破社会主义只是单一公有制的传统观念的束缚，蓬勃发展的民营经济势必会成为浙江经济的重要支柱。

基于上述认识，省委要求各级党委在整党中一定要系统清“左”，解放思想。对经济建设的领导，必须重视体制机制的创新，坚持国家、集体、个人和股份联合等多个轮子一起转，以增强全面发展商品生产的活力。抓经济工作的方法，要从单纯抓生产转变为生产流通一起抓，充分重视市场的培育和建设。同时，要把发展教育和科技事业作为一个重要战略，加大智力开发和培育人才的力度。经过几年的工作，我省比较顺利地逐步实现从计划经济向社会主义市场经济转变，从封闭半封闭向全方位开放转变，使经济社会发展充满了生机和活力。实践证明，我省的现代化建设是沿着中国特色社会主义道路前进的。

二、农村和城市改革不断深入，商品经济有了突破性的发展。农村改革率先冲破旧体制的樊笼。以家庭联产承包责任制为中心内容的第一步改革，使农民获得了生产经营自主权，解放了农业生产力。以改革农产品购销体制和调整农村产业结构为主要内容的第二步改革，改变了农村经济单一经营的结构，具有区域特色的种植业、养殖业迅猛发展，许多地方出现了有一定经营规模的专业户和重点户，有力地推动了农村从自给半自给经济向较大规模的商品生产转化。大批劳动力向从事工业、建筑、交通运输和商贸服务等产业转移。乡镇工业异军突起，成为农村经济发展的重要支柱。各种专业市场广泛出现，有力地促进商品生产和商品交换，推动了块状经济的形成和发展。

城市的改革，从改善企业外部条件开始，进一步转向改善企业内部的经营机制。先是放权让利，重点搞活城镇的集体企业。再对一部分国有小企业和亏损企业实行“改、转、租”，推行多种形式的经营承包责任制。温州、台州等地的个体、私营企业，还相继出现股份制和股份合作制的改革。企业改革的深入，对计划、投资、物资、商业、金融、财税等方面，提出了配套改革的要求，促使这些方面的改革也进行了积极的探索。

三、在行政管理体制改革中，重视发挥中心城市和中心城镇的作用，积极创造有利于县（市）域经济发展的条件。当时，虽然没有统筹城乡、区域发展的明确理念，但是省委在研究整党的整改措施时，非常重视发挥中心城市的作用。省委认为，中心城市不仅是一个行政区域的概念，而且是经济上纵向、横向联系的结合部，是生产、流通、科技、文教、金融、信息的中心。以中心城市为依托，发挥城市的辐射作用，在全省逐步形成不同类型、不同规模和不同水平的开放型的经济区域和经济网络，有利于城乡紧密结合，打破条块分割、城乡分割的局面，促进城乡的经济和社会事业共同发展。因此，确定以杭州、宁波和温州三个窗口的对外开放为战略支点，带动腹地的经济和全省外向型经济的发展。同时强调，中小城镇是工农业生产的集散地，是发展农副产品加工和为农业产前产后服务的重要基地，是传播科学文化、加强农村社会主义精神文明建设的重要阵地。因此，必须重视中小城镇的建设，充分发挥中小城镇在城乡经济文化和社会建设中的纽带作用。根据这些思路，确定我省实行市领导县的体制，从杭州、宁波、温州扩大到绍兴、嘉兴、湖州、台州、衢州等市。但是对县（市）级财政和县（市、区）级党政一把手的管理，权力不下放给市，而实行省领导县的体制。对一部分经济发达的县也撤县建市，带动一批经济强镇的发展。多年来的实践证明，实行这样的体制机制，推动了全省城镇化、市场化和商品化的发展，加快了城市建设的步伐。同时，有利于在全省范围内进行主要领导干部的调配和交流；有利于财政收入的统筹安排，建立合理的财政转移支付制度，推动县域经济的发展；有利于先富带后富，加快经济欠发达地区的发展步伐。

四、系统清“左”的作用，在其他一些方面也有明显的效果。在干部队伍和领导班子的建设上，主要是认真清理和纠正那些轻视知识和知识分子，压抑人才、埋没人才、浪费人才的错误偏向，拓宽选拔干部的视野，进一步贯彻执行干部队伍革命化、年轻化、知识化、专业化的方针，把大批德才兼备、年富力强的中青年干部选拔到领导岗位上来，使他们在新老合作和交替的过程中得到更多的实际有效的锻炼。当时，省级机关、市地和大部分县（市、区）的领导班子，经过机构改革已经作了调整。调整后的各级领导班子，从总体上说是好的，能发挥领导核心作用，因而经过整党考察，主要是按照干部队伍“四化”的要求，着重考虑完善群体结构，瞻前顾后，统筹安排，合理调配，进行个别的调整和充实。对其中表现突出的优秀干部，省委有计划地给他们压担子，放到市、地、县的主要领导岗位上进行培养锻炼。他们中有几十个人在80年代后期开始陆续走上省部级领导岗位。一批专家、学者走上重要岗位，作用得到很好发挥，科技创新成果大量涌现，教育事业发展速度显著加快。在农村基层则需要大力解决领导班子年龄偏大、文化偏低的问题，调整的面比较大。全省农村党支部在整党中，进行调整充实和改选的有35398个，占农村党支部总数的54%。另外，根据农村产业结构调整和乡镇企业发展以后的新情况，新建了1956个党支部。这次农村基层党组织领导班子的调整和改选，是在进行新时期用人标准的学习和教育的基础上进行的，因而各地都很重视把那些思想觉悟高、办事公道、作风正派、商品经济意识强、富有艰苦创业精神、善于经营管理的党员，充实到党的支委会中，以有利于提高基层党组织的战斗力和在群众中的威望，推动农村经济的发展。

在严肃纪律和纯洁组织方面，主要是抓住当时在一部分干部特别是领导干部中存在的认为浙江“文化大革命”中的两派有一派是正确的错误认识，进一步进行彻底否定“文化大革命”的教育。王芳同志在《浙江日报》发表了《彻底否定两派，根除派性顽症》的文章，联系十年内乱的历史，剖析“文革”的实质。省委多次指出，“一月风暴”以后在浙江形成的两大派，从总体上说都是“无产阶级专政下继续革命”错误理论和“左”倾错误的产物。由此泛滥起来的派性，反映在清理“三种人”、选拔任用干部、打击经济犯罪斗争等问题上，往往“以派划线”、“以人划线”，起了严重的干扰破坏作用；有些领导班子在思想政治上产生的分歧，工作中的不协调，究其根源也是派性作怪。因此，要消除派性，必须“釜底抽薪”，彻底否定“文化大革命”。这样做的结果，使整党中能顺利地查清了“文革”中发生的629起重大事件，核查了1777名重点对象。考虑到“文革”这一特殊历史条件，对人的处理，坚持从严掌握、慎重对待的原则，依纪处理了450多名犯有严重错误的人员，依法处理了101名犯有严重打砸抢罪行和经济犯罪分子。同时，严肃查处了100多起较大的经济犯罪案件，对3400多名党员作了开除党籍、留党查看等处分。所有这些，对于纯洁党的组织和严肃纪律都起了积极的作用。

这次整党，从1983年12月开始到1987年3月基本结束。参加整党的有63509个单位、近140万名党员。省委高度重视这次整党工作，有关指导整党的工作方针、整党的工作部署、重大的整改措施和政策规定，都是由省委集体讨论决定，王芳、薛驹同志亲自参与决策，召开有关会议进行部署、协调和检查。同时成立了由王芳任组长、陈法文（时任副书记）任副组长，有省纪检委书记、省委秘书长、组织部长、宣传部长和省人大、省政协主要领导参加的省委整党工作指导小组，并从省委有关部门抽调了多名领导骨干，组成整党工作指导小组办公室，负责整党日常工作。在农村村级单位的整党分批开展以后，省委和各级党委共同抽调了48208名党员干部，作为整党工作联络员，深入到每个村，协助党支部开展整党工作。

党的十一届三中全会开启了改革开放新时期。改革开放前30年中，浙江的经济以平均每年增长13%左右的速度发展，生产总值从全国第12位提高到第4位。2007年与1978年比较，全省国内生产总值从124亿元增加到18640亿元，人均GDP从331元增加到37130元；财政收入从27.45亿元增加到3240亿元。2007年，城镇居民人均可支配收入20574元，农村居民人均纯收入8265元。全省不仅经济快速发展，而且社会全面进步，城乡面貌发生历史性变化，党的建设新的伟大工程扎实推进。这些成就的取得与改革开放密切相关，而前提则是解放思想。实践永无止境，解放思想也没有止境。现在我们要继续解放思想，就要认真学习中国特色社会主义理论体系，提高对科学发展观的认识，使之落实到改革与发展的实际工作中去。要借鉴过去清“左”、破满、唯实、创新的经验，以破解当前经济难题为契机，启动新一轮思想解放，因势利导，深化经济体制和政治体制的改革，推进科技和制度等方面的创新，加大调整经济结构和转变发展方式的力度，加快经济转型升级的步伐。发扬求真务实作风，认真研究解决那些不符合科学发展，不利于社会和谐的突出问题，切实纠正那些背离正确政绩观的行为。尊重和鼓励干部群众的首创精神，支持他们敢为人先，敢试敢闯，勇于创新，开拓前进。总结推广新经验、好经验，不断创造新的业绩，为建设中国特色社会主义作出贡献。

1991年太湖流域特大水灾记忆

葛洪升

太湖流域遭受特大水灾

1991年太湖流域入梅早于往年，梅雨期长达56天（5月19日至7月13日），为近40余年梅雨期最长、雨量最大的年份。6月11日至7月14日，太湖流域两次暴雨如泻，暴雨总量达514毫米，浙江境内平均为350～400毫米，湖西北（江苏境内）400～790毫米，湖东区（上海市和江苏部分地区）400～600毫米，暴雨量呈北多南少的趋势。由于江苏境内雨量甚大，太湖平均水位由6月12日的3.45米涨到6月16日的4.79米，创历史纪录，4.0米以上水位历时62天。7月13日小梅口最高水位4.05米，超过历史实测最高水位。强降雨导致长江大水狂泻。又值大潮期，江、湖、海三水碰头，太湖水位猛涨，造成太湖周围地区严重水灾。浙江受淹面积250万亩，直接经济损失14亿元。江苏省无锡、苏州、常州三市一些居民区、商业区进水，部分厂矿企业被淹停产。

为指导嘉兴、湖州两市救灾，6月19日下午1时半，我与嘉兴市市长杜云昌、嘉善县委书记沈子松、副县长吴金林前往嘉兴灾情最重的嘉善县察看灾情。车到嘉善县西塘镇后即乘船前往俞汇、姚庄乡视察。在船上，嘉兴市水利局局长廖金宽汇报了这次降雨情况和面上灾情。他汇报说灾情非常严重：6 月 1 日至 19 日降雨 304 毫米，6 月 5 日水位 2.78 米，9 日 3.08 米，13 日 3.32 米，17 日 3.69 米，分别超过警戒水位和危险水位 0.54 米和 0.24 米。受灾农田 37 万亩，其中重灾 14 万亩，绝收 3 万亩。经济作物受灾 4.5 万亩。房屋进水 3000 间，倒塌 59 间，不计工业损失，直接损失 3900 万元。早稻减产 4300 万斤，春粮 1.2 亿斤仅收购 900 万斤，已收割进农户家中的稻子无法晾晒变质 1500 万斤，合计粮食损失 6000 万斤左右。

白天我们在西塘、俞汇、姚压三个乡镇查看灾情，慰问灾民和救灾一线的干部群众。晚上回到嘉善县招待所，临时简单做了点晚餐，饭后嘉善县书记沈子松和副县长吴金林要汇报灾情，我说情况已经基本清楚，你们提诉求吧。于是吴金林提出：

1. 嘉善水利设施差，上海又堵住了水道，担心水不能很快东泄。北部水位 3.8 米以下有 37 万亩，9.6 万亩已搞好圩堤投入 1190 万元，合 124 万元 / 亩，其余的要 3600 万元投资才能搞好。

2. 受淹严重的地方是外围圩堤塌损所致，均为湖水冲刷造成，这三年堤岸两侧冲掉了 3 米，600 公里岸线损失 600 亩地，应增加护岸费。能否将县每年上缴内河航道养护费从 7000 万元减少到 6000 万元，或者从上缴的 2 亿斤粮食中拿一点作议价粮，增加一些水利建设资金，连续五六年完成堤岸加固工作。

3. 由于动用大量机电设备排涝，电量消耗已达 150 万度，今年排涝用电需要 300 万度，排涝用电是否能按平价计算。另还需要 25 ～ 30 吨平价柴油。

4. 全县粮食上缴任务太重，要求减少一点。

沈子松又接着补充：

1. 粮食附加税去年上缴 146 万元，要求今年多留点或不上缴用于水利建设。

2. 粮食附加税递增的比例减一些，建议由 6.5% 降至 2%，以增加地方财力。

3. 嘉善要以水利建设为重点，调动各方积极性，加快建设进度，每年集资 700 万至 800 万元，经 10 年时间的水利建设就可以抵御较大水灾。

听完他们的诉求，我说："省水利厅陈绍沂厅长给我报了一串数字讲问题不大，今天看了电报，决定来实地察看，似乎问题比原来了解的要严重。

"面对这次特大洪涝灾害，嘉善等地广大干部群众齐心协力、团结抗灾的精神非常可嘉，应当发扬光大。当前要把抗灾救灾工作提到议事日程上来，引起足够重视。农业、水利等部门要认真分析灾情，要专题研究杭嘉湖洪涝问题。对受灾的早稻要努力抢救，各项措施都要跟上，尽可能减少损失。晚稻要特别注意保护秧苗，保证晚稻足苗足插。凡是抗灾排涝所需的电力、柴油、农药等物资，有关部门都要作为特殊问题及时安排解决。特别要保证重点地区的需要。凡是与抗灾救灾有关的事情，都要实打实地做好。现在没有受灾的地区，领导同志思想上不能有丝毫麻痹，要很好分析今年不正常的天气情况，认真检查山塘、水库、堤坝等水利设施，千万不能出事故。要把困难估计得严重一些，把问题考虑得多一点，早做准备，立足于抗御大灾。

"你们通过这次灾害发动广大群众，改善自然条件，应该怎么干就怎么干。你们的领导指挥很得力，广大干部的精神状态很好，工作做得不错，虽然洪灾给你们造成了很大的损失，但工作没有太大的失误，这样的洪灾受淹是不可避免的。遇到灾害首先要考虑救灾，一般的事要放放，要避免大量的倒塘，避免大的事故发生。其次是尽量减少早稻的损失，晚稻种植面积不能少，要把天气想得坏一点，以上两点是救灾的重点。你们提出的其他诉求，回去再研究。"

6 月 20 日，我到嘉兴郊区查看，灾情也令人心焦。6 月 13 日起水位全面超危险线，受灾农田 34.8 万亩，淹 3 天以上的 14 万亩，5 天以上的 4.5 万亩，受灾鱼塘 3397 亩，冲毁塘坝 7 处，水闸 1 座，桥 9 座，水泵 34 台，电机 60 台。每天参加抗灾的干部群众 2.5 万人，但洪灾还是未能有效遏制。他们向我提出：1. 增加抗洪用电 400 万度，柴油 100 吨，平议差价款补助 10 万元。2. 粮食附加税能否全留。3. 小型农田水利包干经费在原有基础上再增加一些。

6月22日，我召集省有关部门开会，研究了支持嘉兴抗灾的问题，省政府对嘉兴市抗灾救灾提出的化肥、木材、钢材、资金、电力指标（化肥1900吨，其中有1200吨为无偿，木材200立方米，钢材300吨，救灾款190万元）都给予解决。当年在嘉兴广大干部群众的努力下，农业仍然获得好收成，完成了各项上交任务。

顾全大局团结协作

6月25日11时30分左右，我接到国务院副总理田纪云从北京打来电话说："这次太湖流域灾情很重，灾情还会继续加重，形势严峻。为了避免更大的损失，国家防总研究后向江泽民总书记作了汇报，党中央、国务院决定明天开启太浦闸泄洪。希望浙江服从大局，做好工作。"我当即表示坚决服从中央的决定，认真做好杭嘉湖地区排涝救灾工作。同时向田纪云副总理提出，太浦闸泄洪要考虑嘉兴、湖州灾情和承受能力，适当控制下泄流量。中央是否考虑让上海炸掉红旗塘上的拦水坝引太湖水经黄浦江入海，以减轻浙江的压力。并建议中央能不能让江苏加大向长江排水的流量。田纪云副总理说："是的，要团结一致共渡难关。"放下电话后，我立即与李泽民书记商量，通知许行贯副省长、水利厅和嘉兴市相关部门领导到嘉兴市政府招待所召开会议，贯彻落实田纪云副总理的指示。

会议从下午2点半开始。我首先传达了田纪云副总理的电话指示精神，然后听取与会人员的意见和建议。水利部门的人首先发言，认为开太浦闸会大大加重嘉兴的灾情，嘉兴现在已经无法承受下泄洪水的沉重负担，坚决反对开启太浦闸。他还说，过去几十年，每次水灾浙江都坚决不同意开太浦闸，上海市则派一位领导坐镇红旗塘渠，怕浙江人打开拦水坝加重上海灾害。因浙江不同意，太浦闸建成后从没有开闸泄洪。如果这次破了例，以后再遇水灾也必然开闸向浙江放水，后患无穷。省水利部门历来反对开太浦闸和上海历来坚决防太湖水流入上海市区的情况，此前我已有所了解。但那都是国家防总与省防总之间协商，协商不通就算了。作为省里领导也理解水利部门的难处。但这次是中央的决定，对中央的决定水利部门的同志有想法，这一点我也是有思想准备的，但反应如此强烈，措辞如此尖锐却大大出乎我的预料。他发言后，其他同志陷入沉默之中，会议气氛沉闷难耐，看得出大家都忧心忡忡。在这种情况下，我郑重地说："中央已做出决定，反对、拒不执行是不行的。我们只能在执行中认真做好工作，尽量减少损失。"这时，许行贯副省长说："考虑到太浦河浙江段、上海段并未开通的实际情况，开闸放水先控制在每秒 50 立方米以下，视情况逐步增加。"我立即表示同意，并请许行贯副省长向田纪云副总理报告。时间紧迫，我提议会议到此结束，请市里的同志马上传达中央的决定，部署抗险救灾工作，省里的同志也立即到重点地区帮助贯彻落实相关措施。李泽民书记表示同意。

散会后，我去察看海盐县长山大闸，李泽民和许行贯同志去嘉善县，发动当地干部群众做好开启太浦闸放水后的救灾工作。刚到大闸，管理处的同志就跑过来，说水利厅老厅长徐洽时同志给我打来电话。显然，徐老已经获悉刚才会议的情况，他还想再次陈述不能同意开太浦闸泄洪的意见。我对管理处的同志说，请你转告徐老，水利厅的意见我清楚了，现在时间紧迫电话我就不接了。我同嘉兴市和海盐县的领导一起察看了长山闸泄洪情况，与他们共同研究了应对太浦闸放水的措施。长山闸是当时已建成的放水入海的主要设施，当时闸门已全部打开，这意味着太浦闸放水新增的流量必然漫过内河河堤进入农田加重嘉兴的灾情，这使我心情焦虑沉重。

6 月 26 日中午 12 时，太浦闸开启 10 孔泄洪，开启高度为 1 米，约 100 立方米 / 秒略多一些。从太湖泄入的洪水奔向嘉善，南排流量骤增，嘉善水位再次升至 3.69 米，33 万亩农田再次受淹。

7 月 5 日，上海市和浙江省一起执行田纪云副总理签发的《关于太湖流域汛情及防汛部署意见》，炸开了嘉善县境内的红旗塘渠拦水坝，向黄浦江泄洪。

“杭嘉湖”风格永载史册

7月6日，我接到省委办公厅的通知，江泽民等中央领导7月8日要到嘉兴视察灾情。当天下午，我参加了温州市委召开的干部大会，宣读省委关于温州市委主要领导变动的决定，代表省委讲话后，没等会议结束就直接赶到温州机场乘机回到杭州。当天晚上，我与许行贯副省长召集省级部门领导干部开会，贯彻落实国务院7月6日在江苏吴江县召开的两省一市治水现场协调会精神，强调要进一步动员群众，发挥社会主义制度优越性和政治优势，自觉服从大局，振奋精神，发扬风格，团结治水，团结抗灾；强调省级机关要主动关心灾区，帮助灾区，支持灾区抗灾。

7月7日清晨，我赶赴湖州市区察看洪涝情况。湖州城区环城西河水与岸相齐，航运码头已经淹没，有些地段河水淹至护城围墙，临河不少工厂和民房已经进水。见灾情严重，我对陪同的湖州市委、市政府领导袁世鸣、姚关仁说：“城市防洪，企业要落实责任制，要分段负责，各结合部要分工明确，确保人民生命财产的安全。”

察看完湖州城区后，我们乘汽艇沿市区白雀乡小梅港驶往太湖入口处。此时，太湖水位已达4.65米，大大超过警戒线，湖水依然漫过了圩堤垒起的三层草包，已比堤内农田高出近2米，临湖圩堤险象环生。站在圩堤举目环顾，堤内稻田一片汪洋，正灌浆抽穗的早稻浸泡在洪水之中。白雀乡连日每天出动3000余人在堤上抗洪抢险，我对在场的干部群众说：“我们要依靠自己的力量，发扬连续作战的精神，继续加固加高圩堤，艰苦奋斗，迎难而上，战胜洪水。”

下午，我们赶赴受灾严重的长兴县横山乡。乘挂浆机船到邱家荡村，看到村党支部书记正带领着群众运泥搬石，筑坝护堤。便和随行的省、市、县同志加入到这支队伍参加抢险救灾工作。长兴县的同志汇报了他们落实县、区、乡、村四级抗洪责任制，我称赞他们：“这个办法好，要坚持下去。”

在湖州的察看有两点印象特别深刻：一是湖州城区处于低洼地区的厂房、仓库、民宅进水，影响生产生活，损失也比较严重。加快城市防洪设施建设刻不容缓；二是湖州沿太湖大堤太低了，大段湖堤完全被水淹没，大片农田、村镇一片汪洋。

7 月 8 日上午，我从湖州赶到嘉兴市的嘉善县，同嘉兴市、嘉善县的领导先去察看了中央领导视察点和行走路线。一些农民看到我们就自发地从田头和家里围拢过来，充满焦虑地询问灾情是否还会加重，太湖放水量是否还要增加等。我耐心作了解释，村民们都很理解，对村民们这种顾大局、识大体的表现，我深为感动。

下午 4 时左右，江泽民总书记、田纪云副总理，中央书记处候补书记、中央办公厅主任温家宝，民政部部长崔乃夫，水利部部长杨振环，解放军总政治部主任于永波，国家计委副主任刘江，南京军区司令员固辉一行一下飞机就直奔嘉善县西塘镇视察灾情。我们陪江总书记一行来到 6 号桥头视察灾情后，又乘船到沈道村实地视察，慰问灾民。这个村坐落于洼地，进村的路全部被淹，我们到达时水已基本退去，但路很滑，村民用盖房子的木头、水泥板临时搭了个木头通道。我们先看了受灾农田，再通过这个通道到村民丁志林家。当总书记向丁志林询问受灾情况，有什么困难时，丁志林说他家进了水，不深，他指了指被水淹的痕迹，家里进水损失不是很大，农田被淹要减产，这些困难我们自己能克服。

在嘉善视察后，我们陪江总书记一行到嘉兴市招待所休息，晚上 7 时半开汇报会。我向中央领导汇报了嘉兴、湖州灾情和救灾情况，近期工作部署和对太湖治理的意见。我提出的治理太湖水害主要有 4 点：（一）要加高加宽太湖环湖大堤；（二）扩大太湖水出海通道，重点是太浦河通过浙江嘉兴入海，上虞河通过江苏入长江的能力；（三）提高内河排涝防洪标准，全面修缮、加高、加固内河堤坝，增加排涝设施；（四）太湖流域治理要统一规划。

听完汇报后，田纪云副总理说：“浙江不错，讲风格，为解苏、锡、常的围付出了牺牲；根据气象预报，近期太湖流域还有强降雨，所以，太浦闸南排还要加大流量。同意扩大两条河（上虞河与太浦河）过水能力。南排工程一定要搞。很赞成你们建设高标准围堤的意见。”

江泽民总书记说：“灾情你们比安徽轻，但与历史比较，也是重大灾害。这次抗灾体现了局部服从整体，整体照顾局部的精神。灾区人民顾全大局，为太湖分流作出了牺牲。党员干部战斗在抗灾一线，发挥了先锋模范作用。这次灾害的启示就是要未雨绸缪，要有点远见。治水、救灾都要依靠群众。太湖治理，今冬必须大干，要把人力、财力集中起来解决这个问题。一定要下决心解决好这个事，否则别的事也很难办。这次救灾，总的要求是：生产自救、自力更生、协作配合，然后国家支援。”

次日早上，针对昨晚汇报会上田副总理讲还要加大南排流量的问题，乘早饭之时，我对田副总理说：“太浦闸南排流量我的意见维持现在的水平，不要再加大了。”江泽民总书记和田纪云副总理听后都没有表态，但这之后也并未加大放水流量。

7月8日早饭后，我陪江泽民总书记一行到嘉兴南湖参观了红船和革命纪念馆。据嘉兴的领导讲，红旗塘拦水坝虽炸开了，但嘉兴水位下降仍然比较慢。为搞清情况，7月9日上午江泽民总书记一行视察结束后，我和许行贯副省长立即再次到嘉善县了解太浦开闸后的灾情并在市县领导陪同下，乘船到红旗塘，实地查看了红旗塘拦水坝炸开后的洪水下泻情况。沿途我们亲眼目睹河水几乎与堤岸齐平，船行进时掀起的浪有时会高过堤岸，一些没用石头砌过的岸坡不时有大块土方塌溢到河中。看来县里要求整治内河堤岸的意见是对的，必须下决心解决。到现场后，我们看到红旗塘水面之上的坝已完全炸掉了，但水下坝基仍然还在。所以水流慢，为清除水下坝基，上海派来了大型机械挖泥船。我们登上正在作业的挖泥船，慰问了作业工人，希望他们加快进度以减轻嘉兴水灾。我还提出是否由浙江增派挖泥船的建议，上海的同志表示他们一定抓紧工作，不需要浙江增援了。

在此前后，7月初起的一个月内我多次到湖州，发现湖州市的灾情，既比嘉兴严重，也超过了省里预测的情况。对此，开始我也认识不足。湖州上遭东西苕溪暴雨洪水侵袭下受太湖特大洪水倒灌。6月25日，中央决定开太浦闸放水后，为减轻嘉兴的压力，湖州市委市政府坚决执行省防汛指挥部的命令，关闭导流东岸的九座大闸，使得水上交通全线断航，3000 多条运输船停航，不仅加重了湖州水灾，对湖州的工业生产也影响很大。7 月 3 日 6 时，我打电话给湖州市委书记葛圣平同志，询问了湖州的抗灾情况，赞扬湖州顾大局、团结治水、共度艰险的精神，代表省委、省政府对奋战在第一线的干部群众表示慰问。

7 月 9 日，我与副省长许行贯、省军区司令员杨士杰及湖州市的领导，实地查看了关系整个杭嘉湖平原安危东苕溪的东大堤，慰问了正在抢修加固加高大堤的下昂乡、和孚镇的干部群众和解放军指战员。我要求省防总和湖州市一定要加强防守，保证不出大事。

7 月 21 日下午，李鹏总理一行到嘉兴，他们是在视察了安徽、江苏后乘直升机到浙江的。我们陪总理到嘉兴郊区虹阳村视察灾情，走访了村民杨连荣家。下午 5 时半，我们与总理一行到达嘉兴军用机场，总理乘机到上海，参加国务院太湖治理和救灾会议。随后，我和许行贯同志也一并乘车到上海参会。

7 月 22 日，中央太湖治理会议在上海举行。参加会议的有国务院有关部委领导，江苏、浙江、安徽三省省长，上海市市长。李鹏总理主持会议。李鹏总理说："灾情我们已看过，会上就不汇报了，会议主要研究太湖治理和救灾问题，救灾重点是安徽几十万灾民安置、安全过冬问题。"国家为这次救灾专拨了一些资金和物资，上海黄菊同志表示上海一点也不要，我也表示分给浙江用于搭建临时住所的材料全部支援安徽。22 日白天研究太湖治理问题，晚上 8 时研究救灾问题。

在此次会上，我对太湖治理问题，讲了 3 点意见：1. 由国家统一规划，各省市分别实施；2. 今冬开始大干，连续几年争取早建成，早见效；3. 浙江财政困难而治理任务重，希望国家在资金上给予照顾。为筹集资金加快治理工程进度，我建议在嘉兴、湖州及杭州部分地区向受益企业包括向中央和省属企业征收水利附加税，请国务院支持。李鹏总理表态说，这个建议可以考虑，你们搞个方案报国务院。

会议结束后，我们立即返回杭州，省政府办公厅告诉我，湖州要求第二天来杭州汇报灾情。我与许行贯商定，明天我们即赴湖州。7 月 23 日一早，我们赶到湖州，我先去看灾情，请许行贯找一些同志研究尽快恢复航运和企业开工生产，并就贯彻上海会议精神大搞太湖治理问题听听市里意见，晚上我们再一起听市里汇报。

我直接到重灾区长兴县，与湖州市、长兴县的领导乘船到了蒋家墩村。这里的水与太湖完全连成一片，只有露出水面的大树和房顶，才能分辨出太湖和村庄。我问："船下面是河吗？"村支部书记说："不是，下面是300亩稻田，这里水深2米。"我们蹚水到农民蒋培方家，当我得知他家5口人只剩20斤米，一天只吃两餐稀饭时，感到很疑惑很震惊！因不久前，省里分给湖州外省支援浙江的救灾大米，湖州不要，省政府下拨的救灾款也早已下发了，怎么还会有村民吃不饱饭呢？我问村干部："村里还有多少农户是这样情况？"村干部答："大约占农户的20%。"我要村干部立即通知大家，全部改吃三餐，粮食我们帮助解决。看完这个村子，我当即让省政府办公厅通知省财政厅、省民政厅等部门领导赶到湖州，晚上在湖州市招待所开现场办公会。会议除听取湖州汇报、研究湖州救灾外，还简要传达了7月22日国务院在上海召开的三省一市抗洪救灾会议精神，决定由省财政厅牵头搞征收水利附加税方案，省水利厅牵头搞太湖流域浙江段治理方案。

这次太湖流域特大水灾牵动全国人民的心，中央一些部门的机关干部，全国一些省、市、区纷纷向灾区捐献资金和物资。省内各地也向嘉兴、湖州提供支援。特别是香港、澳门同胞掀起了募捐热潮，参加捐献的人数之多，资金数目之大都是前所未有的。世界船王包玉刚先生在太湖水灾发生后就率先向国家民政部门捐款，7月下旬又让他的私人助理给我打电话说，为支持湖州、嘉兴救灾决定再向浙江捐人民币500万元。我代表浙江省委、省人民政府和灾区人民对包玉刚先生表示感谢。几个月后包先生病逝，这是他为国家做的最后一次捐款。

防灾减灾并重　治标治本兼顾

太湖发生特大洪灾后，党中央、国务院决定高标准治理太湖，以杜绝类似灾害的发生。为此，从1991年7月起省和湖州、嘉兴两市水利部门配合国家水利部研究治理方案，财政、计划等部门积极筹措资金和物资。

10月11日，省政府召开太湖流域和杭嘉湖地区水利建设会议。会议提出力争“八五”期间治理好太湖流域和杭嘉湖地区洪涝。

11月起，湖州市太湖大堤加高加固工程，东西苕溪治理工程，杭嘉湖南排、太浦河浙江段、红旗塘浙江段，北排通道浙江工程先后开工。这次治理太湖工程规模之大，参加人员之多，前所未有。仅湖州市旄儿港一个工程，就有五万民工奋战在工地上。12月3日，我和李泽民同志及省委、省政府、省顾委、省人大、省政协领导及200余名省级机关干部，到旄儿港工地，与民工一道挖泥、抬土，中午与民工一起吃饭，工地上红旗招展，参战的农民、机关干部都是干劲十足，情绪高昂，我深受鼓舞和教育。

1992年初，我又去长兴察看了治理太湖大堤的情况。县领导说，这里每天参加筑堤民工也有上万人，都有乡镇干部带队。我又到嘉兴，看了正在施工的南排工程。无论是湖州还是嘉兴，所有参加太湖治理的农民、市县乡镇的干部都欢声笑语，真心拥护根治太湖的决策。太湖治理取得了突破性进展，治理太湖的10项骨干水利工程太浦河工程、望虞河工程、杭嘉湖南排工程、环湖大堤工程、湖西引排工程、红旗塘工程、东西苕溪防洪工程、武澄锡引排工程、扩大拦路港、泖河及斜塘工程、杭嘉湖北排通道工程等，在兄弟省市的支持下已经完成，把太湖建成了能排、能引、能灌、能供水和通航的宝湖。大灾之后搞大治是顺民心得民意之举。

太湖从大灾到大治的反思

一、对流域性水灾，必须坚持局部服从全局，全局照顾局部，团结一致相互支持，共度艰难的原则，决不能只顾局部，各自为战。过去几十年对付太湖水灾，江苏、浙江、上海认识不统一，形成各自为战的格局，实质是一损俱损。上海在与浙江交界的嘉善县红旗塘修建拦水坝，不让洪水进入上海，这样自然对上海有利，但堵死了太湖洪水经黄浦江出海通道，必然加重浙江的灾害。浙江为减轻嘉兴的水灾，水利部门不同意在江苏境内太浦闸开闸南排。1991 年的抗洪中，浙江率先同意开太湖大闸，上海按中央的部署炸开并最终全部挖掉了红旗塘水坝，浙江、上海都作出了牺牲，对整个太湖抗洪发挥了重要作用。这是这次抗洪取得胜利的重要因素。在这次抗洪斗争中形成的杭嘉湖精神，更是应当继承发扬的宝贵精神财富。

二、重要的水利工程及城市防洪工程，必须坚持高标准。历史上，杭嘉湖地区就兴建了一些水利工程，解放之后又不断地修建水利设施，特别是兴建了规模宏大的杭嘉湖向钱塘江、杭州湾的南排工程，有效减轻了灾害。但由于资金困难等原因，修建的标准不够高。1991 年太湖水灾期间，发现江苏段的大堤比湖州建的标准高，江苏段的大堤能跑汽车，湖州沿湖有些地方有岸无堤，有的地方的大堤标准较低被水淹没。所以江泽民、李鹏等中央领导同志来视察灾情时，我都提出灾后太湖治理应提高建设标准，并由水利部统一规划。1991 年冬天开始建设的包括江苏、浙江在内的太湖治理骨干工程都是由水利部会同两省统一规划建设，标准也比过去历次建设的水利设施都高。2005 年，我到湖州时，特意乘汽车从湖州市区沿太湖大堤到长兴，感到格外高兴。

三、必须调动各方积极性，多渠道筹措水利建设资金，加快根治太湖的步伐。发动群众，依靠群众办水利，是我们办水利的传统，这次太湖治理的成功，动员发动广大农民参加是重要原因。过去兴修水利，除政府资金外，一般是采用农民出义务工的方式，这次用开征水利工程附加税方式向城乡工商企业和个体工商业者筹措水利建设资金则是新的尝试。根据水利厅上报的方案，6 项骨干工程总投资 12.62 亿元，按中央与地方分担的投资比例测算，浙江需投资 6.32 亿元，除地方财政 5 年累计安排 1.52 亿元，农民工折资 0.96 亿元，其余向社会集资，总额约 4 亿元。集资范围是湖州、嘉兴全部地区，杭州部分地区。集资资金分别按企业销售额或营业额、银行利息收入的 0.1% ～ 0.3% 收取（包括个体工商户），允许摊入成本。生产、经营困难的企业区别情况予以减免照顾。

1991 年 12 月 7 日，我签发了《关于太湖流域杭嘉湖骨干工程集资意见》，上报国务院，后被批准。

1992 年 7 月 6 日，龙游江、兰江突发水灾，龙游有 6 位武警战士在救灾中牺牲。那时李泽民、许行贯在广东考察，我在宁波陪亚美尼亚总理。送走外宾后，7 月 7 日我赶到龙游察看了进水的粮库，慰问了抢险的武警部队和牺牲的武警战士家属，在龙游和兰溪我又和金华、衢州两市及两县的领导察看了被洪水淹没的农田和被冲毁的县城防洪堤。我们一致认为，沿江防洪堤、城市的防洪堤必须提高建设标准。我同意龙游江、兰溪江防洪堤和城市防洪堤按 50 年一遇标准修建，参照杭嘉湖的办法，征收水利附加税。

2007 年我到上虞市，参观了市里新建的沿江公园，这个公园与沿江防洪堤连为一体，既可供市民游玩，又可防洪水，大堤与公园建得都很漂亮。市里的同志说，这些设施建设资金也是参照杭嘉湖征收水利附加税的办法解决的。由此可见，征收水利附加税等措施不仅在治理太湖的水利建设上发挥了重要作用，也被全省不少地方所采用。从 1992 年到 2009 年，全省共征收 342.30 亿元水利附加税，成为浙江水利建设资金的主要来源。当然，1991 年时，地方财政收入少，一些必须建的水利设施又非建不可，所以在报请中央认可后，征收水利附加税是必要的、可行的。

为了吸取杭嘉湖水灾的教训，1991 年 9 月召开了全省水利工作会议，提出了全社会办水利的方针，作出了全省大办水利的战略部署。

杭州20世纪90年代的大发展大变化

李金明

立目标、绘蓝图

我认为，每一届班子、每一个领导干部到一个地方工作，首先要考虑的是，在调查研究的基础上，立目标、绘蓝图、做计划、抓落实。1992年，市委绘制杭州“三四五”发展战略蓝图，几乎用了近一年时间，做了大量的调查研究工作。这中间广泛听取了各方面的意见，有专家的意见，有领导的意见，有群众的一些呼声和要求，还有省委、省政府领导的一些意见，有些方面还到国家有关部委征求意见。正是做了这一系列的调查研究，才形成了杭州市“三四五”发展战略。

1992年12月30日，中共杭州市委六届十一次全会通过《中共杭州市委关于贯彻党的十四大精神加快杭州现代化建设步伐的决定》，具体勾画了杭州市发展的战略目标、战略步骤、战略重点、保证措施。这个战略规划要求，从1992年起，用20年到25年时间，也就是在2015年前后基本实现现代化，把杭州建设成为我国长江三角洲南翼重要的经济、旅游、科技、文化中心，成为经济繁荣、科教发达、社会安定、环境优美的现代化国际风景旅游名城。杭州“三步走”的战略蓝图规划是这样的：第一步，干好“八五”后三年，致力于打基础，在企业改革、产业结构调整、交通能源、旧城改造、科技教育等方面的基础工作有重大进展。经济水平有较大提高，人均国民生产总值达到6000元；第二步，加快发展，“九五”期间，人民收入和生活质量提前达到小康水平。人均国民生产总值超万元（后来的工作结果显示各项指标都大大提前超额完成了）；第三步在2000年后，再用10到15年时间，基本实现现代化。这就是我们制定的“三步走”的战略目标。确定目标后，就要研究阶段性的工作。然后，在目标和蓝图的基础上就要做出近期的工作安排，这就是我们“三四五”发展战略当中需要细化的许多具体工作。立目标、绘蓝图、做计划、抓落实，这几项工作都是紧紧联系在一起的。做好这些工作，当时的最大困难是思想观念问题。

首先要冲破思想的藩篱

做出这样一个战略规划，首先要统一思想认识。当时统一思想认识的重大课题是，要解放思想，转变观念，坚持改革开放。这就要认真学习贯彻邓小平南方谈话精神，坚持中国特色社会主义思想，解决当时存在的一些“左”的和“旧”的思想影响，用社会主义市场经济的崭新思路去指导规划的制定。如果不从这个切入点和高度去思考问题，就很难绘出这样一个好的蓝图，要开创工作的新局面也是不可能的。可以说，做规划、绘蓝图的过程，是提高认识、统一思想的过程，也是集思广益、完善蓝图的过程，更是推动工作，加快发展的过程。

我到杭州工作后，经过一段时间的调查研究，市委听取了各方面的意见，认为杭州要进一步发展，走在全省的前面，跟上全国的形势，首先应当从解放思想抓起。市委召开的第一个大会就是解放思想的动员大会。动员大会的背景有这么几个方面，一是正值学习贯彻邓小平南方谈话精神之际，需要用邓小平理论武装思想，指导蓝图的绘制。因此，应当及时组织广大干部认真学习贯彻邓小平南方谈话精神，提高认识，统一思想，推动工作。二是探索新思路，解决老大难。当时杭州市工作面临的一些突出困难，特别是财政困难，老企业多发展难，城市建设欠账多改造难，这三个大问题困扰着我们的发展。解决这些难题，必须解放思想，转变观念，通过改革探索路径，才能克服困难，继续前进。三是塑造天堂新形象，需要改善门庭，城市要有一个新的面貌，必须进行大规模旧城改造和持续提升干部群众素质等方面的工作。我到杭州市工作之前，听到过杭州市的一些情况。迫切需要改变城市现状。四是要向先进学习，借鉴别人的经验。当时大家议论比较多的问题是：杭州跟苏州比差距大。杭州和苏州有可比的地方，也有不可比的地方。但对杭州来说，不管是地缘优势、人文优势、工作基础、发展的有利条件，应该说比苏州更多。苏州的发展主要是得益于改革开放后，外向型经济迅猛发展，另外六个县的发展也比较均衡。不像杭州市，淳安还是贫困县，桐庐、临安、建德这些都是山区县，跟苏州还是有不可比的地方。但是，至少在解放思想、转变观念、大力发展外向经济等方面，苏州有很多经验值得我们学习。

市委经过反复研究认为，从思想观念入手，就是要解决好当时一些“左”的和“旧”的思想影响。“左”的思想影响，就是姓“社”姓“资”的争论，还有以天堂自居满足现状的思想观念，以及一些落后的传统观念，都在困扰着我们。如果不把“左”的和“旧”的思想解决好，那么好的蓝图难以划出来，即使划出来也难以实现好。所以我说解放思想是“牛鼻子”，只要牵着牛鼻子，牛就走了。后来经过学习教育，随着工作的发展，在实践面前大家逐渐对这些问题的认识就比较统一了。

解放思想大讨论，主要是武装各级领导干部。一方面，组织大家结合杭州的实际，认真学习领会邓小平南方谈话精神，查找自己的差距。另一方面，走出去向外地学习，开阔思路，借鉴别人的先进经验。当时王永明市长带一部分同志到广东、福建去学习，我带一部分委局办的同志到江苏苏州市去学习。在参观学习的过程中，大家谈得比较多的，就是杭州和苏州的比较。过去有的同志说苏州比我们强并不服气，还有的说这是吹牛吧？我们去苏州实地考察了三天，大家才感觉到我们确实是落后了，是有差距的。有的同志甚至自嘲是“桃花源中人不知有汉”。

不比不知道，一比就比出差距来了。这一次南北考察回来以后，在仁和饭店召开汇报会。通过谈观感体会、座谈交流，外地的经验和发展变化，对我们触动很大。原来不服气的服气了，不了解的了解了，有些认识不统一的统一了。当时我们提出，要把外地经验学到手，本地经验总结好，我们的萧山也搞得很好呀！把外地的经验同本地的经验结合起来学，市委提出了“内学萧山，外学苏州”的口号。通过一系列的学习活动，许多人思想豁然开朗精神振奋，纷纷提出很多好的思路和建议，大家边学边干，精神状态有了很大的变化。所以说，解放思想的教育，是制订“三四五”发展战略蓝图的一个前提和基础，没有这个解放思想的过程，拦路虎不赶走，那些规划蓝图出不来，工作也干不好，说它是“牛鼻子”就是这个意思。

用发展的观念推动区划调整

20世纪90年代初，困扰杭州市发展的一个突出问题，就是城区面积太小，没有足够的发展空间。杭州城区面积只有400多平方公里，除去水面和山地，能用于城建开发的才280多平方公里，严重制约了杭州城市的扩容和经济社会的快速发展。在如此狭小之地搞建设，只能修修补补，被人们喻为是“螺丝壳里做道场”，杭州要进一步发展，扩大城区面积势在必行。直到1995年，市里迫于无奈不得不向萧山、余杭两市借地开发。这样做，随之也带来了其他方面的问题，不仅办事效率低，更重要的是因为财政分灶吃饭，在市、县利益分配上出现了纠结。县一级的财政直接对着省里，杭州市属的企业办在萧山、余杭，税收就要交在当地，影响了杭州市本级的财力和发展，因而市级部门积极性不高。1992年，邓小平南方谈话之后，举国上下是大发展的形势，杭州必须跟上这趟车，否则就会坐失机遇掉队落伍。区划这个卡脖子问题，不解决好就会严重影响杭州的发展。突破这个瓶颈是燃眉之急，跳出老城区，寻找新出路，这是规划里必须回答的一个重要问题。

城市要发展必须走出去，往哪里走，需要科学论证。过去都是围绕着西湖来发展，西湖周围的建筑密度已经很大，建城区的密度仅次于上海。我们要进一步发展，必须离开西湖走出去，是向江南走还是向江北走，还是江南江北都走，当时在社会上有不同的说法。大多数人呼吁把萧山和余杭都变成新城区，这既有利于杭州城区本身发展，也有利于萧山、余杭的发展。经过充分论证和反复研究，特别是原杭州大学党委书记郑造桓同志带队的研究课题，对我们帮助启发很大。市委、市政府在综合各方面的意见后，确定的杭州城市走向，就是要沿江、跨江、向东走，从西湖时代迈向钱塘江时代。做出这样的规划，就涉及位于钱塘江南岸的萧山和江北岸的余杭两个市的行政区划问题。

怎样调整区划，当时有三种意见：一是钱塘江两岸的萧山、余杭辖区，各划进一部分组建新的城区。二是把余杭全部划进市区。三是萧山、余杭都由县级市成建制转为市属城区。我曾向省委建议过采取第三方案，即余杭划成 2 个区，萧山划成 3 个区，加上老城区的 5 个区，共计 10 个区。这样算起来，市区面积扩大到 3000 多平方公里，人口达到 380 多万。这样一个规模，经过若干年的逐步建设，发展成为一个大都市是合适的，这个愿景也是有可能实现的。这就是我过去多次讲过的“133”设想。在这个大范围内谋篇布局，统一规划建设，可以从根本上解决杭州长期存在的难题，有利于把杭州市打造成浙江省经济社会发展的强市，更有利于逐步把杭州市建设成为长三角地区乃至全国性的大都市。

当时，萧山、余杭两市对区划调整都很敏感，一说到区划问题，有的干部就有情绪。还有的借助老同志的威望表示了明确的反对意见。这些同志对区划调整不了解、不支持、干预过多。还有来自其他方面的偏见、短视也屡见不鲜，给当时的区划调整工作造成不少困难。我想，他们的看法都是个人意见，可以不负组织上的责任。我们是一级党委、政府，要对杭州发展的历史承担责任，应该有主心骨，不能受到其他意见的影响。市委、政府仍然按照既定思路，坚定不移地走下去，认真负责地向上级汇报，争取早一点实施区划调整的方案。

1996 年，省里拿出一个小方案，即钱塘江两边，从萧山、余杭各划出三个乡镇，分别依托相连的老城区或组成新区。即把萧山的长河、西兴、浦沿三个乡镇，组成滨江区。余杭的蒋村乡、三墩镇划归西湖区，九堡镇划到江干区。这样从表面数字上看，增加了200多平方公里，但实际上可用于开发的地方不多。因为这些乡镇都在杭州市郊区附近，建设密度已经不小，发展空间实际不多。虽然如此，也算暂时缓解了一下城市的压力。小方案虽然解决不了大问题，但它为后来的进一步调整总算是奠定了基础，打开了一个出口，指出了一个方向，还是有引领作用的。这预示着杭州市城市的走向，要沿江、跨江、向东发展，拉开了杭州市区划调整的序幕。

实施区划调整方案时也有一些插曲。六个乡镇划进杭州市城区的文件下来以后，我召集两个地方的领导同志到市里来研究如何实施这个方案，要求他们做好相关工作。但开会时，会议曾一度冷场。当然有的同志也有难言之隐，是可以理解的。于是，我开始给他们讲故事，以打破冷场僵局，统一思想认识。我给他们讲关于诸葛亮躬耕南阳襄阳的故事。我说诸葛亮躬耕地的争议，有一副对联可能对我们区划调整工作会有所启发和帮助。清代南阳知府顾嘉衡是湖北人，他在南阳做官，南阳人请教顾知府，说诸葛亮躬耕地在襄阳还是南阳，争论了1000多年没有定论，请问知府大人，诸葛亮躬耕地究竟在何处？顾知府对南阳人提出这个问题，感到很棘手，左右为难。从他的角度看，诸葛亮在哪里躬耕，他都很不好回答。说是在南阳吧，要得罪家乡人。说是在襄阳吧，又要得罪管辖的南阳人。更重要的是没有确凿的文字记载，难以给出一个真实的回答。于是在进退维谷之际，他写了一副对联回答这个问题。这副对联是："心在朝廷原无论先主后主，名高天下何必辩襄阳南阳。"第一句话就是说，你只要忠于朝廷，不要分先主后主，先主是指刘备，后主是刘禅，先主也好，后主也好，只要忠于汉就好。第二句话是"名高天下何必辩襄阳南阳"。诸葛亮这么有名，是全社会的宝贵财富，没有必要问他是在南阳躬耕还是在襄阳躬耕。南阳人不满意这个回答，说他是和稀泥耍滑头。胡耀邦曾去南阳武侯祠拜谒，南阳人请教耀邦对此有何高见。耀邦思维很敏捷，看完山门的这副对联后说，我也讲两句话回答你们的问题："心在人民原无论大事小事，利归天下何必争多得少得。”这两副对联的要义是完全一样的，结果都是不争论的观点。站在历史的维度上看，他们写的对联都是很有水平的杰作。

我把这段故事讲给大家听，会场情绪开始松动，我言归正传接着说区划调整的问题。我说联系我们杭州的区划调整，我模仿前边的对联，也想了两句话与大家共勉：“心在杭州原无论江南江北，利归天堂何必争多划少划”。萧山在钱塘江南边，余杭在北边，天堂、杭州同属一地，都是一家人，一家人不说两家话，大家不要争论了。你们说，是不是就用这两句话，统一我们的思想认识，同心协力落实好区划调整这件大事。讲到这个时候，会场上才有几个人陆续表态，说上边都决定了，那就按上级意见办吧！这样会场氛围开始好转，萧山、余杭的主要领导表态后也提了一些要求，也算初步统一了认识。我最后作了总结发言，开始了区划调整的实际工作。从这个过程看，区划调整多么不容易啊！有些事远远超出我的预料。当然区划调整方面的有些意见，说到底也是局部的、少数的、暂时的。总体上说，萧山、余杭两市也都按照省市委的要求做了大量的工作，保证了区划调整方案的实施，最后都是一致的！

时任省委书记张德江同志来浙江工作后，听到杭州市区划方面的意见仍然比较多，他主张杭州市要进一步扩大区划，有利于杭州市的更大更快发展，我表示完全拥护。在省委书记办公会上，讨论杭州市提交的划余杭的方案。这时我虽然离开了杭州市，但我仍然主张把萧山、余杭两地都划进来，这样一步到位，对市、区两级发展都有利。会上同意让杭州市再进一步征求意见。后来杭州给省里报告说，市里赞成把萧山、余杭全部划进来，同意把萧山、余杭成建制改区。这个方案 2001 年经民政部批准后予以实施。

这一次区划调整工作进展得很顺利，不像划六个乡镇时那么艰巨。俗话说万事开头难，有了前面的基础工作，后边的事情也就容易多了。从这两次区划调整工作的实践中，我的体会是：小划大难，大划不难。原来担心区划调整会影响发展的说法，也证明是不符合实际的。区划调整后的滨江区经济迅速发展，财政收入在全省名列前茅，划进来的其他几个乡镇也都是大踏步前进，特别是高新技术产业和第三产业都有了长足的发展，企业的转型升级之成功是全省的典型。城市一江两岸壮观的建筑群同美丽的西湖风光交相辉映，构成了一幅完美的天堂画卷，实现了我们梦寐以求的从西湖时代向钱塘江时代发展的美好夙愿。区划调整后的萧山、余杭经济社会发展仍然走在全省前列。实践充分证明，区划调整有利于市、区两级经济社会的更快更好发展，是顺应时代发展趋势的必然选择。

用市场经济的新思路改造旧城

要解决“美丽的西湖”与“破烂的城市”不协调问题，必须首先大规模改造旧城。改造旧城遇到的一个难题就是资金问题，国家不可能拿出巨额资金来改造一座城市，省里也不可能给，当时杭州市的财政也没条件投入。我记得，1992 年杭州城市建设维护费一年只有三个亿左右，仅庆春路改造就需要六个亿，别的事情都不干，连半条街都修不了。因此，必须寻找新的途径来筹集资金改造旧城，从而摘掉“破烂的城市”的帽子，提高人民群众的生活水平，塑造城市的美好形象。

20 世纪 90 年代初，市场经济的思路已经初见端倪。虽然姓“社”姓“资”在争论，但从历史发展进程上看，应当说也是个进步。当然争论的结果，本来不是资本主义的东西，你把它作为资本主义的东西；有些是社会主义、资本主义都可以用的东西，你把它当作资本主义，这个也是不行的。庆春路的改造，如果沿用过去的思路改造，肯定搞不成。过去是什么思路呢？简单地说，就是在计划经济体制下，上边给多少钱，下边就办多少事。旧城改造起步的一件大事，就是如何解决拆迁户的安置问题？当时主要困难是资金问题。解决这个问题的总体思路是：“以路带房、以房养路、路房结合、综合开发”十六字方针。就是说开发商来开发这块地方，你把修路的钱和居民搬迁的钱都拿出来，开发商自己盖房子自己拿钱。开发商拿出来的钱给我们干什么用？一个是修路，原来 10 多米宽的庆春路要拓宽到 40 多米，架空线要全部进入地下；另一个是要把拆迁的 6000 户居民安置好，要在江干建新的居民区，这些钱都来自开发商。这个思路就是经营城市的理念，说白了就是利用级差地租来筹措资金解决这些问题。

庆春路改造是大规模改造旧城的序幕，这条路需要资金6个亿，动迁6000户，修约6里长街，能否搞好关系重大。我在一个会议上通报这件事时说，按照新思路新办法，不仅能把这条路改造好，居民安排好，市容市貌变好，同时还有可能给财政返还几千万元。有几个人听了以后不相信，说什么国家不给钱，政府又没钱，你这样筹措钱，还能给财政返还几千万，那是天方夜谭！不可能的事。我说，主要是引进外边的资金来改造旧城。有一个老同志听到有外商时，连讲带骂地说了一通反对外资入驻杭州的言论之后，坐在我旁边的另一位老同志接着他的话说："李书记在这开会，你们骂人不对啊！有道理讲道理，不能骂。"然后，他就对我说："李书记，我是党员，我听到这些话都感到脸红，你也是党员，你还是杭州市的书记，你脸红不脸红？"我说："利用外商的钱来帮助我们搞旧城改造是件好事，过去办不了的事，现在能办了，原来破破烂烂的城市可以改造了。这怎么会脸红啊！这符合小平同志讲的'三个有利于'标准啊。计划经济体制下不可能办到的事，现在能够办到了，这是个大好事！你说旧城改造，历届市委、市政府都不愿意搞？不是那回事。问题是没钱搞，在计划经济体制下搞起来很困难。我们今天是用市场经济的思路来筹措资金，改造旧城相对就比较容易多了。邓小平同志讲不争论，注重在实践上统一思想认识。你们想不通可以保留意见，我只要求你们不要反对我们这样干。两年以后咱们就不会争论了。"两年以后是什么情况呢？庆春路这"三个六"，按我们的计划就可以实现了，30几栋大楼盖起来了，40米宽的街道形成了，居民的生活也得到逐步安置了。到那个时候，在事实面前统一思想认识，就有了实践的基础，不统一也得统一。本来这次会议的议题没有涉及这么多深层次的思想碰撞，结果变成了一个思想解放的宣传教育会。

庆春路全部工程完工以后，市委第一次组织的"我看杭城新变化"活动，就是看庆春路的变化。大家看了这条路的变化后很高兴，到这个时候才算真正的统一了思想认识。所以，实践是检验真理的唯一标准，事实胜于雄辩。改造旧城，建设新城，这本来是个好事，但在具体实施当中就遇到这样艰苦的统一思想认识的过程。所以说，解放思想是“牛鼻子”，这个问题解决了，许多事情就好办了。

探索国有企业改革之路

浙江省国有企业的大头在杭州，国有企业改革的重点也在杭州。随着社会主义市场经济体制的逐步建立，杭州深化企业改革的任务越来越重，难度也越来越大。杭州国有企业发展怎么样，不仅对杭州经济而且对全省经济都有影响。在计划经济向市场经济体制转换的过程当中，国有企业改革遇到了前所未有的困难。说杭州困难多，主要是指老企业多难度大。如果不改革，不同市场经济接轨，国有企业的困难就会越来越大。在建立社会主义市场经济体制过程中，国有企业体制、机制上的弊端越来越显现出来。特别是在技术、装备、生产、产品和管理等方面，面临很大挑战，缺乏竞争力。在经济体制转换期间，国有企业怎么办？当时市委、市政府做过多次的专题研究，认为必须逐步同市场经济接轨。为适应改革的需要，首当其冲的是要解决好三个问题：企业往何处去，人往哪里走，钱从哪里来。

邓小平南方谈话以后，改革开放力度加大，发展的思路越来越广，路子越来越宽，办法也越来越多。引进外资、先进技术和现代管理方法，嫁接改造国有企业，是探索杭州国有企业改革的一条重要出路。国有企业缺乏活力和竞争力，主要反映在体制和机制上。技术和管理基本上是计划经济时期的水平，机器装备陈旧，管理方法落后，与现代企业素质差距甚大，有些还不如乡镇企业的水平，显然不能适应市场经济条件下新形势的要求。这些问题如果不改革、不解决，就要错失发展的大好机遇。我们充分利用国家对外开放的有利时机，借梯上楼，借船出海，积极引进外资，引进先进技术，引进先进的管理方法，来嫁接改造老的国有企业。

我们首先在橡胶厂进行了试点。橡胶厂和香港中策有限公司合作时，日子还可以，是利税大户，职工的福利待遇也不错。当时我们分析，如果说不及时进行改造，不引进先进技术、管理和资金，三年之后就可能成为一个大包袱，但是统一这个认识很困难。改造以后实行优惠政策，税收要少一些，不给优惠政策人家不来，你也发展不了啊！税收近期上缴肯定要少，但是从长远来看上缴是多的，这个账我们都算过。如果不用先进技术来进行改造，长期下去有些产品也难以为继。与中策合作后，在不太长的时间里规模就上去了，而且产品质量也比过去好，橡胶厂的改革成效是明显的。还有啤酒厂改造以后，一年的产量相当于过去多少年产量的总量，效益也比过去好。后来逐步推广到18家国有企业，改革后的18家企业的利税，占当时全市工业企业利税的一半左右。

在深化国有企业改革中，根据企业的不同情况，分别实行了破产、转产、停产、兼并、联合等举措。这些改革必然牵涉到职工切身利益的重大调整，一些突出矛盾开始出现。国有企业中普遍存在着人浮于事的现象，要深化改革就必须把富余的人员裁减下来轻装上阵，工人下岗分流势在必行，成为改革中的一件大事。这是企业改革的一大难点，也是改革的前奏曲。职工对于分流出来走向社会，从事其他工作很不适应，在就业观念上发生了激烈的碰撞。为此，市里花了很大的精力，成立了再就业服务中心，为下岗工人从事新岗位进行思想教育和业务培训。经过培训的下岗工人，逐步分流到社会需要的工作岗位上去。大多数从事商业、服务业和城市管理工作，还有的去街道从事社区工作。经过再就业服务中心的培训和指导，下岗职工逐渐适应了新形势的要求，愉快地走上能够发挥各自专长的工作岗位。当时有不少人反映新工作岗位上的收入水平，以及发展的空间都优于工厂。当然也有少数人下岗后，由于各种因素的影响，尚未充分发挥应有的作用，生活上还有一定的困难。杭州国有企业改革总体上看是比较平稳有序的，这也为建立新的现代企业制度创造了条件、奠定了基础。

杭州市的企业大都在老城区，为使企业更快更大的发展，应当在较大范围内优化产业布局。按照市里制定的“杭州市企业改革三年规划”的总体要求，有计划有步骤地从城里向城外迁移企业，有的迁到郊区，有的迁到余杭、萧山、富阳等地。腾出的老厂房可以发展第三产业或另作他用，我们当时称之为“退二进三”。这个举措对于工业和商业服务业拓展发展空间，都是一次历史性机遇。对于壮大杭州市的经济规模和调整产业结构，也是一个重要的契机和举措。老的厂房有的搞了研发基地，成了新技术孵化器；有的改建成商业服务业网点，发展了第三产业，方便了群众生活，也有利于下岗工人再就业；有的搞了房地产开发，改善了职工的居住条件。搬出去新建的企业，厂容厂貌焕然一新，内部布局更加合理，企业规模越来越大。“退二进三”不仅对工业发展是一个支持，而且腾出发展空间，对第三产业的进一步发展也提供了机会和条件。实践证明，这个举措是适时的、有效的。

在国有资产保值增值方面，市里比较早地建立了国有资产管理公司，搞了资本运作，为企业后来做大做强创造了条件。党的十五大报告提出，国有企业可以有不同的实现形式，根据这个精神，我们对公司制进行改造，采取了不同的实现形式，可以租赁，可以承包，可以搞股份合作制、股份制等等各种各样的形式。只要盘活了存量资产，优化了资源配置，使国有企业保值增值，这个目标达到了，就不要去管是哪种形式。农村联产承包责任制，目的是让农民有饭吃，粮食多生产，增加收入，至于是一个人承包，还是两个人承包，还是归一家管、几家管，都可以啊！因为社会财富增加了，人民群众的生活提高了。

现代企业制度的建立，经过几个阶段的探索，逐步走上比较规范的路子。后来过渡到企业法人治理结构改革，这就是建立董事会负责制，董事长是企业的法人代表，而不是党委书记，也不是厂长（总经理）。为减少制度上的矛盾，后来市委决定实行董事长、党委书记两职一肩挑，这样既体现了党的领导，也从体制上解决了可能产生的矛盾。杭州市的国有企业改革，总体上是稳定的，但企业改革的阵痛也带来一些新的情况，值得认真研究和不断探索，努力解决好新情况新问题。

在抓国有企业改革的同时，我们进一步解放思想，调整和完善所有制结构，大力支持非公有制经济的改革和发展，市里曾专门召开过会议进行部署，出台了扶持政策。当时吸引了几个海归留学生来杭州创业，成立了 UD 斯达康公司，市里给予了大力支持，发展越来越快。有眼光的阿里巴巴看好杭州的创业、投资环境，90 年代落户在文一西路的居民区里，开始了初创活动。校办企业娃哈哈进军国有企业的改革，我们给予了优惠政策，使它有条件逐步做大做强。市里还积极支持有条件的个体、私营企业和外商，采取兼并、联合、租赁等形式，参与国有、集体中小企业的改革，大都取得了较好的效果。同时，鼓励发展势头好的非公有制企业上规模、上档次，向多元投资和集团化方向发展，万向集团和万事利集团就是一个成功的典型代表。杭州一大批企业家大多在改革开放的环境里成长起来，为杭州的改革开放和快速发展作出了积极贡献。

解决关系群众生活的突出问题

当时关系群众生活的水、电、路、房、菜、群众信访等几个方面的问题，比较突出，市委、市政府花了很大的精力来解决它们。

关于水的问题。在不正常的季节里，当时有的水厂生产的自来水，不完全符合饮用水标准，局部地区的群众反应十分强烈。这些问题大都出现在城北和城南两个自来水厂。其中城北的水厂的水有臭味，城南的水厂有咸味，大家把这些问题自来水称之为“南咸北臭”。为了解决好问题自来水，市委、市府领导分头下去调查研究、听取意见。我带领市里分管领导和有关部门的同志，先是去了祥符桥自来水厂，看了厂里的生产情况。听完汇报后，我就去附近的和睦社区居民家里实地察看。一到这个小区，大家听说我来了，十几个人很快围拢过来反映情况。他们近乎异口同声地质问，意见十分尖锐。听完他们的情况反映后，我很理解他们的激动情绪和强烈要求。我到一户居民家里，亲自打开水龙头尝了一口水，水确有异味，这样的水是不符合饮用水标准的。看到这种状况，我感到问题比我原来想像的要严重得多。我遂向住户和在场群众表示，一定会尽快采取措施，彻底解决这个问题，让大家喝上放心水。后经过有关部门分析研究，找出了水臭的原因。祥符桥水厂的水质不好，主要原因是水厂的取水处距运河比较近，污染的运河水通过地下渗透到自来水厂取水处。水源污染了，供水质量就会有问题。市里研究决定把祥符桥自来水厂的水源迁移出去远离运河，从源头上解决自来水水质不好的问题。

1996 年 11 号台风期间，正值天文大潮，杭州市暴雨成灾，海水倒灌。这次遇到台风、涨潮、雨水“三碰头”，致使钱塘江水位猛涨，加上又没有江堤抵挡，汹涌的潮水涌进了沿江一带的居民家里。翻滚的洪水带着咸水又灌进了南星桥自来水厂的蓄水库，使自来水里的氯离子含量大增，严重影响了自来水厂水库的水质。我们到南星桥水厂及其供水地区了解情况，群众反映说，钱塘江涨潮，自来水厂里的水都是咸水。还有的群众讽刺性地戏说：“我们杭州人吊盐水，不用去医院，在自己家里吊就行了。”从当时有关部门测定的水质情况看，潮水最大的时候，涌进来的咸水大约 1 立方米的氯离子含量高达 4000 多个。这样的水质，不仅人不能饮用，就是工业用水也不完全符合标准。为此，市里决定紧急筹集六亿资金用于抗咸工程建设。对六公里长的进水管线加以改造，蓄水库上移并增加了蓄水容量，这样就解决了南星桥水厂不被咸潮污染，保证了水质长期稳定。两项自来水工程建设的相继完工，自来水“南咸北臭”问题得到彻底解决，杭州市部分居民从此告别了喝臭水和咸水的年代。

抗咸工程同修筑钱塘江大堤和拓宽之江路结合起来统一规划实施，这是一举三得的综合工程。既解决了自来水进水管线的安全抗潮问题，又借此机会修筑了江堤，还拓宽了拥堵不堪的之江路，由原来的两车道加宽到六车道。这项综合工程解决了长期存在的三个问题。

我在调研中还发现，钱塘江沿线的城区一带竟然没有堤防，实在令人惊讶！因为没有江堤之防，必然导致洪灾期间江水肆意泛滥，靠近钱塘江边的居民深受其害。这是关系到人民群众生命财产安全的一件大事。受抗咸工程的启发和推动，之江路一带六公里江堤的修筑，为解决这个问题提供了借鉴，决定逐步修筑钱塘江大堤，每年三公里向下沙方向修，2000 年已经修到木材厂附近。沿江大堤工程的修筑，彻底解决了这一带的水灾之患，沿江居民从此告别了洪灾之苦，也为原来规划的杭州外滩构筑了坚固的防洪工程。同时，1996年在修筑的沿江大堤内侧新修了沿江大道，并且培植了宽30多米由树木花草构成的绿化带，形成了绵延几公里的江边花园，成为附近居民休闲的场所。

关于电的问题。群众生活水平提高了以后，用电设备增加很多。旧城改造之前，原有的电力线路根本不适应，所以后来就搞了线路改造，根本的问题还是总量不足。用电紧张的时候，限制工业用电，保生活用电，开四停三保民生。电力部门在增加总量和加强调度上做了很多工作，先后投资20亿元，用于电网建设和配网改造，新增变电容量相当于1992电网的变电总容量，新增110千伏、220千伏线路22条。在下沙那边又规划了第二个50万伏的变电站，为后来的发展打了基础。经过多方面的努力，用电问题紧张的局面基本缓解。但后来发展快了，用电不断增加，特别是用电高峰期，拉闸现象也时有发生。那个时候用电总体上还是不完全适应经济发展和人民生活的需要，50万伏变电站相继搞起来后就好多了。

关于路的问题。当时市内堵车也很严重。1992年，我住在省委附近，到老市委去上班，有时要开车一个多小时。公交车堵得就更厉害了，群众怨声载道。通过旧城改造，适应了一段时间，后来又不适应了。杭州市内的道路，建委的同志算了个账，90年代市内大概新建、扩建、改建了道路200多公里。那个时候从杭州到各个区、县（市）的路，基本上都是二、三级路，后来我们用改革的思路，采取“四自”办法建高等级公路，筹资、借贷、还贷、收费、管理都由自己负责，先从杭州到富阳搞了28公里试点，实现了高等级公路零的突破。后来推广到县市，逐步都搞成了高等级公路，交通情况大为改善。过去，过境的车辆都从城里面走，城里交通压力大，所以决定搞环城公路（杭州绕城快速公路），从香港中策公司那里筹资三个亿起步实施，全程规划了123公里，一届接着一届干，后来逐步建成全线通车，大大缓解了市内外的交通压力。

关于房的问题。大规模的旧城改造就是跟房子打交道。我最难忘的事情是旧城改造，“破烂的城市”经过大规模的改造和拓展提升，市容市貌有了很大的变化。破房子总体上说基本解决了，但还有一些角落也没有彻底解决。90年代初，杭州市没有多少高楼，群众住的房子确实太简陋，条件太差了，那时候台风来了让人非常担心。房子大部分是土墙面，我当时真是不太了解，省会城市的房子墙面大都是土墙！在改造的过程中，那些房子轻轻一推就倒了，可以说相当一部分是危房。旧城改造把大多数老百姓的住房问题解决了，居住条件大为改善和提升。原来住的比较破烂，现在住的是新房子；原来住的比较小，后来住的是大房子。那些老家属院，我去过多次，一会儿断电了，一会儿没水了，夏天热得不得了。庆春路拆迁户搬到景芳小区以后都是成套的房子，卫生设备都有，条件改善了，生活质量大大提高了，旧城改造惠及了广大群众。

庆春路改造拆迁，一些拆迁户很有意见，因为他们要过渡，生活比较困难，怨声很多。后来，我们四套班子都下去了解情况、解决问题、慰问群众。特别是困难比较大的那些拆迁户，我们不仅要慰问，而且要想办法帮助他们解决好具体问题。有一些拆迁户本来意见很大，结果慰问后他们怨气就小多了。有一个教师跟我说，我们自己的事是小事，旧城改造是大事，小局要服从大局，我们的困难是暂时的，过了两三年，我们住的会比现在更好。当时如果没有广大群众的支持配合，这么大的工程也是搞不了的。

关于菜的问题。1992年、1993年的时候，群众吃菜困难，菜特别贵。毛毛菜最贵的时候，五元一斤，群众意见很大。菜少菜贵是什么原因呢？一个是通货膨胀因素，再一个是市场供应不足，还是总量满足不了需求，价值规律起作用，物以稀为贵。当时江干区的部分菜地已规划为城市开发用地，现在的钱江新城区段有的是原来规划的滨江1、2、3、4号区块范围，都是那时候的菜地。因为城市要沿江、跨江、向东发展，占了大部分菜地，原有的蔬菜基地满足不了供应，新的蔬菜基地又没有培养成熟，处于青黄不接时期。所以，后来在江干区的下沙、丁桥搞了新的蔬菜基地。生地变熟地得三年左右时间，从1992年开始，到1995年才批量供应。东边，增加新的蔬菜基地，西边，就是现在的西溪湿地，那时的鱼虾肉主要靠余杭的蒋村乡提供。城市建设搞到紫金港路，发现西进的趋势，通知余杭就把它叫停了，保护了那一块地方，不准再往里边开发。如果那个时候不管，城市建设会逐步把它吞噬。

关于信访问题。信访工作关系到群众利益和社会稳定，我提议市委、市政府领导每个月至少接待信访群众一次，突发问题随机处理。对此，也有不同的意见。有的说，本来信访问题就多，那么多人找市委、找政府，你还把那些人引到市委、市政府来。我说那好啊，我先引过来看看有什么问题。第一批我去接访，而且电视台、电台、报纸提前几天都向社会预告，我要在什么时间接待信访群众。我第一次接待信访群众的那天，是 1993 年 1 月 10 日。信访群众听说我要亲自接待，从凌晨就有人来到市委信访办等着。上午 8 点我到信访办时，已有几百人在那里等候。由于人多，我就在信访局门口向大家发表讲话，首先表示欢迎大家来市委、市政府向领导反映情况。我说，来这里反映情况是对我们的信任，但今天人很多，我不可能同你们每个人都交谈。我接触不到的群众，由信访办登记起来，今后我会关注大家的意见和要求，并逐一反馈解决的信息。说完大家表示理解热烈鼓掌。之后，我就去接待难度比较大的几个上访群众，同他们进行了认真的交谈。一天下来并没有发现什么人来胡搅蛮缠，干扰接访工作。群众有话来直接跟市领导说，比在下面随便说好啊！

我有一次到三墩镇，出租车司机把我的车拦住了，要求反映情况。那时候三墩刚划到杭州不久，出租车在三墩营运和市里的办法还没来得及统一，出现了矛盾，他们要表达诉求。我下来一听是反映出租车方面的事情，回来以后就找政府有关同志，研究处理办法，之后这个问题就到了解决。还有一次抗洪，我在西湖区那边一个村，看到水已经进到村里了，有的已经进到老百姓的房子里面了。我到现场去察看，有一个人拦车要找我反映情况，被其他同志挡住了，我说让他来跟我说说，听听什么事。他就反映洪水这么大，受灾这么严重，村干部还在宾馆娱乐呢！我说，那了解了解情况，如果情况属实要严肃处理。经了解反映的情况属实，这个村里干部后来受到了处分。

1999 年 4 月，我去城区几个社区考察工作，听听大家对市委、市政府的工作有什么意见和建议，特别是在群众利益相关的问题上，群众有哪些要求和建议。我在城西一个社区，看到几个老太太在社区草地里聊天，我走近她们，同她们打招呼，然后在一起交谈。当谈到她们的生活情况时，她们反映说，我们老百姓有一些意见很想向市政府反映，但是没办法反映上去。我说，不是有市长电话吗？她们说，有是有，就是记不住。记住了也打不进去，想亲自到市政府去吧，交通也不方便，去了也很难进去。我听了她们的意见后，觉得她们提出的问题值得研究，应当设法帮助他们疏通反映意见的渠道。调研结束后，我提出一个问题让参加调研的同志思考，那就是如何改进市长电话的号码，设计一个简单易记、方便群众联系的市长电话，比如说 12345 之类。有人说这个号码虽然简单，但技术上不知是否可行？我说那就交给电信局研究一下，让他们动动脑筋，看技术上能不能解决。过了几天，市委办公厅的同志向我报告，说这个 12345 号码，电信局称在技术上没有问题。后来召开市委常委会，我在会上讲了这件事和解决的想法。市长仇保兴对此事也很感兴趣，他认为这个问题事关老百姓的利益，表示一定要改进市长电话号码，以及市长电话的相关工作。我就把这个事情交给了市政府，由市长主抓。这次会上正式决定启用“12345”市长电话，并成立受理市长电话的办公室。市长电话通过新闻媒体公布之后，群众非常拥护，广大市民反响很好，迅即就有许多市民打这个电话，反映了许多群众关切的问题。由于很多人同时打这个电话，市长办公室应接不暇，所以接通率不高。为了提高解决问题的效率和针对性，市政府又把有关事宜转到相关部门与群众对接，并陆续抽调了 30 多人参加受理市长电话事宜。市长电话号码简单易记，后来就被群众编成了顺口溜：“12345，有事找政府。”这是广大群众对市政府的高度信任和赞扬。

保护好以西湖为重点的历史文化

在旧城改造中，对文物的保护，市委、市政府是很重视的。不能说为了解决破烂的城市，我们统统搞掉现有的东西，连历史文化也不要了。杭州作为历史文化名城，应把保护文化摆在市委市政府的重要议事日程。西湖文化的保护，我们作为历史文化名城保护的重点来抓。“打通西湖”、“还湖于民”的口号，在20世纪90年代就已经喊响了，而且做了不少工作。后来，我们接着在南山路陆续改造旧城，与保护西湖工作结合起来，朝着“打通西湖”、“还湖于民”的目标努力做工作。除了在原来的基础上继续做工作外，一个重要的工作，就是大规模地疏浚西湖。这一点好多人不太了解，我们当时的宣传工作做得也不够。

疏浚西湖，用的是比较现代的手段，简单地说就是利用管道虹吸法把湖底的稀泥吸出来，然后通过长距离的管道输送到玉皇山南麓的山沟里去，大概有6公里之长的管道。如果有人留心的话，西湖里面有一条长长的管道，那就是疏浚西湖的管道。全部完工后大概清出来300多万吨泥水，经过多年沉淀，填平了一个大山沟。我们当时计划造一个公园，这就是现在的江洋畈公园。把淤泥清出来以后，湖水深度增加了，西湖的水质改善了。同时，在20世纪90年代，还实施了较长时间的截污工程，所有流向西湖的污水通过截污管道，全部送到污水处理厂处理，这是防止污染西湖、改善水质的一项重大举措。大规模的清淤、截污、搬迁上游工厂、不断增加绿化面积、防止水土流失等一系列综合措施，对西湖水质的改善起了重大作用。

西湖的亮灯工程，在20世纪90年代开始搞起来了，后来又逐步加以完善。为什么搞那个亮灯工程？当时，有些游人反映“白天看庙，晚上睡觉”。意指晚上没有灯光，西湖里黑乎乎的，哪里也去不了，实施了亮灯工程有利于丰富群众和游客的夜生活。

另外，旧城改造当中，原来有文化保护价值的，都由文保单位保护起来。例如，延安路、庆春路、凤起路等地的好多名人故居、名居名院、古桥古路，在旧城改造当中都保留的。原有的我们保护；有文化价值已发掘了的，也把它重新搞起来，比如说夏衍故居，已经没什么东西了，我们又把他的故居修起来。再如，城隍阁的新建、胡雪岩故居的修复，还有争论多年的雷峰塔重建的启动工作等。湖滨路、河坊街在原来的基础上进行修缮，然后搞成步行街，成为特色街区了。

坚持大杭州观点统筹城乡协调发展

在大杭州与小杭州这个关系的处理上，过去有的人反映，杭州注重城区的发展，对几个县市抓得不够。大杭州与小杭州、城市和农村、工业和农业这几个关系的处理上，存在一些问题，城乡发展上还是不够平衡，造成这种状况，原因是多方面的。有领导的重视程度问题，有体制问题，也有一些具体问题。

从体制上看，县里的财政是省里统一管，市里想帮助他们做点事也力不从心。比如说淳安，1994 年我陪朱镕基总理到县里视察，他说："淳安作为贫困县，你们市里要给他多投入些。"对淳安的投入，从扶贫角度看，我们一开始就很重视这个事。1992 年，我一到杭州工作，就带领部委办局和比较富裕的县（区）到淳安对口扶贫，做了不少工作，应该说这些扶贫单位按照市委的要求，工作做得都是很好的。但是从财力的统一调度上有困难。淳安要脱贫致富，首先得把环湖公路修起来。当时的交通问题突出，朱镕基总理说，修环湖公路是正确的办法。我说搞起来要花钱，要花 2.4 亿。2.4 亿怎么出呢？朱镕基总理当时在船上就拍板："我拿 6000 万、省里 6000 万、杭州市 6000 万、淳安 6000 万。"当时我说，杭州市拿 6000 万没有纳入预算，从财政体制上来说，还应该归到省里来，省里拿一样。他说："你们杭州市怎么不拿？"他还不了解当时浙江的财政体制是省直接管到县。我就跟他讲了浙江的财政体制，他说："原来如此啊！尽管如此，你还要拿。"总理说了，我要跟市委、市政府汇报这个事，6000 万没有列入到年度预算，这是不小的数字。杭州市财力虽然说不断地增长，但是经费也是不足的，你给他 6000 万，其他方面就要减少 6000 万。后来我和王永明同志讲，总理说了，就给他拿调整预算吧。拿了 6000 万以后，市里有的干部提意见，说这影响了市里开支，议论了好长时间。城乡协调发展，从财政体制上还是要做些研究探讨。因为一研究到对县的工作的支持上就遇到这个问题。

再一个就是市里办事效率问题。萧山、余杭有的同志不愿意划到杭州，除了有思想观念上的问题以外，还有一个现实问题就是他们觉得县市的事权比区要大，工作好办。如果变成区，就有可能受到杭州市的约束，自由度变小了，事情不好办。所以，从这个角度考虑，他们不同意变成区，也是可以理解的。怎么解决这个问题呢？我们向省里报告，就给萧山、余杭放权，让他们享受地市级的某些权利，这样做的结果我看是好的，有利于它的发展。把江南的三个镇变成滨江区以后，在办事上也作了改革，市里提出“办事不过江”，市里下去现场办公，提供方便。政府部门转变职能说了好多年，也有进步，但是并没有完全解决好。有些发展时机稍纵即逝，不仅仅是办事辛劳，还有个发展机遇问题。后来建了统一的办事大厅，就方便多了。

坚持党的统一领导，团结协调，步调一致

20 世纪 90 年代，杭州改革开放和经济社会发展，值得探讨的地方还有很多。最根本的是在中国特色社会主义伟大理论指引下，密切结合杭州的实际，不断深化改革，扩大对外开放，推动中国特色社会主义道路在杭州的实践。杭州市委加强领导，几套班子团结协调，同心协力，步调一致，各级领导干部想干事、能干事、干成事，勤政为民，风清气正，起了表率作用。特别是在工作困难时刻起到了主心骨和顶梁柱作用。诸如改革争议、区划调整、旧城改造、湖畔居风波，如此等等事例，市委一班人团结一致，几套班子协调动作，坚忍不拔，积极工作，渡过难关。各级党组织注重自身建设，发挥了战斗堡垒作用。广大党员在各项工作中起到了先锋模范作用，同广大干部群众一道同心同德、团结奋斗，保持了杭州市各项工作不断发展的好势头。

市委加强对两大文明建设工作的领导，凡属重大问题都由市委研究决定和部署，发挥市委核心领导作用，充分调动人大、政府、政协

的积极性和主动性。同时，市委对领导工作中的协调机制也进行了探索，当时提出“在市委领导下，四套班子合力抓经济”，后来又提出“在市委领导下，四套班子合力抓精神文明”。从领导力量组合和工作制度上，把几套班子的力量凝聚起来，围绕两大文明建设，发挥更大的作用。四套班子在履行各自职责的基础上，同心协力，密切配合，真正做到了两大文明一起抓，一起部署，一起落实。比如说，分管经济工作的市委、市政府领导，相当于是一个组长，把人大、政协经济委员会等相关部门的力量组织到一起；搞精神文明的，市委的一位领导同志，还有人大、政府、政协搞精神文明工作的同志也组织到一起。涉及一些需要协调的问题，一起商量研究解决问题，然后大家分头去做。这种工作制度安排，是党委对人大、政协围绕中心、服务大局的要求，他们能及时了解到市委、市政府一个时期，要做什么事情并积极参与其中。人大、政协的同志也乐意这样做，他们都有责任感和成就感。从总体上说，人大、政协相对党委、政府来说，承担的工作量有所不同，让他们多做一些实际工作，他们都乐于参加。特别是从党委、政府转到人大、政协的同志，他们精力充沛、经验丰富，还想多做点工作，创造一个工作空间和机会，能够调动他们更多的积极性，发挥更大的作用。人大、政协照常履行自己的工作职能，该怎么干就怎么干，并不影响他们的本职工作。与市委、市政府密切相关的工作大家联合去做，力量更大、效果更好。而且，他们的本职工作同全局工作是紧密联系在一起的，有利于把工作做得更好，这不是对立的，没有矛盾。他们在参与中支持，在支持中服务，在服务中监督，把参与、支持、服务、监督密切地结合起来。这种尝试，经过多年的实践检验效果是好的。

要问 90 年代杭州处于什么阶段？我认为，这十年是邓小平改革开放的理论在杭州生动实践的十年，是杭州大发展大变化的十年，是人民群众生活水平大提高的十年。邓小平的南方谈话，为杭州 90 年代的大发展提供了强大的思想武器。否则，不可能有 90 年代的大发展，这个形势全国都一样。90 年代改革开放在杭州的位置，应该说是承上启下。90 年代杭州的发展在全国副省级城市中稳居第三位。经济增长的速度和质量，远远超出我们“三四五”发展战略规划中预期的第一步、第二步的目标，增长速度一直保持两位数。关系民生的各项社会事业和基础设施建设都有了空前的发展。也逐步解决了多年没有解决的那些老大难问题，人民群众的物质生活水平和精神文化生活水平也都有了显著的改善和提升。

杭州“一个目标、三个规划”的发展思路

李金明

20 世纪 90 年代，我在杭州市委工作，前后经历了六、七、八三届，共九个年头。这期间的杭州工作，从初期的发展思路看，主要是围绕“更新一个观念，克服三大困难”逐步展开的；从总的发展战略历程看，归纳起来，总体上是按“一个目标、三个规划”的蓝图逐步实施的。

“一个目标”，就是从 1992 年到 2015 年前后，用 20 年到 25 年的时间，基本实现现代化，把杭州建设成为我国长江三角洲南翼重要的经济、旅游、科技、文化中心，经济繁荣、科教发达、社会安定、环境优美的现代化国际风景城市，社会经济发展的人均主要指标达到世界中等发达国家和地区的水平。这是根据杭州市的特点和实际，经过多次科学论证形成的宏伟战略目标。

围绕这一宏伟战略目标，杭州市委先后实施了三个战略规划，即“三四五”发展战略、“四四六”精神文明建设规划和建设“强市名城”的三个意见。

科学制定三个战略规划

第一个规划：“三四五”发展战略，是在党的十四大精神指引下，通过 1992 年解放思想大讨论，逐步统一思想认识，在认真调查研究基础上形成的“三四五”发展战略。扼要地说，就是杭州发展要基本实现社会主义现代化这一宏伟战略目标，要分三步走，推动四个方面战略重点，实施五项重大举措。

“分三步走”：第一步，干好“八五”后三年，致力于打基础。基本实现大中型企业经营机制的转换并进行相应的配套改革；初步形成适应杭州经济发展的产业结构；通过扩大投入、加快技改、增加积累，储备新的发展后劲；完成一批、开工一批交通、通信、能源等重大基础设施项目，以及部分区域的旧城改造工程，使投资环境和市民居住条件有显著的改善。人均国民生产总值达到 6000 元，并成为工农业总产值的“千亿元”市。

第二步，基本建立社会主义市场经济体制和运行机制，形成一、二、三产业协调发展的经济结构；经济技术开发区、高新技术产业开发区、之江国家旅游度假区和各县市的经济技术开发区形成规模；建成一批交通、能源等大型基础设施工程，基本完成杭州旧城改造任务；人均国民生产总值超万元，居民收入和生活质量总体上达到小康水平。

第三步，在 2000 年以后，再用 10 年到 15 年时间，基本实现社会主义现代化。劳动生产率、技术进步贡献率、产业结构水平、人民生活富裕程度、科技教育综合实力和医疗卫生等指标，基本达到现代化水平，并建立相应的文明社会秩序和科学的城乡管理体制。全市经济发展和人民生活达到当时中等发达国家和地区的水平。要实施三步走的战略部署，必须始终坚持以经济建设为中心，集中精力把经济工作搞上去。

推动四个方面战略重点：第一，以“四区联动三外并举”（杭州经济技术开发区、高新技术产业开发区、之江国家旅游度假区、萧山经济技术开发区，外资、外贸、外经）为重点，实行全方位对外开放，使杭州经济加速与国际经济接轨。第二，调整和优化产业结构，大力促进第三产业的兴起，成为杭州重要的经济增长点，使一、二、三产业的比重，由二三一调整为三二一。第三，大力发展乡镇企业，搞好二次创业，上规模、上档次、上水平，成为新的异军突起。第四，充分发挥科技作为第一生产力的关键作用，把经济建设真正转到依靠科技进步和提高劳动者素质的轨道上来，充分发挥高新技术产业区的示范和引领作用，用高新技术逐步改造传统产业，努力提高产品的科技含量和质量。

实施五项重大举措：一是抓住解放思想这个“牛鼻子”，广大干部逐步形成适应社会主义市场经济的新思想、新观念。二是加大改革力度，坚持依靠改革解放和发展生产力。三是加快基础设施建设和旧城改造步伐，大力改善人居环境和投资环境。四是加强和改善党的领导，形成搞经济建设和改革开放的合力。五是大力推进社会主义精神文明建设和民主法制建设，保证改革开放和经济建设的健康发展。

第二个规划：“四四六”精神文明建设规划，是经过1993年“塑造天堂新形象”大讨论之后，1994年7月形成的《杭州市社会主义精神文明建设规划》（1994—2000年）。这是解放思想大讨论的继续。“塑造天堂新形象”活动，与杭州市的总目标相匹配，适应新型城市化建设的要求，主要解决两个问题，达到两个目的：第一个是不断提高城市的文明程度，第二个就是要持续提升广大干部群众的文明素质。以塑造天堂新形象为总载体，以“四优四感”（优良秩序、优美环境、优质服务、优化管理，安全感、亲切感、舒适感、文明感）为主要内容，创建国家文明城市和各类文明单位。这个精神文明建设规划的内容共40条，概括起来，就是“四四六”工程。

第一个“四”是指四大建设，即党的理论建设、思想建设和全社会的道德建设、民主和法制建设。四大建设对党员、干部、群众各个层面都有不同的要求。对党员干部的要求就要高一点，最基本的是用中国特色社会主义理论武装党员、教育群众，提高执行党的基本路线的自觉性，坚定共产主义信仰，牢固树立全心全意为人民服务的思想。

第二个“四”是指四项事业，即科技教育、文化、卫生、新闻出版等事业的发展规划和具体要求。

所谓“六”是指六个群众性活动，主要包括：塑造天堂新形象活动；创建全国文明城市以及各级文明城镇创建活动；创建文明单位活动；军民共建活动；倡导文明新风，建设新农村活动；树典型、学先进活动。这六个群众性活动，围绕着提高城乡的品位和人民群众的素质来进行。全面推进杭州市城乡社会主义精神文明建设，提高全社会文明程度，促进经济社会的快速发展。

第三个规划：建设“强市名城”的三个意见，是在前两个规划基础上进一步提升而形成的建设“强市名城”的三个意见。时任省委书记张德江在杭州市指导工作时，对杭州市提出“建经济强市、创文化名城”的要求。根据指示精神，市委在1999年先后出台了《关于杭州建设经济强市的若干意见》、《关于杭州建设文化名城的若干意见》、《关于加快杭州城市化发展的若干意见》，通过建设“强市名城”，使杭州达到“经济保领先、文明创一流”的水平，进而实现杭州市规划的总体目标。

“经济保领先”，就是积极推进经济体制和经济增长方式的根本性转变。深入实施“科教兴市”、“可持续发展”战略，大力培育高新技术产业、第三产业、开放型经济和非公有制经济四个重要的经济增长点。加快城市化进程，增强中心城市综合功能。到2010年，把杭州市建设成为经济总量大、综合效益好、整体素质高、发展后劲足的经济强市，持续在全国省会城市中稳居第二位，在副省级城市中居第三位，经济实力保持领先地位。20世纪90年代，杭州经济指标年均两位数增长，这在全省、全国都是比较高的，应当说是走在了前列。

“文明创一流”，就是围绕把杭州建设成为现代化国际风景旅游城市的总体目标，着眼于提高市民的文明素质，着眼于提高城市的文化品位，着眼于满足人民群众不断增长的文化需求，大力推进文化建设和文化创新，把杭州建设成为一个历史文化与现代文化完美融合，具有深厚文化底蕴、优良文化风尚、丰富文化生活、先进文化设施、发达文化产业的文化名城。争创国家文明城市和各级各类文明单位。经过不懈努力，杭州市在90年代曾获得国家卫生城市、园林城市、双拥模范城市等八项殊荣。2000年，杭州获得创建国家文明城市先进城市称号。

推进城市化，主要是围绕杭州市率先基本实现现代化的战略目标和“建经济强市，创文化名城”的战略定位进行的。着重突出杭州特色，接受上海辐射，注重运用市场经济的思路和机制，科学规划、合理培育全市城市体系，提高城市现代化水平。在新一轮发展中充分发挥城市的重要集聚辐射作用，使杭州城市化水平基本适应经济社会发展要求，从而促进全市经济发展、社会进步和人民生活质量的全面提高。

全面增创六种新优势

第一个是增创经济体制新优势

根据建立市场经济体制的要求，不断深化改革，增创经济体制方面的新优势。从 1999 年起到 21 世纪初，杭州体制改革进入了整体推进、综合配套、体制创新的新阶段；经济增长进入了追求质量效益、提高整体素质和优化经济结构的新阶段。以建设经济强市、基本实现现代化为目标，加速经济体制和经济增长方式的根本转变，促进国民经济实现更高水平的发展。这个时期杭州市经济体制改革重点抓了这样几个方面：一是大中型企业现代企业制度的基本建立。二是非公有制经济要在原有的基础上有新的较大发展，基本形成适应社会主义市场经济、富有活力的所有制结构。三是市场体系进一步健全，社会保障制度、分配结构和分配方式进一步完善。

这里我主要从国有企业、农业和乡镇企业三个方面说一说。杭州国有企业困难比较突出，市委、市政府集中相当多的力量抓国有企业改革。主要是实施《杭州市企业改革三年规划》，解决好四个问题：一是把制度创新、组织创新、技术创新和管理创新结合起来，真正建立起适应市场经济要求的企业经营机制。二是加快国有经济布局的战略性调整步伐，尽快形成一批有较强创新能力和竞争实力的骨干企业和支柱产业。三是促进多种所有制经济共同发展。四是全面推进各项配套改革，完善市场体系、宏观调控体系和社会保障体系。针对企业的不同情况，采取了兼并、联合、租赁、出售、破产、股份制等一厂一策的不同改革方案，建立现代企业制度和法人治理结构，努力把国有企业搞活，并使之起到增创经济体制新优势方面的带动示范作用，逐步地把其他方面的配套改革搞起来。

我国改革开放首先是从农村承包搞起来的，后来把农村承包这样一种改革方式搬到城市，搞各种各样的承包，效果有别。不是说城市不可以搞承包，但是城市的承包是有条件的，它跟农村的情况不完全一样。像那些中小企业，特别是那些不同层次的商业企业搞承包、租赁、拍卖、合伙经营都是可以的。原来的小商店都是国有商店，老是赔钱，地段很好还是亏赔，一旦引入承包机制它就活起来了。但是，城市相对于农村比较复杂，不是单一的承包制就能解决所有问题的。城市改革，首先是从国营企业开始，搞了一段时间车间的承包、工段的承包等，应该说也有些效果，但对整个建立现代企业制度来说帮助不大。

后来，还是按照建立现代企业制度的要求，围绕“产权清晰、政企分开、权责明确、管理科学”16字方针，搞了三年国有企业改革规划，先试点，后推广。有条件的企业还搞了资产经营、搞资本运作。搞资本运作，有利于企业做大做强。资产经营公司出现了，有利于搞活存量，增加总量，优化资源配置。建立现代企业制度，实行法人治理结构，进行组织制度创新，建立董事会，设董事长、总经理、党委书记。原来是党委领导下的厂长负责制，后来变成董事长负责制。董事长负责制，还能不能体现党的领导？另外，搞了“三驾马车”。“三驾马车”办事效率怎么样？后来经过改革实验，大家都逐步接受了。当时提的比较多的问题是，这种体制怎样体现党的领导。出现了谁是一把手，以及核心、中心的争论。当时我们考虑，在党的领导下，只要坚持社会主义道路，企业发展了，经济壮大了，国家财富增加了，具体的组织制度是可以探索的。当然，长期实行的党委领导下的厂长负责制一下子变成法人治理结构，有的领导不够适应，这是完全可以理解的，转变有个过程。后来市委研究实行董事长和党委书记一肩挑，解决了不少矛盾，实际效果是好的，这样就延续下来了。

农村在杭州市发展全局中占有重要的位置，处理好城市和农村、大杭州与小杭州的关系，也是我们工作中的一个难点和重点。关键是如何做好农村这一头工作。农村的发展，要随着改革的深入以及农村商品经济的发展，逐步与全局发展协调起来。通过城市化、城镇化的带动，逐步解决城乡二元结构中的一些突出问题。当时，农村的工作思路，主要是确立增加农产品有效供给和增加农民收入两大目标，搞好经济体制转变和经济增长方式转变。经济体制转变，就是通过深化改革，在农村逐步建立社会主义市场经济体制，大力发展商品经济，提供更多的有效农产品供给和增加农民收入，通过体制的改革逐步增强活力。增长方式转变，主要是从传统发展模式向现代模式转变。传统经营方式是粗放式的，应当依靠科技进步和集约经营来发展农业。这就要提高农产品的科技含量，增加科技投入，依靠科技发展农业，这样来提高土地产出率，不断提高农业的效益，增加农民的收入。你看，现在稻谷可以搞到 2000 斤，我们过去也就是七八百斤。小麦的产量过去是三五百斤，七八百斤就不得了，现在有的省达到 1200 多斤，这都是依靠科技进步的结果。所以，增长方式的转变对农业来说，同样是非常重要的。

20 世纪 90 年代的农村经济体制改革，遇到的情况是这样的：农村第一轮承包即将结束，第二轮承包就要开始。第一轮承包主要还是以“分”为主，第二轮就是要在“分”的基础上，在家庭联产承包责任制不改变的前提下，逐步向“统”的方面去发展。比如说土地向种田大户集中，搞适度规模经营。这是有条件的地方，比如说萧山、余杭，搞土地的适度规模经营，乡镇企业比较发达，种田的人比较少，闲置土地很多，适宜搞土地规模经营。第二轮主要是改革流转制度，把这些土地通过流转制度的改革，搞适度规模经营，另外再加上科学种田提高效益。杭州各地的农村情况也不一样，萧山、余杭农村是一个类型，临安、富阳、桐庐是一个类型，淳安是一个类型。各地农村的土地流转情况也不一样。在萧山难度就不大，萧山乡镇企业比较发达，很多人去务工了，他的承包土地就很少有人种。怎么办？把土地转给经营大户，他有这个愿望，不想种田，又能省心，还有一定的收入，这样适度规模经营就很容易形成。有的地方经济很不发达，他就是靠那几分地来过日子的，不可能向适度经营规模方面发展，还是守着这几分地。有的地方乡镇企业不太发达，他主要是靠粮食，务工的人不多，主要还在土地上做文章。在这种情况下，一家一户的土地不太容易集中起来。淳安没有多少土地，也谈不上适度规模经营。淳安人均只有两三分地，又多是很分散的山地，搞适度规模经营就比较困难。它的产业结构调整，主要在“水”上做文章，在“山”上做文章，在旅游业上做文章。所以，各个地方不一样，土地流转机制的建立也不一样，这就是要从实际出发，区别对待，分类指导，因地制宜。不能搞“一刀切”，“一刀切”就要犯错误，这是历史的教训。土地流转制度改革是第二轮承包当中的重头戏。后来搞经济强市规划的时候，我们专门搞了 1999 年到 2010 年杭州市《十年农业农村发展规划》。

乡镇企业二次创业的提出和实施，大概在 1995 年。当时乡镇企业面临五个方面的挑战：第一个挑战是，国有企业改革开始释放能量，国有企业的基础比较好，人才也比较多，所以说国有企业改革后，定会释放出更大的能量，乡镇企业面临很大的挑战。第二个挑战是，当时的宏观经济环境是通货膨胀比较严重，乡镇企业的产品虽有一定的市场份额，但科技含量不高。国有企业产品基础好、档次高，一旦搞活以后，对乡镇企业的产品市场也是个挑战。第三个挑战是，国际市场的竞争。在初期阶段，乡镇企业在国内或一个地区销售都还可以，发展到一定程度，要出口创汇，产品竞争就要受到更大的挑战，这是来自国际市场的挑战。第四个挑战是，当时苏南的乡镇企业发展得比我们要快，档次也高，竞争力强，对我们有压力，这对我们来说也是个地区性的市场挑战。第五个挑战是，大多数乡镇企业本身的资源基础不是很好，在新的形势下，要进一步发展，适应新的更大的发展，面临不少诸如人才、技术、设备等方面的先天不足。乡镇企业在这个时候是个拐点，在遇到这五个挑战以后怎么样才能更好更快发展呢？只有不断地改革，才能适应新的形势，发展提高自己。

解决乡镇企业二次创业的办法，关键是向企业改制要活力。进一步支持和鼓励发展个体、私营和外资等非公有制经济，形成多种所有制共同发展的格局。过去有些是集体所有制，改成多种形式的民营企业。如果万向集团不改制，还是乡镇所有，不可能有今天大而强的局面。乡镇企业改制以后，变成各种形式的民营企业了，有些模仿国有的现代企业制度改革，搞成集团公司了。改制对乡镇企业二次创业，进一步做大做强，那是一个关键性的措施。如果没有那个改革，它也创不了新优势，发展不到现在的规模。当时，对改制也有不同的争论；对持股问题，有不同的看法。这也都是正常的现象。党的十五大报告中说，公有制的实现形式可以而且应当多样化，这又是一次思想解放推动，对统一当时的思想认识起到了关键作用。

第二个是增创城市化新优势

围绕增强中心城市综合功能，建设现代化国家风景旅游城市的目标，高起点、高标准地搞好城市规划和建设，不断提高城市品位，同时积极发展中小城市，形成城市网络群，这是我们当时的思路。杭州经过八九年的旧城改造，“美丽的西湖，破烂的城市”的状况有了很大改变，可以说是旧貌换新颜，带动了城区经济的快速发展和市民生活质量的显著改善。那么在这个基础上，杭州城市未来怎么样更快更好地发展呢？经过科学论证和统一规划，市委、市政府认为，杭州市区首先要从旧城区走出去，实施沿江、跨江、向东走的发展战略，形成以市区为核心、30 公里为半径的城市群。1992 年至 1993 年，市委已在江干区范围内划定了几个区段，用于新城开发，建设杭州的外滩。与此同时，在主城区周围，搞一些副中心（即副城）：一个是下沙，另一个是江南（即现在的滨江区）。城西风景区，主要是以之江国家旅游度假区为基础抓旅游设施方面的建设。整个市区要按国际风景旅游城市的要求，实施“优二兴三”策略，推动城市人口重心和产业重心东移；按“一个主城、二个副城、六个旅游区”的空间布局框架，逐步形成以钱塘江为轴心，沿江、跨江发展的多核组团式城市格局。

一个主城：以发展第三产业、高新技术产业为重点，强化科技创新功能和管理服务功能。调整主城布局，降低人口和建筑密度，积极开发利用地下空间；重视文化名城建设，增加城市绿地、文化设施和休闲广场，提高城市环境质量和文化品位；调整和优化产业布局及公共设施布局，完善公共服务设施体系和网络，增加城区公共服务中心，构筑新的城市中心。

二个副城：下沙建设成为外向型工业为主导的现代化综合性工业城（经济技术开发区）；江南（即滨江区）建设成为高新技术产业为主导、产学研一体化的现代化科技城（高新技术产业开发区）。以基础设施建设和环境建设为先导，加快杭州经济技术开发区和高新技术产业开发区的城市化发展步伐，接受市区的人口扩散和产业扩散。

六个旅游区：以西湖国家风景名胜区为中心，以之江国家旅游度假区为支撑，全力推进杭州旅游向西拓展。以增加文化内涵、保持传统特色、推动集约经营为原则，保护和建设西湖国家风景名胜区；强调人造景观与山水风光的结合，旅游设施与服务功能的并重，加速开发之江国家旅游度假区；加快建设灵山风景区、西溪文化旅游区、龙坞风景区、江南旅游度假区。各旅游区要扩大环境容量，加强联营合作，形成内容丰富多样、景点有机衔接、设施完善配套的市区短程旅游网络。

大杭州的城市体系规划是：以杭州市区（中心城市）为中心、7 个县（市）为依托、18 个地方中心镇为骨干、一般建制镇为基础，布局合理、功能完善、设施优良、管理有序和开放式、强辐射、现代化的大中小城市协调发展的市域城市体系规划。强调突出文化、旅游、科技、教育的发展特色。市域各个城镇都要遵循市场经济规律，积极利用各自的区位、地位、资源等优势条件，按综合型、工贸型、旅游型等不同城市类型，强化主导职能，提高城市的整体效益，形成分工合理、各具特色、互相协作的城市群体。

增创城市化新优势还有一个重要方面，那就是杭州市由地级市上升为副省级城市后，应当充分利用这一重大机遇带来的有利条件，提高城市的品位和功能。在干部方面，近 3000 名干部级别整体一次性提升，这不仅对干部素质提出了新的要求，而且对提升杭州城市品位也提出了更高的要求。为此，市委在干部中部署了级别提升后的大讨论，对干部进行有针对性的教育，要求不断提高自身素质，以适应高一级工作岗位的需要，并发动大家对如何提升杭州城市品位和功能献计献策。

为了适应杭州作为副省级城市的新要求，市委在城市化发展规划中除了进一步加强路网、电网、水网等基础设施建设以外，还特别强调信息网络建设，并以市委文件形式发下去贯彻执行。规划要求，建设覆盖全省、联接国际和国内、具有世界先进水平的信息基础设施和综合信息服务体系，不断加快推进信息化进程：一是要首先形成宽带化、智能化、现代化的信息网络，初步构建全市统一的信息中继平台和开放式信息高速公路。二是有效开发利用信息资源，加快信息市场发展，促进信息资源高度共享，建立一批公用和专用的高质量、大规模、动态更新的信息库。三是大力发展网上可视电话、政府公务、电子商务、远程教育、医疗保健、图书馆、视频点播等网络服务。四是营造信息化发展的社会支持环境，加强空间频道管理，确保频率资源充分而有序地利用。五是要求远期的城市信息化程度达到全国先进水平，接近发达国家大中城市的发展水平。其中电信和广电网络资源率先共享就是这个时期解决的，利用电信的网络资源，县里看到了杭州市电视台的节目，解决了一个长期没有解决的难题。

城市级别的提高，还推动了区划的调整工作，扩大了城市容量，明确了各个区域城市工作的重点和新的要求。这些都能够给城市带来新的活力和勃勃生机，呈现了快速发展的新局面。

第三个是增创开放带动新优势

实施“三外并举，四区联动，内联外引”举措，扩大全方位、多层次、宽领域的对内对外开放，充分利用两个市场、两种资源，带动全市经济的增长，跟上经济结构调整、产业升级和科技进步的形势。当时杭州对外开放跟苏州比还是差距不小，我们经过努力，有了很大进步，但潜力还很大，需要通过外经、外贸、外资“三外并举”措施，进一步推动对外开放的发展。“三外并举”是对外开放带动的主渠道，其载体是“四区联动”，即下沙经济开发区、高新（滨江）技术产业开发区、之江国家旅游度假区、萧山经济技术开发区等四个国家级开发区的联动发展。一些大的招商引资项目，大都在四个开发区落地。同时，加强与国内企业的合作，拆除围墙、大开城门、降低门槛，外边的引进来，里边的走出去。外引内联为杭州不断扩大对外开放，大力发展外向型经济也起到了重要推动作用。这是增创对外开放的最重要优势之一。

市委、市政府还充分利用杭州厚重的文化资源，探索扩大对外开放的新载体。杭州以西湖而名扬天下。当时搞了不少用西湖命名的经济文化活动，诸如西湖经贸洽谈会、西湖国际游艇赛、西湖国际马拉松赛、西湖烟花大会，以及各种各样的文化艺术活动等等。我曾提出，针对诸多经济文化活动，能不能把它们用一个平台整合成综合性活动品牌。正在思考这个问题的时候，时任杭州市丝绸公司总经理谭中东同志提供了一份可资借鉴的资料，那就是，国民政府时期（1929 年 6 月），浙江举办了第一届西湖博览会，而且办得很成功，但西湖博览会只举办过一届，从那时到 1999 年中断了 70 年。我看到这个资料后很受启发，经过认真研究，认为杭州的各种经贸文化活动，都可利用西湖博览会这个品牌举办。这个西湖博览会是最好的平台、载体和品牌。我将这个思考和建议，拿到市委常委会上讨论，大家都完全赞成。于是，市委就开始组织工作班子进行筹办。从 1999 年开始，经过一年筹备，第二届西湖博览会在中断 70 年后又举办了。此后，西湖博览会成为杭州不可缺少的经济文化盛会，成了杭州市一张有影响力的名片。

西湖经过历代文人墨客和人民群众的文化创造，具有丰厚的文化积淀，文化保护价值极高。历届市委、市政府都把保护西湖文化，作为传承杭州文化和经济社会发展的重要工作来抓。1998 年，时任中央政治局委员、中央宣传部部长丁关根在刘庄西湖国宾馆，就西湖申报世界文化遗产问题，听取了我作的较长时间的汇报，他要求我们先做好前期工作，尽早申遗成功。市委 1999 年 12 号文件指出“争取西湖列入世界历史文化遗产保护名录”。经过 1999 年的工作，在国家有关方面的大力支持下，西湖申遗被国家列入预备名单。2000 年 1 月，杭州市第九届人民代表大会第五次会议通过的政府工作报告在回顾 1999 年工作时称，“西湖风景名胜区已被国家列入申报世界历史文化遗产预备名单”。2000 年 3 月，市委办公厅、市政府办公厅印发《关于建立杭州市西湖申报世界自然与文化遗产领导小组的通知》，开始了基础工作。与此同时，市委还从 1999 年起开始全面的西湖疏浚以及雷峰塔重建工程的启动工作。这些工程对建设杭州文化名城、提高杭州知名度、扩大对外开放都起到了重要推动作用。

第四个是增创技术进步新优势

杭州区位优势明显，潜力很大，很适合发展高新技术产业。但遗憾的是我们高新技术产业开发区起步早、发展慢。1992 年时，国家有关部门提出，杭州高新区如果不抓紧工作，就要亮黄牌。说这个话的头一天，我到杭州市委上任。第二天，就跟省里几个领导到高新技术产业开发区，协调解决有关问题。那时候高新区还在文三街，以省里为主管理。80 年代就已经批建了，但是发展很不理想。亮黄牌对我们来说是很严肃的批评，省市下决心狠抓高新技术产业开发区建设。后来，高新区由省里转交市里管理后，市委认为沿着文三街这边发展很难规划，因此，结合区划调整的机遇，把高新技术产业开发区从文三街搬到江南（即现在的滨江区）去了。高新区搬到江南以后发展很快，落户了不少名牌高新技术企业，特别是软件产业发展更快。高新区还吸引了众多的海内外科技人才，市委、市政府提供优惠政策，当时大力支持从海外回来的留学生创办企业。像 UD 斯达康的几个海归回来办企业，开始几个人、几十万元资金，后来规模不断扩大，搬到江南以后发展更快。虽然这家企业中间有曲折，但创办时影响很大，它带来了资金、技术和一大批人才。1999 年，阿里巴巴注册在文一路一个小区里，很不起眼，后来发展非常迅速，现在的影响之大，始料未及。电冰箱是个竞争性很强的行业，许多企业纷纷倒闭，但华日集团的产品，在激烈的市场竞争中不断发展，这得益于他们不断深化改革，高度重视人才，使先进技术和管理与时俱进。90 年代后期，科技对全市经济的贡献率已达 45% 左右。高新技术产业大都集中在滨江高新技术产业开发区，滨江区的快速发展得益于高新技术企业。而滨江高新技术产业开发区的快速发展反过来又为杭州更大发展积累了人才资源优势。

下沙开发区也有不少中外合资的高技术产业，它们对改造传统产业起到了重要作用，不少传统企业搬到下沙开发区都得到了改造和提升。中策橡胶、机械、电器、生物、食品等企业到下沙后发展很快。娃哈哈搬到下沙开发区快速发展，其中一个因素就是引进了国外几千万美元的先进设备和技术，淘汰了落后设备，使产品质量大幅提高。

实施“钱江科技潮”工程，加快高新技术产业化，继续加强与浙江大学等大专院校、科研院所的合作，发挥高新技术产业在结构调整和产业升级中的“孵化”和先导作用。高新技术企业入驻杭州，为新兴工业的发展增添了后劲，应该说这是杭州的一个重要经济增长极。杭州市发展目标和城市定位，为高新技术产业发展创造了良好的环境和有力条件，这是杭州经济发展的主要支撑力量。

第五个是增创产业结构调整新优势

产业结构调整总的要求是，加快农业产业化步伐和现代化进程；扩大内需，拓展市场，扶持和培育已有一定基础的电子信息、现代家电、环保、生物医药、绿色食品等产业，促进第二产业向高新技术方向发展；乡镇工业通过调整提高，进入新的发展阶段；同时，大力提高以旅游和商贸为重点的第三产业在全市经济中的比重。当时第一、二、三产业结构比例的顺序是“二三一”。市委、市政府要求在保持各个产业不断发展的前提下，大力发展第三产业，优化第二产业，把结构调整成“三二一”这样一个合适的比例。后来实现了预期的“三二一”的产业结构比例。现在比较发达的一些国家，第三产业在经济结构中的比重一般都占到60%以上。第三产业现在叫现代服务业，或称新兴服务业。把它作为一个重要的经济增长点是顺势应时的，是符合杭州实际的。我们提出杭州要“塑造天堂新形象”，还提出过杭州是旅游者的天堂、投资者的天堂、购物天堂、创业天堂等。杭州第三产业的增长空间很大。第三产业这条腿还比较短，要下功夫把它接长。第三产业主要围绕着旅游业大做文章，发展现代服务业，深化商业、服务业领域里的改革，使其迸发出更大的活力。同时，大力加强之江国家旅游度假区的基础设施建设，以及市区工业“退二进三”举措等，也拓宽了发展第三产业的路子。这对第二产业、第三产业的发展都是个双赢的举措。

为了推动思想解放、带动城市改造、发展第三产业，市委、市政府决定把办公地点从南山路搬到环城北路。市委、市政府搬走，对其他单位搬迁是有推动作用的。在拆迁时有的说，市委、市政府可以从好的地方搬走，你们那些单位就不可以搬吗？大概有十几个单位在延安南路坚持不搬，有的还状告到中央。延安南路那边原来大都是破破烂烂的，延安路也需要接通到吴山。我们搬了以后，经过工作他们后来也都陆续搬走了。市委、市政府虽然占的地方不大，但是带动那一片搞成商业区，对于商业的发展也有好处。把原人民大会堂附近这一块规划成商业区，又跟解放路商场连在一块，形成一个商业聚集区。西湖大道、延安南路过去都是居民区，西湖大道更是在居民区中穿过，所以说对推动那个区域的改造是起了作用的，带动了第三产业的发展。市委、市政府搬家不是简单的搬家，它推动了人们思想观念的转变，带动了城市的改造和发展。第三产业这些年发展快，跟旧城改造是有密切关系的。如果没有旧城改造，第三产业也不一定发展那么迅速。另外，土地利用面积提高了，使用效率提高了，经营城市的理念就在其中。从根本上说，是改善了市民的居住环境，提升了人民的生活质量，改变了杭州城市的破烂面貌，发展了杭州经济，提高了杭州市的地位和影响。

第六个是增创可持续发展新优势

杭州教育、科技、人才资源优势，以及生态环境方面的优势都比较突出，市委提出“科教兴市”战略，打造人才高地和生态城市的理念和要求，把这方面的优势进一步转化到建设“强市名城”上来，其发展潜力和空间还很大。推动了经济社会协调发展和可持续发展。坚持人口、资源、环境、经济发展的速度和效益，以及两大文明建设协调发展，把节约资源同保护环境、经济的质量和效益统一起来，增强可持续发展的后劲。

经济发展的速度和质量效益要统一，这也是个重要的协调问题。要坚持效益的前提下加快发展，这个指导思想，市委、市政府始终是清醒的。我们跟人家比，不是盲目地去比速度，而是比经济效益怎么样、财政收入怎么样、干部群众的收入怎么样。90 年代初，为什么还要到省里去借钱发工资？除了上缴的比例大一些外，还有一个原因，就是这个蛋糕做得还不够大。要坚持速度、质量、效益的统一，由粗放型向集约型转变有个历史过程，这方面的任务很重，实现可持续发展大有文章可做。

到 20 世纪末，杭州市经济社会发展取得了显著成就，原定的经济计划目标和精神文明方面的要求都提前实现了。特别是国有企业通过建立现代企业制度的改革走出了困境；不少企业通过资本经营做大做强了。1998 年，改革开放 20 周年，杭州市国有（控股）工业企业总资产在 20 年里增长 29 倍，净资产增长 31 倍，而且资产运行质量的几项主要指标在15个副省级城市中大都是靠前的。应该说，国有企业在深化改革中是大踏步前进的。乡镇企业、个体、私营和外商等非公有制经济也快速发展，由90年代初期的三分天下有其一，发展到90年代末的半壁江山。全市财政收入也由30亿元左右，突破了百亿元大关。精神文明建设的“四四六”工程与经济建设协调发展，从1993年至2000年，杭州市先后获得精神文明八项国家级殊荣。各种文明创建活动普及到城乡基层，广大人民群众的素质有了较大提高。各项科技、教育、文化、体育事业在改革中有了突破性的进展。一大批科研项目分别获得省级科技进步奖和国家级奖励，科技成果面向经济主战场，商品化、产业化步伐加快。教育机构进行了改革和调整，那种完全由国家包下来的教育体制已开始改变，“多渠道投入、多层次办学”的新格局逐步形成。兴建了一大批诸如杭州大剧院等文化基础设施，逐步丰富了群众的文化生活。

这里我说一个插曲。制定杭州市精神文明规划时，当时我到几个县市调查研究，发现县里竟然还看不到杭州市的电视节目，感到很吃惊。后即听取有关部门的汇报，称之所以如此，是因为缺少资金。我说能不能利用电信的光缆传输共享，回答说技术上不可行，而且主管部门有规定不同意。我找电信局商议共享资源一事，他们表示完全赞成，称技术上没有问题。市委、市政府研究果断决定利用电信光缆传输广播电视节目，随即开通了县市电视节目传输，市、县两级领导在广电局举行了开通仪式，七县市电视人口基本覆盖。后来有的国家部门批评杭州的做法，我们顶住了部门分割、画地为牢的压力，较早地研究了信息网络和应用工程建设方面的实际问题。

总结与思考

总的来看，20世纪90年代杭州市“一个目标，三个规划”的战略构想，经过实践检验，效果是好的，发展是快的，是符合杭州实际的。

这一时期，全市经济社会发展总体上进入了快车道，实现了新飞跃，迈上了新台阶。之所以能够如此，有这么几个因素：

第一，遇到了一个好的发展机遇。这个时期正值邓小平南方谈话精神贯彻之中。邓小平南方谈话开辟了中国特色社会主义理论新境界，提供了强大的解放思想武器，带来了改革发展的强劲东风。这个谈话提出了许多重要论断，为我们的工作指明了方向，极大地调动了广大干部群众深化改革加快发展的积极性、主动性和创造性。

第二，得益于好的宏观政策环境。中央确立的建立社会主义市场经济的改革目标框架，为加快发展提供了政策支持。有很多实际问题在计划经济体制下解决不了，而在市场经济体制下却能迎刃而解，这就说明市场经济体制在发展中所起到的重大作用。这十年来的发展，像旧城改造、财政收入、老企业多等等，这些长期困扰的问题，后来都是用改革的思路、市场的机制，逐步找到了解决办法。从杭州这些年走过的发展历程来看，我们有一条深刻的基本认识，这就是：长期困扰发展的一些矛盾，要用改革的思路和办法来解决；发展中、前进中的问题，也必须用改革的思路和办法去推进。

第三，有一个好的区位优势。杭州历史上曾几多辉煌，“钱塘自古繁华”，这是上天赋予的优越条件，为今天的不断发展奠定了良好的基础。杭州地处东南沿海、长三角地区的重要位置，改革开放前沿，区位优势相对来说比较优越。杭州是历史文化名城，文化比较发达，文化积淀深厚，人文优势明显，为市场经济条件下的发展提供了强劲的软实力。文化含量、文化层次、文化品位高，在市场经济条件下就更容易推动经济发展。城市的文明程度提高了，城市品位提高了，对经济的发展就起到更大的推动作用，也就是看不见的软实力。杭州的文化优势也是我们的重要优势之一。另外，上海浦东的开发、辐射作用也给杭州的改革开放带来了有利条件。这些对我们的发展都起到了重要的推动作用。

第四，有一个好的思想理论提升氛围。邓小平南方谈话在全党掀起了解放思想的热潮，市委及时组织了思想教育活动。解放思想是发展的前提，我们把它当作“牛鼻子”紧紧抓住不放，带动了许多工作，促进了经济社会的快速发展。解放思想是一个历史过程，这个时期思想解放了，不等于说下一个时期也解放了；在这个问题上解放了，不一定在另一个问题上也解放了。解放思想是一个永无止境的过程，要不断地解放思想，才能不断地发展。高起点、高标准地推进杭州“经济强市、文化名城”建设，更需要我们进一步解放思想，与时俱进，跟上新的形势，实现新的目标。市委、市政府在调查研究的基础上，相继出台了建设经济强市、文化名城、推进城市化的实施意见，着重强调在增创六个新优势方面下功夫，围绕我们的总体目标，把杭州市现代化建设不断地推向前进。

第五，有一支好的干部队伍。 建设一支高素质干部队伍，是百举之首。人是决定的因素，干部是关键。市委先后提出了领导班子要做到“四带头”（思想、制度、廉政、作风），领导干部要牢固树立“五有意识”（心中有党、社会主义、人民群众、大局、辩证法），并在全市广大干部中广泛地开展了“创优良业绩，树公仆形象”活动，全面加强了党的思想、组织、制度、作风、廉政建设。各级党组织带领广大干部群众比较好地实践了中国特色社会主义理论，党员干部的思想理论素养有了很大提高，发挥了党在两个文明建设中的领导和保证作用。

根据总体思路和要求，市委在选人用人上进行了一系列改革探索。在坚持党管干部的原则下，引入了干部竞争激励机制，在局部范围内进行试点。树立公开、公正、公平的用人导向，在全市和全国范围内公开选拔领导干部，把那些思想上解放、政治上靠得住、工作上有本事的干部，通过竞争机制把他们选拔到各级领导岗位上来。多渠道培养和造就一支想干事、能干事、干成事的高素质干部队伍。

在运用竞争激励机制选拔优秀干部的同时，对一些不太适应工作岗位的少数干部，按照能上能下的原则，采用退出机制，分别作了适当调整。有的退出了重要岗位，有的由实职调为虚职，还有违纪的干部受到了组织纪律处分。针对杭州市、县两级干部很少交流的状况，为有利于工作，也有利于干部本人成长，进行了相应改革。市委决定根据工作需要和干部个人情况，对县处级以上主要干部分批分期进行较大范围的交流。在统盘考虑的基础上，首先对七个职位的干部适时进行了交流。这就是长期工作在出生地和成长地的县区级党政主要负责人、组织部长、纪委书记、法院院长、检察长、公安局长都要逐步交流。经过两年左右的时间，这几个工作岗位上的干部，基本上都实现了易地任职。第一批交流的干部上岗时，我参加了集体谈话，对他们提出了要求和希望。

在干部制度改革基础上，加大对干部教育的力度，特别是反腐倡廉教育。浙江省市场经济发育比较早，市场经济的负面作用也比较早地显露出来。有的干部放松对自己的要求，人生观、价值观发生扭曲，不同程度地犯了这样那样的错误。我对这些干部在当时出现的问题深感痛惜，在思想上也认识不够，缺乏必要的警觉，负有教育责任。特别是对他们在党政领导岗位上犯经济方面的错误大为不解，感到十分困惑。这也说明了我对邓小平关于在市场经济条件下发生腐败现象的重要论断认识理解不够深刻。当然，犯错误的人落马有个发生、发展、暴露的过程，我们也有个逐步认识、吸取教训的过程。我们重温了邓小平理论，认真总结经验教训，及时采取相应措施，以犯错误的干部为反面教材，加大了教育力度。通过举办反腐倡廉展览、犯错误干部现身说法、层层召开党员干部专题大会、严格党内组织生活会等一系列教育活动，对党员干部进行了系统教育。强调党员干部在改革开放的大潮中要顶得住诱惑，耐得住寂寞，经受住考验，真正做到廉洁自律，干净干事，勤政为民。对一些干部中有这样那样的苗头性问题，市委注重教育，打招呼，敲警钟，以使大家保持头脑清醒，不断提高自身素质，增强免疫能力。

在廉政建设方面，我们要求是严格的。比如 1992 年，有个别单位将有价证券送给市委、市政府领导，也送到我这里了。于是，我就召开四套班子领导会议，把这个事通报了。我说："不管谁送的，也不管收多少都要退掉，今后一律都不能收，大家都要带头自律好自为之。"会后收到有价证券的同志都一一退回去了，一下子退了 8000 多块钱，那时候 8000 多块钱还是不少的。有的地方的案件都牵扯到有价证券、原始股票，你看有的干部犯错误就为这个东西。后来大家觉得那个时候及时提醒是必要的。有的同志说，早在 1992 年就抓这方面的事，对干部确实是一个关怀、保护和教育。

当时杭州旧城改造涉及多少土地和建筑啊！有一次我和王永明同志一起陪省委主要领导接待中央领导，说到廉政建设，我说我们 90 年代在杭州市当班时，还是能经得起考验啊！这么多年下来，杭州市大规模的旧城改造，批了多少地，搞了那么多建筑，修了那么多道路，没有出现大问题，更没有涉及市委领导的廉政问题。当时，市委非常警觉这些事情，应该说政治上是清醒的，实践证明是经得起考验的。我们当领导的就要在各方面作表率，堂堂正正做人，老老实实做事，清清白白做官，要有这个好的形象，这才是人民公仆的形象。

通过干部制度改革和思想教育工作，杭州市广大党员干部的政治思想素质和工作能力都有了明显提高，他们在改革开放的一些关键问题和复杂情势处理上，顾大局，识大体，讲团结，守纪律，做奉献，起到了先锋模范带头作用，为杭州市改革、发展、稳定做出了重要贡献。这里还需要指出的是，各民主党派、工商联和无党派人士，围绕市委工作大局，积极参政议政，民主监督，建言献策，发挥了很好的作用。总体上说，杭州市的工作基本上达到了省委提出的“建经济强市，创文化名城”的阶段性要求。

回忆我在杭州八九年的工作历程，战略方面大概就是这样。“一个目标、三个规划”，这是总的思路。

亲历宁波成为国家社会与经济发展计划单列市

葛洪升

1984年10月，党的十二届三中全会通过《中共中央关于经济体制改革的决定》，提出“加快以城市为重点的整个经济体制改革的步伐”，强调“要充分发挥城市的中心作用，逐步形成以城市特别是大、中城市为依托的，不同规模的，开放式、网络型的经济区”，标志着城市经济体制改革的大幕全面拉开。随着城市经济体制改革的逐步深入，1986年10月国务院在《关于对青岛市实行计划单列的批复》中同意青岛市实行计划单列，突破了1984年10月国务院批转的国家计划委员会、国家经济体制改革委员会《关于对一些城市要求在国家计划中单列户头处理意见的报告》中提出的“少数经济地位特别重要的大城市实行计划单列，对于促进城市经济体制改革，发挥中心城市的作用是有好处的，但计划单列的城市不宜太多……今后其他城市一律不再实行计划单列”的规定。此门一开，不少城市闻风而动，纷纷要求计划单列，宁波没有跟风，而是在科学论证的前提下，大胆探索，勇于开拓，在实践中开创新路。经过不懈的努力，终于在1987年2月24日得到国务院批准宁波市成为社会与经济发展计划单列（以下简称“计划单列”）的批文；在计划经济占主导地位的年代，国家赋予宁波相当于省一级的经济管理权限，实行计划中单列，继续在宁波市进行经济体制综合改革试点。同年

6 月，浙江省政府同意宁波市计划单列，按市辖行政区范围于 1988 年起全面实施单列。计划单列给了宁波一个新的发展起点，计划经济体制发生了重大变化，在计划、规划、外贸、工业、农业等方面更加自主地制定整体规划和发展战略，推动着宁波的发展一路高歌猛进。

宁波计划单列走过了 30 多年。30 年弹指一挥间，回忆宁波争取计划单列的来龙去脉让我百感交集。

1984 年 5 月，经党中央、国务院批准，宁波被列为进一步对外开放的沿海 14 个城市之一，国务院和省委、省政府相继作出“把宁波建设成为华东地区重要的工业城市和对外贸易口岸”和“浙江经济中心”的重大决策。党中央、国务院和省委、省政府对宁波的开发开放期望很高，要求也很高。但受当时管理体制束缚，宁波财政收入的 72.5% 得上缴中央和省，除去经常性的开支外，全年可动用机动财力仅为 2600 万元左右，基础设施非常薄弱，要完成党中央、国务院、省委、省政府的要求，困难实在是太大。我们市委一班人，特别是作为班长的我，当时感受的压力别人难以想像：一方面，宁波面临历史性的大好机遇；另一方面，宁波又遇到凭自身努力无法解决的困难，这就是宁波当时所处的境地。

对于方方面面的困难而言，我感受最深的是基础设施太差。新中国成立后国家出于军事战略的考虑，主要发展中西部地区，对宁波这样的东部沿海前线很少有规模性的基础设施投资，这就造成宁波的基础设施非常落后。当时宁波市区面积约 18 平方公里，基础设施与杭州、大连、青岛根本不能比，差距很大。就拿市内的道路来说，不仅公里数少，而且破破烂烂。当时流传一句话：“汽车跳，宁波到”。1983 年 6 月，我刚到宁波工作时，火车站开往江北区的公交汽车因路面坑坑洼洼导致无法行运。道路坎坷不平还影响货车运输，运煤炭的车一路扬尘导致护城河边的路上都是煤粉，群众意见很大。为了解决这个问题，我曾亲自抓过一阵子，《浙江日报》对此事在头版头条有过报道。再如宾馆、酒店，全市找不到一家有冷暖设施的，重要客人来了，冬天给被窝里塞个热水袋，夏天放台电风扇。1984 年 1 月，时任国务委员兼国家计划委员会主任的宋平同志和交通部长李清同志到宁波，大冷的天市区找不出有暖气的招待所，只能住在北仑港务局外宾招待所。六届全国人大常委会委员长彭真来宁波，吃饭、休息都在专列上。1985 年，中央书记处书记、国务委员谷牧来宁波调研，住在新建成的海员俱乐部，洗澡水也是一会儿热一会儿冷，漏了满地水。滞后的基础设施严重制约了经济的快速、稳定发展。

在中央决定宁波进一步对外开放这一难得的机遇面前，我们深知机遇十分宝贵，机遇来之不易，机遇稍纵即逝。为此，对工作我们小心谨慎，认真踏实，夜以继日，始终处于高度紧张状态，丝毫不敢松懈，生怕由于我们的工作不力，发生失误，贻误难得的发展机遇，辜负了中央、国务院和省委的期望，辜负了宁波人民的希望。

我们一帮人不停地向专家咨询，天天探讨如何超常规发展。根据当时宁波的情况和国家的经济管理体制，要把宁波搞上去，实现党中央、国务院和省委、省政府的期望，按部就班的做法是不行的，单靠我们自身的努力也是不行的，必须大胆争取中央和省委的政策支持。这方面，我们想到的主要是两条：一是争取上级部门加强对宁波的领导，帮助解决宁波对外开放和经济发展过程中凭自身努力难以完成的任务；二是争取与大连、青岛一样的管理体制——计划单列。

关于宁波争取进入计划单列这件事，从起意到实现我全程经历了，我想对一些文章、报道进行校正。《宁波日报》在宁波对外开放 20 周年的报道中说："宁波市委下决心杀出一条血路"。我看到这句话很震惊，市委哪有这个能耐呢？国务院宁波经济开发协调小组（以下简称协调小组）办公室主任王仲毅同志的文章中说："计划单列是宁波市委书记葛洪升提出来的。"这话没错，但也不全是这样。因为他不了解协调小组成立之前的情况，所以我就计划单列要作两点说明：1. 在会上首先提出宁波计划单列要求的不是我，是受党中央和小平同志委派，来宁波帮助开展对外开放工作，并被浙江省、宁波市政府聘为特邀顾问的外经贸部老副部长卢绪章同志；2. 我们在 1985 年春天就已经开始对宁波争取计划单列的可行性进行了探讨研究，而不是在协调小组成立后才提出计划单列问题的。

1985 年 10 月，万里同志在宁波主持召开现场会前，我找卢绪章同志（下称卢老）商量拟在会上汇报的内容时，卢老说：“小平同志讲北有大连、南有宁波，两个城市比一比，宁波应以此为理由提出与大连同样的计划单列管理体制。”我怕事先未与省里沟通就贸然提出，不仅可能办不到，反而可能给以后争取计划单列的工作造成困难。所以我在汇报中，没有按照卢老的意见提出计划单列问题。但是，在我汇报完之后，卢老突然在会上问我：“和大连比赛，书记有什么想法？”我知道卢老的意思，但我仍然只是说：“大连是老大哥，我们是小弟弟，差距太大，怎么个赛法啊？小平同志要求我们同大连对抗赛，那是对我们的激励，宁波市各项基础设施远比大连落后，可以说与大连市根本不属一个档次的城市，大连市远比宁波市要先进。我们是这样争取的，10 年不行 20 年，无论如何赶是一定要赶的，这不是个口号是我们努力的方向。”卢老见我回避了计划单列的问题，就直接说：“同大连比赛要有条件，这里有一条，对宁波的待遇，如计划单列、扩权外汇等要同等、同样条件。”我马上又说：“定了领导小组以后，请领导小组帮助我们把这些事解决解决，这是个问题，条件差得太多。”虽然我再次把计划单列的事给岔开了，在会上没有展开讨论，但卢老在会上把单列问题提出来，争取宁波与大连享有同等的管理体制，这个头开的非常重要。因为这是在万里副总理、薛驹省长和十多位国务院部长级领导面前讲的，为我在协调小组成立后马上提出争取计划单列创造了条件。所以，在正式会议上，第一位提出宁波计划单列的是卢老。

在协调小组成立前，我们也商议过计划单列的事，首先找的是卢老。1985 年 5 月，我去找卢老征求对宁波工作的意见，他着重谈了宁波港水水中转问题，他要宁波港尽快打通到南京、武汉、重庆的航线。我则要求卢老向中央建议宁波计划单列，我说：“这个问题很复杂也很敏感，您是根据小平同志建议中央派来指导我们工作的，由您提出名正言顺。”向卢老提出这一要求是基于他德高望重，说话有分量。卢老认为，争取计划单列对宁波发展至关重要，但他认为他来的时间短，要我先向省委提出。所以这之后，我找王芳同志谈过。

在与卢老商议计划单列，争取王芳同志支持计划单列的同时，我找谷牧同志也谈过宁波计划单列的设想。当时谷牧同志很同情，他说：

“我过去长期分管基本建设，像宁波这样一座城市，同时投入这么大量的资金，建这么多项目，是很少见的，你们的压力是大啊！”但他回避我提出的宁波计划单列的要求，采取既不支持也不反对的立场。

在争取各个领导支持的前提下，我又从侧面了解省政府有关领导和省计委、省财政厅等部门对宁波计划单列的看法。因为争取计划单列一定要取得省里支持，没有省里的支持，就不可能有宁波的计划单列。万里同志在宁波召开的现场办公会上，决定成立协调小组，为解决宁波的计划单列创造了极为有利的条件。所以，在协调小组成立并开始运作后，我立即要求协调小组将计划单列提到日程上来。我在与协调小组的同志个别交流和协调小组的会议上都讲过，宁波是对外开放的重点城市，党中央、国务院、省委、省政府都很支持，但至今连自营贸易权都没有，财政收入差不多80%上缴，市里可用的机动财力只有2600多万元，这样的体制问题不解决，我们拼上老命宁波也难上去。协调小组成立之后，我又找谷牧同志谈计划单列问题，他说：“你说宁波搞不上去不好交账，我现在也是宁波帮了，宁波搞不上去，我也不好交账了。”虽然，谷牧同志未明确表态支持单列，但态度明显变了，变得更积极了。这增加了我解决计划单列问题的信心。

协调小组成立后，争取计划单列成为协调小组的主要工作之一，这大大增加了宁波计划单列的可行性。但要把这种可行性变成现实，还要做许多艰难细致的工作，困难仍然很大。主要有三条：一是全国先期实行计划单列的城市与所在省的关系没有处理好，团结稳定，工作效率受到了影响，引起中央有关部门对计划单列的一些议论。二是地级市之间相互攀比，增加了省里对计划单列的顾虑。为此，国务院在《关于南京、成都、长春三市在国家计划中实行单列的批复》要求：“江苏、四川和吉林省人民政府要继续加强对三市的领导，妥善处理省市之间的关系；不要因实行计划单列使国家的财政收入减少；三市也不要因之搞机构升格、增加编制。”显然，中央似乎已经觉察到了一些城市在计划单列后带来的负面影响，对新批准的省会城市的计划单列提出了新的要求。所以，国务院从1986年起放缓了计划单列的审批，后来又决定停止省会城市的计划单列，已经批准实行单列的省会城市取消单列，重新回到省内统一计划体制。这个新情况增加了宁波计划单列的难度。三是宁波当时在全国经济地位低微，国务院有些部门认为宁波没有计划单列的资格。国家计委综合局局长王仲毅同志对我说：“在为宁波跑计划单列问题时，国务院有关部门大多数不持积极态度，有的甚至直接说，宁波经济总量太小，不够资格。”中央有关部门的不积极态度，也影响了省里一些同志，有的省级部门明确表态不同意宁波计划单列。当时，有的同志关心地对我说，宁波计划单列不管搞得成搞不成，都会得罪一些人，你最好不要冲到第一线，可以让别人先出头。我的看法正好相反，就是因为问题多情况复杂，只能我出面，我不愿把别人，更不想把市委扯进来。总之，即使协调小组成立之后，宁波计划单列问题，从国务院部委办的有关司局与省政府相关厅局得到的消息，都是不利的。但是，来自中央、省委高层的消息完全相反，都是喜讯。

1986 年 4 月 17 日，国务院总理会见华人世界船王包玉刚先生，向他颁发国务院宁波经济开发协调小组顾问证书。在会见前见面时，包玉刚先生要求将宁波升格为与天津、上海那样的直辖市。总理表示，宁波升为直辖市不具备条件，但计划单列可以商量。总理这一明确表态，为宁波的计划单列释放了积极的信号，令我们喜出望外、振奋不已。

1986 年 4 月 30 日，王芳同志主持会议，再次研究落实小平同志关于加快宁波开发开放的指示和国务院宁波现场办公会精神。会后，省政府成立了宁波重点工程领导小组，由省委副书记、副省长吴敏达，省经贸委主任程精业牵头，负责协调解决宁波重点建设中的问题。同时，省委就落实小平同志指示向中央写了专题报告。为动员全省的力量支持宁波的开发开放，省委同时将这份报告略加修改下发省级部门和地市。报告说：“目前宁波的开放工作，在外引内联，动员宁波帮，积极创造投资环境等方面，做了大量工作，取得了可喜的成绩。全市国民经济发展势头很好，国家和省的重点工程进展顺利，但是，从总体上看，宁波对外开放和大规模的开发建设，还处在刚起步阶段，犹如大战前夕，工作繁多，任务艰巨，而中央对宁波的期望很高，要真正实现小平同志提出的‘可能宁波的发展速度不会慢’的预言，目前还有很多困难，迫切需要省和省级部门给予大力支持和帮助。”这个文件虽然没有讲计划单列的事，但为统一省级部门对宁波计划单列的认识，提供了有力的支持。

1986年9月中旬，国务院宁波经济开发协调小组副组长陈先同志到宁波，他是受谷牧同志委托来听取浙江省和宁波市对宁波计划单列的意见。我告诉陈先同志，计划单列对宁波太重要了，我们是力争必争的，同时希望得到他的支持。9月13日，王芳同志在大华饭店老楼会议室主持会议，研究宁波计划单列问题。参加会议的有薛驹、沈祖伦、吴敏达、耿典华、陈先和我，加王芳同志共七人。王芳同志说明会议的议题后，问哪个先讲？我首先阐述自己的意见。我认为如果宁波计划单列，可以得到中央更多的支持，这对浙江对宁波的发展都有好处。宁波计划单列后还是浙江的宁波，还是在省委、省政府领导下的宁波，宁波发展了也增强了全省的实力，对全省是有利的。我发言之后，王芳同志请陈先同志讲讲。陈先同志说："我是受谷牧同志委托来听取浙江省和宁波市同志们的意见，还是请省里先讲。"因在座的同志没有发表意见，王芳同志又对陈先同志说："你说说全国的情况和计划单列到底有哪些好处？"陈先同志开始讲他的意见，在介绍了计划单列的内容后，他讲道："计划单列有利有弊，利的一面是可以直接与中央部委对话，有利于提高办事效率；弊的一面，是省、市部门之间容易产生矛盾，要妥善处理好。针对宁波而言，计划单列确实很重要，对支持宁波发展有很大作用。宁波计划单列后，主要是国家对宁波的支持力度增大了，但省里也不吃亏。国家这个大锅里的饭，过去只有省里一个勺子挖，宁波计划单列后，变成省市两个勺子在那里挖，肯定挖得更多。"陈先同志的意见客观全面，令人信服。最后，王芳同志拍板同意，由陈先同志回北京向谷牧同志汇报，浙江省委两次就宁波计划单列问题正式书面上报国务院审批。

在省委作出这一决定后，省政府很快就组织力量与宁波市的同志一起搞计划单列的方案。令我十分高兴的是，在制定方案过程中，省直部门的同志一改过去的看法，都很热情、很积极、很认真，省、市的同志配合得很好。记得有一次，当时负责计划单列工作的常务副市长向我汇报，说他们把全国情况分析后发现浙江财政上缴中央的比例过高，想趁这次宁波计划单列，稍微改善一点，办法是把市里上交省里财政数调高些，这样计划单列后，中央财政就可以相应减少浙江的上缴基数，增加留成比例。我表示同意，我说，你们去做，如果出了事我负责，不要把省里扯进去了。

9 月 30 日，王芳同志主持相关会议，讨论通过了宁波计划单列的方案。

11 月 28 日，谷牧同志主持协调小组会议讨论浙江上报的宁波计划单列方案，吴敏达副省长作了具体汇报，会议同意这个方案，由协调小组报国务院。协调小组在给党中央、国务院报送的会议纪要中，建议批准宁波市从 1987 年起实行计划单列。

11 月 30 日，谷牧同志又在浙江省人民政府关于要求宁波计划单列的报告上，亲笔批示：

宋平、志文并报总理：

宁波的开发任务很重，实行计划单列，进行综合体制改革试点，对促使他们把工作搞上去是很有必要的。在最近召开的协调小组会议上，浙江省、宁波市和包玉刚都表示积极要求，请予以批准。

稍后，总理、时任国家计委主任的宋平和国家体改委副主任安志文都在他们的名字上画了圈。

1986 年 12 月 2 日，中共中央总书记胡耀邦在中南海再次会见包玉刚先生。总书记问："宁波搞上去，希望大不大？"包玉刚先生说："我最近参加了协调小组会，宁波要搞上去要赋予宁波市省一级经济管理权限。省里已有了一个报告。"谷牧同志解释说："就是在国家计划中，实行计划单列，现在是有八个市和海南行政区共九个市（区）已实行计划单列。"胡耀邦说，加上宁波共 10 个，可以嘛！计划单列没有问题。包先生当即对总书记干脆利落的答复致以感谢，并表示宁波的同志听到这个消息会更高兴。既然省里已经提出报告，协调小组也讨论通过了，总书记、总理也都已有明确态度，宁波的计划单列应该说已经没有问题了，但仍然未见批文下来。协调小组办公室主任王仲毅同志急了，1987 年 1 月 5 日直接给总理写了一封信，内容如下：

总理：

宁波市计划单列酝酿已久。去年4月，您接见包玉刚先生时，曾表示宁波计划单列有希望。11月，浙江省向国务院写了宁波计划单列的报告。11月28日，国务院宁波协调小组召开第四次会议，建议宁波市1987年起实行计划单列，写了会议纪要。会后，谷牧同志向国务院提出了报告，您和宋平、志文已圈阅。12月2日，中央领导接见包玉刚先生时表示，宁波计划单列没有问题。在座的有谷牧、卢绪章、陈先同志。

最近，听说有关方面对计划单列有些议论，南京市已通知不计划单列。宁波市计划是否单列，请及早定夺。否则对浙江省、宁波市的工作不利。我认为宁波市的计划单列，中央领导同志对外已有态度，最好予以同意。

1月8日，总理在王仲毅的信上批示："属非省会沿海重要城市，可按大连、青岛的待遇，予以计划单列。"这个批示既解决了宁波的问题，又清晰地表达了其他沿海城市和省会城市不要攀比。

1987年2月24日，国务院以"国函（1987）37号"正式作出批复：国务院决定，对宁波实行计划单列，赋予省一级经济管理权限，并继续在宁波市进行经济体制改革综合试点。

宁波实行计划单列后，扩大了经济管理权限，增强了财力，可以直接参加中央的重要会议，经济方面的事可以直接与中央部门对口，不仅大大提高了办事效率，而且逐步增强了自主管理经济的能力，为宁波经济社会的持续健康发展提供了体制保证。

2005年，有一位解放军的女作家采访我时说，听说为争取计划单列，是宁波市委要包玉刚先生向中央和国务院领导提出计划单列要求的。我断然否定地告诉她："我可以负责任地讲，根本没有这回事。"中央是1984年5月正式对外宣布宁波进一步对外开放的，8月中央就派卢绪章同志坐镇宁波。卢老是根据小平同志的提议，受中央委派到宁波来的，我们向中央提出要求、反映问题，通过卢老名正言顺，没有必要让包先生出面。相反，由于包先生身份特殊，又能够直接和小平同志、中央领导对话，所以我们和包先生谈任何事情都是十分慎重的，从未通过他向中央提任何要求，反映任何问题。他对中央领导提出的有关宁波的一些要求，都是包先生自己的想法和意愿。1985 年 10 月，宁波大学奠基时，包先生向万里副总理提出过宁波升格为直辖市的事；1986 年 4 月，他在接受协调小组顾问聘书时，向总理提出了将宁波升格为直辖市的要求，说明包先生并没有计划单列的概念。这也佐证了我们确实没有对包先生说过计划单列的事。1986 年 11 月，包先生参加了协调小组讨论宁波计划单列的会议，但 1986 年 12 月初，他在受总书记接见时，还只是说要赋予宁波省级经济管理权限。是谷牧同志解释说，就是计划单列。这也说明，这时包先生对计划单列这个词还是不熟悉。虽然如此，包先生是真心想帮助宁波的，总书记、总理对宁波计划单列的明确表态，都是在会见包先生时讲的，包先生对宁波计划单列作出了重要贡献，功不可没。当然，在那么困难的条件下，宁波还能实行计划单列，协调小组和谷牧同志承上启下，做了大量协调工作，对最终促成计划单列起了关键性作用。但是，我认为最根本的原因，还是小平同志那几年特别关注宁波的开发开放，对加快宁波的发展寄予厚望，作出了重要指示，这也是党中央、国务院和省委、省政府在中央和省直部门一些同志持不同意见的情况下，仍决定支持宁波计划单列的根本原因。

浙江清华长三角研究院的筹建

周海梦

浙江清华长三角研究院（以下简称研究院）成立于2003年12月，是浙江“引进大院名校，共建创新载体”战略的先行者，是浙江第一个省校共建新型创新载体。省校共建研究院，立足市场需求，实行企业化管理，是优化科技资源配置、促进科技成果转化的开创性探索和生动实践。多年来，在省校双方的大力支持下，研究院逐步成长为清华大学重要的产学研试验平台和成果转化基地，以及国内一流的新型创新载体，发展成绩及省校合作成果获得习近平总书记批示肯定。研究院首创的“政产学研金介用”七位一体协同创新理念对深化体制改革、推动区域协同创新和高科技成果产业化，具有重大的现实意义和示范作用。目前，研究院在生物医药、生态环境、先进制造、信息技术、现代农业、食品安全、分析测试、柔性电子、数字创意等重点领域形成了综合技术支撑能力，建成了3家国家级重点创新平台，2家省级重点实验，2家国家级众创空间，以及科学家在线、母基金、科技保险、海纳英才支持计划等一系列综合创新服务平台，还在美、英、德、澳等国建立了8家离岸孵化器，组织承办9届“海外学子浙江行”招才引智活动。累计为浙江引进培育超过400位海外高层次人才，孵化高科技企业500余家，承担纵横向科技项目总计600余项，获得国家、省、市各类科技奖励

100 余项，参与管理基金总规模超过 75 亿元，投资的子基金总规模超过 100 亿元。2005 年以来，促成清华大学与浙江企事业单位科技合作项目 599 项，合同额逾 4.5 亿元，推动亚洲最大的丁基橡胶生产基地、互联网新能源汽车整车生产基地、柔性电子技术、VR/AR、基因测序、军民融合等一批重要产业化项目落户浙江，项目投资总额超过百亿元。

不忘初心　省校共建新型创新载体

建立研究院是时任浙江省委书记习近平的一个重要决策，“不忘初心”是习近平总书记近年来对全党反复强调的重要要求。筹建研究院的“不忘初心”中“初心”是什么？我认为“初心”体现在我们省校共建的协议书里。研究院秉持“坚持科技研究，坚持产业发展”的办院方针，围绕“建成国内一流的科技创新、人才培养和高新技术产业化基地”的目标，从学校角度出发可以更好地发挥清华大学服务社会的职能，从浙江乃至长三角地区发展的角度出发能够为长三角地区的经济发展和转型发展作出积极贡献，这就是研究院建立的初心。

对浙江省而言，它曾经是一个科技资源小省，尤其是高校资源贫乏，缺少大院名校，而企业又对大院名校科研成果有迫切需求，这是长期制约浙江科技创新发展的短板，所以浙江省希望我们作为第一个新型创新载体引进一批名院大校。在浙江省的科技载体建设方面我们研究院确实也作出了重要贡献，起到一定的导向作用。浙江中科院应用技术研究院和中国科学院宁波材料技术与工程研究所几乎是跟我们同时建立的，也是伴随我们的脚步一起被引进来的。

中国科学院院士、清华大学原校长顾秉林说：“清华每年有 1000 多项技术成果，这些成果只有转化为商品才能真正为社会发展作出应有的贡献。民间资本丰厚的长三角，将成为这些科技成果实现转化的大平台。”对清华大学而言，学校在人才培养、文化传承、服务社会、科学研究以及国家重大课题研究等方面做了很多工作。其中，服务社会的重任就落在了各个地方研究院的肩上。深圳清华大学研究院布局在国内经济发展的重要引擎之一的珠江三角洲城市群，作为国内经济增速较快的长三角地区肯定也应布局一个研究院助推区域创新体系建设，再加上当时作为省委书记和清华校友的习近平的全力推动，最终使得研究院落户浙江。

习近平亲自谋划、直接推动和大力支持

2002 年 10 月 16 日，习近平刚到浙江工作不久，就代表浙江省政府与清华大学签订了省校全面合作协议，省校合作取得长足发展。2003 年 3 月 17 日，“两会”期间，浙江省的党政代表团到清华大学与学校领导第一次商谈，进一步提出省校共建清华研究院的具体设想。同年 12 月 31 日，时任浙江省省长吕祖善、清华大学校长顾秉林在杭州签署省校合作协议。2004 年 3 月 23 日，习近平在视察嘉兴工作时就视察了研究院的选址地，对参与筹建的同志们给予勉励。当时那里还是一片荒地，正在紧张地进行拆迁工作。在道路旁，浙江清华长三角研究院的牌子已经竖起来。当时的省市领导都来到规划图前，我代表研究院向习近平同志汇报了关于研究院的筹建情况。习近平仔细地看了又看，并和科研人员交谈了许久。他说，尽管目前面临很多困难，你们也要坚持边建设边研究边出成果，加快建设速度。我们听后受到很大鼓舞。

2005 年 4 月 10 日清华研究院创新大厦奠基仪式上，时任清华大学党委书记的陈希因工作安排未能出席当天的活动。为了表示对研究院建立的重视，清华大学派出一个非常庞大的领导班子出席仪式，近一半的副校长都赶赴浙江。奠基仪式上，习近平和顾秉林揭下了这块牌子，最开始挂在石油大厦，后来就保留了下来。这足以说明省校领导对于建立这样一个创新载体的重视。当时副院长王子卿告诉我，浙江省所有项目的奠基仪式省委书记、省长全部出席的只有两个，一个是杭州湾跨海大

桥，另外一个就是研究院。

2008 年 10 月 29 日，习近平再次到研究院，视察微环境控制技术研究中心，并充分肯定研究院发展成绩。他强调，科学发展观的第一要义是发展。科学技术是第一生产力。应对当前严峻挑战，希望在于科技创新。要通过科创中心等平台，探索创新模式，通过科技带动优化产业结构，并优化配置各种要素资源，要沿着这条路继续走下去。他还谈道："当年清华研究院创建时和总部大楼奠基时我都来过，这次看到研究院发展很快，成果已经显现，做出了很好的成绩，感到很高兴。现在看来，我们引进清华研究院是正确的，选择落户在嘉兴也是正确的。希望大家继续努力，使我们搭建的这种创新模式的平台，发挥更大的作用，为落实科学发展观，促进经济社会发展作出更大的贡献。"

布局"金三角"中心　引领城市发展方向

时任清华大学副校长岑章志说："杭州、上海、苏州是长三角地区的'金三角'，而嘉兴就处于金三角的中心，这是其独有的区位优势。长三角研究院要立足浙江、辐射长三角，非此地莫属。"从 2003 年 4 月开始，清华大学领导专程来到浙江，对五个候选地进行考察。从 9 月到 10 月，清华方面又多次来浙江考察调研并最终定址嘉兴。

当时浙江省有五个地方竞争研究院落地，当嘉兴市得知浙江省政府要引进清华大学时，捷足先登。在研究院申报时期，跟其他地区的竞争者相比，嘉兴市的领导十分重视，从研究院的选址和规划都准备得十分详细，市委书记、市长亲自出马率队展开一系列强有力的引进攻势，志在必得。几个回合下来，研究院最终情定嘉兴。

那么，为什么把研究院布局到位于城东的嘉兴科技城呢？2003 年 11 月清华大学调研组到嘉兴洽谈时我也在场，会议进行到一半的时候，南湖区区长带我去看规划院址，回来以后岑章志问我看得怎么样，我说一片荒凉，感觉不是很好。在晚上参加宴会的时候我向陈德荣市长提问，嘉兴有那么多地方，为什么把研究院放在距离主城区如此偏远的地方呢？陈德荣书记说，我想把研究院和浙江中科院应用技术研究院作为嘉兴市的地标，南湖新区未来将不断朝这个方向发展。在我们研究院落户嘉兴以后，原来打算落户湖州的同济大学浙江学院来到了南湖新区。目前来看，这个设想也在逐渐变成现实，南湖新区的价值正在不断提升。

出任首任院长　紧锣密鼓开展筹建

在清华大学工作组调研、选址工作结束以后，学校就开始斟酌研究院首任院长的人选问题。坦白说，我原先根本没想过要来这里工作，像当初研究院选址、考察，我都没有参加。我是被清华大学选中委派过来的，我当时是理学院常务副院长兼院务委员会主任，又是浙江宁波人，他们就把我“点将”过来。2003 年 7 月，按照惯例清华大学每年有一个暑期干部会议，当时全校正处级以上的领导干部要在北京国家会计学院开会。在此期间，常务副校长何建坤和副校长岑章志向我提出想要我担任浙江清华长三角研究院院长的动议。当时我向岑章志表示，我一辈子从事基础研究工作，对科研成果产业化应用并不了解，所以刚开始我婉言谢绝了学校的安排。暑期干部培训会结束后的一个礼拜天，岑章志再一次跟我取得联系，代表陈希书记当面做我的思想工作。在仔细思考同时充分征求家人的意见以后，我跟学校说家里工作已经做好了，决定来研究院工作了。尽管不熟悉，我也要努力去做，而且要做好。

7 月份之后我来到浙江，经过不到一年紧张有序的准备工作，在 2003 年 12 月 31 日正式签约，任命我为浙江清华长三角研究院院长。从 3 月份开始省校双方会谈，一直到 12 月 31 日宣告成立，可以想像，在短短的几个月时间之内，以这么紧凑的速度完成一个重大部署，足以体现省校领导对于研究院的重视。我意识到来到这里之后，对我自己来说是人生道路从基础研究转向应用及产业化的转折。学校领导也意识到我完全不做基础研究是不合适的，所以保留了我清华大学生物系全职教授的身份，研究生招生照常进行，并为我保留了实验室和办公室，这让我可以全力以赴到浙江清华长三角研究院出任院长。这一段时间不仅研究院获得很快发展，科研工作也取得了较好的成绩。

进入 2004 年以后，国家实施宏观调控，土地审批全部冻结，在未审批之前是不可以动土的，所以研究院的奠基仪式只能推迟。但是筹建工作刻不容缓，当时地方政府给予了非常重要的支持，立即给我们选定了临时院址。2 月 9 日，我们第一批筹建人员七人入驻嘉兴宾馆正式开始办公。先是省校确立合作协议，之后是省、校、市三方签署备忘录，明确了筹建的各类事项。

虽然土地暂时没有批复，但是创新大厦的设计工作必须要抓紧前置。创新大厦的设计并不是画一张设计图、签约一个设计公司就完成了，它需要从策划、评估、决策、设计、施工到竣工验收、投入生产或交付使用的整个建设过程中制定详细方案，每一项标准内容都需要认真的考量。经过有关单位的严格审核，2004 年下半年，创新大厦规划设计方案正式获得批复。2005 年年初土地解冻，浙江省以最快的速度把研究院创新大厦建设工程列入省级重大工程建设名单。在 2004 年大量工作的基础上，到 2005 年 4 月，奠基仪式顺利举行。

克服艰苦条件　招才引智开展科技创新

建立研究院最重要的就是要吸引人才，科技竞争归根到底是人才的竞争。我们主要通过清华、海外、国内三个渠道引进人才。引进来的人才，大多数是有“清华情结”和“浙江情结”的。“清华情结”是说有在清华大学读书的背景，“浙江情结”是说老家在浙江。现在上海、北京等大城市人才引进力度非常大，“优先解决编制和岗位”和“安家费”等优惠措施很全面，再加上大城市的天然吸引力，这些都是嘉兴没法比的。像我们的“海归”博士，两个人合住一套公寓，条件比较艰苦。研究院目前一些重要的学术骨干都是在那个时间招进来的，2004 年时已经有 15 个左右海归科研人员。当时浙江省委组织部的领导专门找我们商讨如何补贴来浙江工作的高层次人才。在省委组织部的支持下，制定了非常详细的补贴规则，决定每人提供 10 万元的房屋补贴，稳定了广大研究人员。一句话：难度很大，很有希望，一定要做成！

初创阶段，很多研究所一方面要争取筹措科研经费，一方面要购买科研仪器设备。最开始引进的人才，都经历过当初创业的艰难。比如当时生物所的仪器设备有一部分的来源是清华大学生物系即将要报废的科研仪器，从北京直接拉过来就开始做科研工作了。

申请浙江省应用酶学重点实验室的经历也可见一斑。实验室从 2006 年开始筹建，2008 年 11 月被列为浙江省重点实验室培育对象，2009 年 8 月通过浙江省科技厅、财政厅和发改委组织的联合专家组评审验收，9 月正式批复立项建设。作为当时嘉兴第一个申请的应用酶学省重点实验室，难度可想而知。最初实验室设立在嘉善，评审的时候有一大批浙江省科技厅的专家前来考察，因为当时实验条件还不够完善，参观实验室的时候专家们都不置可否。当回到会议室开始汇报成果的时候，我们展示了很多重量级论文和学术科研成果，各位专家感觉到非常振奋。经过严格审核，2009 年正式批复同意设立省级重点实验室。

2004 年主要落实了两件事，一件事是研究院新院址的规划设计，另外一件就是嘉兴市在石油大厦提供了两层办公场地作为临时院址，开始创建实验室和各个创新平台。因为研究院刚成立的时候申请的科研经费还尚未到位，所以当时条件也相当艰苦。作为自收自支、企业化管理的事业单位，所有的研究机构都要拳打脚踢地寻找发展机遇，我们给每个所都只有 50 万的启动经费，当时我也很担心自收自支的体系如何维持下去。当时给我们的开办经费是 3200 万，逐步到位。学校也建议我们建立一个产业化公司，也就是后来成立的浙江浙华投资有限公司，注册资金 2000 万。中间发生过一些股权变化，最后商定把浙华投资公司变成研究院下属的全资公司。此外，研究院初创时的设备仪器、办公家具都需要大量经费，所以第一年很艰难。

2005 年初，研究院财务状况很紧张，连工资都很难发出来，我们发扬了艰苦创业、积极开拓的精神，克服了资金方面的种种困难。同时，省校领导都十分重视和关心研究院的成长，借着这个东风，研究院取得了快速发展。一方面研究院前期申请的科研经费开始陆续到达，从各种渠道争取来的经费也相继到位；另外一方面，依托清华大学的人才、教育和学科优势，我们面向党政机关干部、企业管理人员和专业技术人员、社会创业人员和海外交流人员搭建了一个优质的创新创业人才培养基地，这一板块的拓展也很迅速，研究院收入逐年增加。经过三年的建设，2006 年底我向全体员工宣布，浙江清华长三角研究院自收自支的体系正式建立了。

省、校、地领导高度重视研究院发展

研究院多年来的发展，得到浙江省、清华大学、嘉兴市和南湖区各级领导的高度重视。2006 年 4 月 16 日，在时任嘉兴市委书记黄坤明、市长陈德荣的陪同下，时任清华大学党委书记陈希考察了研究院创新大厦 A 楼建设工地。2008 年 12 月 22 日，时任浙江省委书记的赵洪祝出席研究院总部大楼的落成典礼。当时黄坤明也多次过问研究院的建设情况，帮助逐一解决困难。

让我印象深刻的是在 2006 年 4 月 22 日，清华大学原校长王大中院士考察我院创新大厦 A 楼建设工地。那个时候他受教育部和学校的指派到西安交通大学担任 985 验收组组长，间隔两天之后他要去浙江大学担任 985 验收组的组长，他想利用这一空档期来研究院，所以他打电话给校办，说要看看浙江清华长三角研究院。我接到消息以后非常高兴，因为在我担任清华大学生物系系主任的时候他也给过生物系巨大的支持，研究院又是在王校长的关心之下建立、成长的。当时的研究院已经风风火火做起来了，我就带他们到工地上看当时拔地而起的创新大厦，介绍了研究院最新的变化，他感到很高兴。

“七位一体”发展模式深入人心

研究院紧紧地和浙江省乃至长三角地区的经济发展融为一体，坚持科学研究和产业化相结合。研究院建院以来，宗旨和初心非常明确，经过长期的摸索与总结，沿着这条道路走下来，胡海峰同志在担任院长的时候总结出“政产学研金介用”七位一体的发展模式，逐渐转变为具体可实施的战略思维。

在我的理解当中，这一发展模式是这样的：“研”代表科研创新，是出发点和源头。研究院坚持开展应用型科技研究，促进区域技术进步并提高自主创新能力。“用”是出口，最终要面向经济社会建设主战场，服务区域创新体系建设促进可持续发展，服务社会。勺底是“学”和“政”，即学校和政府是北斗七星的基础。“学”代表利用清华大学优质的教育资源，采用多种形式培养创新管理复合型人才，“政”代表依托生效共建的独特优势，协助政府发挥调控扶持和政策导向作用。“金、介、用”分别代表金融、产业和中介，是很重要的环节，这就把研究院重要功能都体现出来。“金”表示要推进金融和科技的有机结合，发挥资本对科技成果产业化的支撑作用。比如金融领域要做播种基金，形成以浙华紫旌母基金为主的多元化科技投融资服务体系，其中红土创投基金的建立就是金融与科技结合的一个比较成功的典范。“产”代表要坚持科技成果转化不动摇，推动高新技术产业发展及经济结构调整，不断促进地方产业化和自身产业化。把清华大学的科技成果和浙江省发展相结合。“介”表示要发挥桥梁纽带作用，促进各创新要素的有效集聚和有机结合，把科技成果和浙江省的需求做一个对接。招才引智方面，从2009年开始，截至2016年底，海外学子浙江行和海归学子创新创业座谈会累计有300多名海外高层次人才落户浙江，这就是研究院在“介”上的一个重要体现。2005年以来，清华大学与浙江企事业单位科技合作项目600余项，项目引进方面，研究院引进年销售额约19亿元，利税总额约 5.8 亿元的国内最大的丁基橡胶项目落户浙江嘉兴港区就是最典型的例子，此外还推动了互联网新能源汽车整车生产基地、柔性电子技术、基因测序等一批项目落户浙江，投资总额已经超过百亿元。

2010 年 7 月 17 日，中共中央政治局委员、国务委员刘延东来研究院视察，院长胡海峰同志非常认真地介绍了研究院的这一发展模式，她对这一模式给予了高度评级，将该体系形象地称做“北斗七星”创新发展模式。当时的七位一体已经深入人心了，胡海峰同志在全院大会上要求大家要对这个发展模式做到心中有数，朗朗上口。这个“七位一体”的创新发展模式也成为研究院区别于其他研究机构的很重要的特点。

可以说，研究院成长的每一步，都倾注着习近平的心血和厚望。我希望研究院能够按照省校双方正式签署共建研究院战略合作协议时习近平提出的“建成国内一流的科技创新、人才培养和高新技术产业化基地”目标不断前进，努力建设成为具有先进水平的新型创新载体，为推动区域创新体系建设做出更大贡献。

嘉善县域科学发展示范点建设的提出和实施

顾新宇

“郡县治，天下安。”县域是国民经济和社会发展的基本单元，县域兴则区域兴、国家兴。历史上，国家对一个区域实施重大战略决策都有很多值得回忆的地方，浙江嘉善县域科学发展示范点建设也是如此。

我在嘉善出生、长大、工作，可以说是一个地地道道的嘉善人，对嘉善非常熟悉了解。嘉善地处浙江省北部，属于典型的江南水乡，县域面积 506 平方公里，下辖 6 个镇 3 个街道，户籍人口 38 万。历史上是个农业县，是个小县、不知名的县。总的来说，我觉得嘉善有三个主要特点：第一，区位优势突出，接轨上海便捷；第二，城乡发展均衡，总体水平较好；第三，历史文化悠久，人文底蕴深厚。

近年来，随着嘉善示范点建设的影响力不断提升，很多领导、朋友和记者问我，示范点建设的起点在哪里？回顾这一具有历史意义的战略抉择，无不凝聚着习近平同志的殷殷嘱托和深切关怀。习近平同志从 2004 年第一次到嘉善视察指导，到 2008 年要求我们努力把联系点办成示范点，再到 2016 年对示范点建设作出重要批示，长期以来他在嘉善每一个重大发展时期和重要机遇关头都为我县发展面临的根本性、前瞻性、长远性问题指引正确方向、注入持久动力。

这一切都显得自然而然，但只有深入了解示范点建设决策提出的背景和实施历程，才能体会到其中蕴藏的睿智、魄力和远见。与其他区域战略相比，嘉善示范点建设是国家层面针对同一个县域连续两次出台的战略规划，在历史上非常少见，这充分体现了党的十八大以来以习近平同志为核心的党中央高度重视县域经济社会发展，是新时代基层践行“五位一体”总体布局和“四个全面”战略布局、贯彻落实新发展理念的生动实践，在中华民族伟大复兴的道路上必将留下光辉的足迹。

习近平为嘉善发展指引正确方向

“八八战略”在嘉善落地生根。2003 年 7 月，习近平在中共浙江省委第十一届四次全体（扩大）会议上提出面向未来发展的八项举措，即进一步发挥八个方面的优势、推进八个方面的举措。“八八战略”是习近平在浙江工作时亲自谋篇布局的大手笔、亲自开篇破题的大文章，是引领浙江发展的总纲领、推进浙江各项工作的总方略。

2004 年 2 月 5 日，习近平第一次到嘉善视察指导，主要是调研主动接轨上海和推动“八八战略”贯彻落实情况。他先后考察了台升家具、晋亿公司、金泉木业、西塘古镇、兴惠电子、恒科电子等企业和乡镇，并召开了座谈会。他充分肯定了嘉善经济社会发展取得的成绩，对嘉善自 2003 年起大力实施接轨上海开放带动战略，效益农业成效显著，外向型经济加快发展，优势产业和块状经济特色鲜明，城乡一体化进程不断加快，社会事业发展水平不断提高，党的建设得到全面加强等方面的工作给予了很好的评价，接着就进一步落实主动接轨上海、推动长三角地区一体化发展战略，全面提高对内对外开放水平提出了要求。后来，时隔一个多月，习近平又到嘉善调研了粮食安全工作。

“三点希望”指明嘉善发展方向。2005 年全国上下都在深入开展保持共产党员先进性教育活动。4 月 10 日，习近平第三次到嘉善视察指导，主要是就先进性教育活动开展情况进行调研。他肯定了嘉善利用毗邻上海的区位优势，在落实省委作出的接轨上海、扩大开放的部署上取得的明显成效，从一个不知名的农业小县发展成为浙江省的经济强县，跻身全国百强县前 30 位。他说：希望你们在主动接轨上海、扩大开放，融入长三角方面迈出新步伐；希望你们在推进城乡一体化方面创造新经验；希望你们在转变经济增长方式方面取得新成效。

现在回过头来再看这“三点希望”，我觉得这既是“八八战略”的重要体现，也是这些年来嘉善制定发展规划、确定发展战略、树立发展目标，统领全县经济社会发展的中心轴，更是嘉善示范点建设的根本遵循和行动指南。比如说，接轨上海对嘉善来说是一个认识问题，也是一个实践问题。“三点希望”的第一点就是希望我们主动接轨上海、扩大开放。当时县委班子及时调整思路、果断决策，2006 年制定“十一五”规划时就把开放发展作为五大战略之首，并提出打造接轨上海前沿阵地。十几年来直到今天，县委、县政府始终牢牢遵循嘱托，做实做细做优接轨上海、城乡统筹、转变经济增长方式“三篇文章”。

嘉善成为基层联系点。党的十七大作出在全党开展深入学习实践科学发展观活动的重大部署。2008 年，按照中央部署各省区市在开展第一批学习实践活动的同时，确定了一些市、县、国有企业、高等院校进行试点，中央政治局常委同志从中选择九个试点县（市）作为基层联系点。就在这一年，嘉善被确定为深入学习实践科学发展观活动的联系点和浙江省第二批学习实践活动唯一试点县。

2008 年 10 月 29 日至 30 日，习近平第四次到嘉善考察指导深入学习实践科学发展观活动的开展情况。这次调研，习近平如同往常一样，再一次深入企业、农村、社区、部门等进行全面考察，实地考察了大云镇缪家村、浙江昱辉阳光能源有限公司、浙江众成包装材料有限公司、嘉善县科技创业服务中心、嘉善县老年公寓，又到嘉善国土资源局和环保局现场了解两个单位开展学习实践活动的情况。并就深入扎实地开展学习实践活动讲了四点意见，提到嘉善要同时做好转变发展方式、主动接轨上海、统筹城乡发展“三篇文章”，最后希望我县“努力把联系点办成贯彻落实科学发展观的示范点”。示范点的概念就这样提出来了。

从联系点升级为示范点。2008 年开展学习实践活动时，中央办公厅成了嘉善联系点联络小组。通过这个联络小组，我们把县委贯彻落实科学发展观分析检查、整改、总结、成效等系列工作情况，及时且不间断地向中央汇报。习近平于2008年10月到嘉善视察后至2010年底，对嘉善深入学习实践科学发展观活动有关情况的报告作出了10次重要批示，其中两次批示提到“努力使联系点成为学习实践科学发展观活动的示范点”和“打造科学发展示范点”。这期间，在国家发改委等有关部委的大力支持和推动下，2010年5月“建立浙江嘉善县域科学发展示范点”列入国务院批复的《长江三角洲地区区域规划》。

2010年8月，为贯彻落实《长江三角洲地区区域规划》，也为了我们自身更好地理清县域科学发展的思路，推进县域科学发展的实践，嘉善全面启动了县域科学发展示范点建设方案的编制，正式拉开了示范点建设方案编制的序幕。当时，县里提出了三个问题，“拿什么示范”、“示范什么”、“怎么示范”，针对这三个问题，组织开展了头脑风暴，开展了以“九问嘉善”为主要内容的“科学发展如何示范”大讨论活动，举办了“科学发展•聚焦嘉善”系列高峰论坛活动，邀请几十位中央及省内外知名专家学者把脉嘉善科学发展，经过了这些头脑风暴之后我们受到了很大启发。就这样，一个对嘉善具有历史意义的规划由此酝酿而生。

“三篇文章”引领贯穿《嘉善县域科学发展示范点建设方案》

嘉善示范点建设方案是一个科学谋划、深入研究、不断完善的过程，从2010年8月正式编制开始，到2013年2月28日国务院同意，由国家发改委正式批复为止，整个编制过程前后持续两年多时间，跨越两届政府，几十次北京对接，上百次推倒重来。方案的研究起草大致经历了前期研究、方案起草报批、形成文件阶段。在这期间，我从县委办调到县发展改革局工作，亲自参与并见证了示范点建设方案从无到有、从草稿到定稿、从下到上编制报批的过程。

上下联动共谋县域发展。2010 年 8 月正式启动编制之后，我们边理思路，边进行方案编制。其间，国家发改委、省委省政府和市委市政府对建设方案编制高度重视，省、市先后把“建立浙江嘉善县域科学发展示范点”写入党代会、人代会以及“十二五”规划。各级领导对嘉善建设方案的编制工作给予了有力指导，包括省委、省政府领导，国家发改委地区司领导，市委市政府领导，省市有关部门等等，他们通过实地调研、听取汇报、召开座谈会等不同形式帮助理思路、聚共识、明方向，尤其是省发改委对我们给予了全程指导。在上级领导关心下，2011 年 9 月，建设方案的第一个比较成熟的稿子初步形成。

2011 年 9 月 29 日和 2012 年 1 月 9 日，省发改委两次带领嘉善专程赴国家发改委就示范点建设方案报批工作进行对接。国家发改委地区司领导对示范点建设工作充分肯定，表示将支持示范点建设方案上升到国务院审批，但是要获得国务院审批，必须先列入国务院年度区域规划审批计划。2012 年 1 月 21 日，在省发改委的支持和推动下，浙江省政府向国务院正式提交了《关于将浙江嘉善县域科学发展示范点列入国务院 2012 年区域规划审批计划的请示》。此后，我们一边等待请示批复结果，一边推动省发改委在省级层面对示范点建设方案进行修改完善。4 月 23 日和 28 日，相继召开了省发改委内部征求意见会以及省级层面征求意见会，根据会上省级部门提出的意见建议，又对示范点建设方案进行了较大幅度的修改。5 月 16 日，时任省委书记赵洪祝同志到嘉善专程调研示范点建设工作，明确支持示范点建设方案列入 2012 年度国务院区域规划审批计划。6 月，国务院正式同意将示范点建设方案列入 2012 年度审批计划，6 月 22 日，省政府对示范点建设方案组织了认证修改后，向国务院提交了《浙江省人民政府关于要求审批浙江嘉善县域科学发展示范点建设方案的请示》，这标志着示范点建设方案正式进入了国家审批的通道。

2012 年 9 月 10 日，在省发改委的带领下，我们一行八人到北京向国家发改委地区司领导汇报示范点建设方案编制情况，地区司领导对我们的示范点建设方案给予了肯定，并要求成立由国家发改委和省、县有关成员组成的方案起草工作小组，再次对示范点建设方案进行修改。其实，为了起草好示范点建设方案，当年4月国家发改委调研组就方案编制涉及的有关重大问题来嘉善开展了专题调研，在此基础上形成了方案起草的基本思路。国家发改委和省里也分别组织有关方面专家对县域发展涉及的一些重大问题进行专题研究，形成了若干高水平的课题研究报告，这些都为方案的起草奠定了良好基础。这次按照国家发改委的要求，逐字逐句修改，几乎把示范点建设方案推倒重来，整个框架再一次全部改变。我很清楚地记得，我们在会议室对着两台投影仪，一台连着国家发改委的电脑，一台连着我们已形成的示范点建设方案，时任地区司规划处处长一个字一个字念，我们跟着一个字一个字打上去，其间还要翻出事前准备的原始资料论证。就这样，我们从9月11日开始，一直到16日晚上，每天从上午8点开始，经常修改到晚上12点以后，经过六天时间集中修改，终于形成国家层面的示范点建设方案的初稿，文字从我们原先起草的18页精简到10页，示范点建设方案由我们嘉善要做什么变成了国家要求我们做什么。

"三篇文章"是示范点的核心。在嘉善示范点建设方案报批的关键时期，2012年9月30日习近平在浙江省委办公厅《浙江信息》上对嘉善示范点建设作出重要批示，这一批示为嘉善第一个方案指明了方向。与此同时，国家发改委对示范点建设方案全面系统修改后，形成方案的征求意见稿，送给浙江省、上海市和21个国务院部门征求意见。经过认真梳理，共整理出意见87条，这些意见大部分都被国家发改委吸收采纳，少数重要意见国家发改委还与有关部委反复沟通协商，最终达成了一致意见，形成了《浙江嘉善县域科学发展示范点建设方案》的送审稿，于2013年1月14日报国务院后，国务院又对稿子进行了审定，最后批准同意。

2013年2月28日，《浙江嘉善县域科学发展示范点建设方案》经国务院同意，由国家发改委正式批复实施。方案按照习近平要求嘉善同时做好"转变经济发展方式、城乡统筹、接轨上海三篇文章"的指示精神，以科学发展为主题，以加快转变经济发展方式为主线，提出建设产业转型升级引领区、城乡统筹先行区、开放合作先导区、民生幸福新家园"三区一园"的发展定位。方案明确要求嘉善，要在产业转型升级、统筹城乡建设、区域融合发展上分别为长江三角洲地区县域产业转型发展提供示范，为全国县域统筹城乡发展提供示范，为大都市毗邻县依托大都市加快发展提供示范。建设方案的目标任务分两个阶段实施，到2015年示范点建设任务基本完成，到2020年示范点建设任务全面完成。

示范点的最大资源是先行先试权。方案获批后，2013年4月23日，省委、省政府在嘉善召开了浙江嘉善县域科学发展示范点建设动员大会。建设方案的正式获批使嘉善迎来了史无前例的发展机遇，从全国来说，嘉善是第一个也是目前唯一一个国家命名的县域科学发展示范点，从全省来说，是继“四大国家战略”后的又一个获国务院同意的重大战略，嘉善在历史上从来没有像现在这样受到全国关注，李强省长在动员大会上明确指出“示范点建设不仅是嘉善的事、嘉兴的事，也是浙江的事、甚至是全国的事”，嘉善迎来了重大的发展机遇，这样的发展机遇在嘉善历史上也是史无前例的。省示范点建设动员大会后，省级层面打出了支持示范点建设的“组合拳”，包括成立了以常务副省长为组长的25个省级部门以及嘉兴市和嘉善负责人组成的示范点建设协调小组，协调各方力量支持示范点建设，省委、省政府出台了《关于推进嘉善县域科学发展示范点建设的若干意见》，支持并推动我县在产业转型升级、行政管理、土地管理、金融管理、国际贸易、科技管理、统筹城乡、文化、收入分配和社会保障、医疗卫生、社会管理、生态建设等12个领域先行先试，省级层面还制定出台助推示范点建设的实施计划，等等，这些政策和措施都为嘉善的发展改革工作注入强大的动力。

对于嘉善来说，嘉善示范点的建设既是一次百年一遇的历史机遇，也是一份沉甸甸的历史责任。这个责任就是嘉善示范点承担着探索县域科学发展的重任，就是要通过示范点建设来带动和促进各个领域的改革发展，来破解全国县域发展中普遍面临的矛盾和问题，为全国县域科学发展提供经验、作出示范。事实上，嘉善作为示范点，国家赋予我们最大的政策是什么呢？其实就是先行先试，就是别人想做而不能做或者说不敢做的事情，我们可以率先去探索、率先去尝试，一次成功最好，不成功也没有关系，可以回头也可以换个思路继续尝试，用李强省长在动员大会上的话说就是“凡是政策法规没有明确不能办的事，我们嘉善都可以闯一闯，试一试，走不通再回来”，范恒山司长在动员大会上也讲到“嘉善县域科学发展示范点的建设允许冒险，可以纠错”。为此，2014 年 1 月 30 日，省政府批复实施《嘉善县域科学发展综合配套改革总体方案》，以切实解决示范点建设遇到的深层次体制机制问题。这样我们就以改革为突破口，用足用好先行先试权，积极主动地改革创新，推进综合配套改革各项举措落地见效，为全省破解县域发展面临的矛盾和问题、实现县域科学发展提供经验和示范。

示范点阶段性成效及示范效应。自 2013 年 2 月建设方案批复实施以来，我们按照“建设县域科学发展示范点，争当全面深化改革排头兵”的总体要求，上下联动聚合力，全面推进抓落实，经济社会发展各个领域齐头并进、亮点纷呈，示范点第一阶段建设取得明显成效。2013 年至 2015 年，全县地区生产总值和户籍人均地区生产总值年均增长 8.8% 和 8.6%，均高于全市平均 0.9 个百分点，分别达 425.5 亿元和 11 万元；财政总收入和一般公共财政预算收入年均增长 8.1% 和 7.5%，分别达 66.9 亿元和 35.6 亿元；三年累计完成合同利用外资 20.1 亿美元，实际利用外资 13.3 亿美元；城镇和农村居民人均可支配收入比缩小至 1.71:1，分别超 4.6 万元和 2.7 万元。通过我们的努力，“三区一园”建设取得了阶段性成果，主要是促成一批重大平台提档升级，一批重大项目落地投用，一批重大改革实现突破，一批合作成果落地开花。

在示范点建设过程中，嘉善也形成了一些行之有效的做法。在产业转型上走出了一条集约、集聚、集群、创新的“三集一创”之路，探索形成了项目引进前期准入评价和后期跟踪评价“双评价”、亩均绩效综合评价分类管理、特色小镇建设、机器换人等做法；在统筹城乡上全面深化规划布局、基础设施、公共服务“三个一体化”，率先开展了农村集体经济股权、土地承包经营权、农民住房财产权“三权三抵押改革”和农房集聚改造、农村公路品质提升工程、义务教育学校教师流动等探索；在开放合作上突出以上海为重点的区域合作和以上海为窗口的国际合作“两个合作”，初步形成了“零审批”改革、复制上海自贸试验区制度、小县大外资等特色经验；在民生幸福上着力建设物质富裕、精神富有的“两富”新家园，基本形成了“善文化”品牌、平原生态建设、综合行政执法和县域善治改革等一批样本。这些典型经验和做法，相当一部分已经在全国或浙江省进行交流并得到积极推广，对解决全国县域科学发展中面临的共性问题、破解发达地区率先发展中遇到的突出难题，发挥了很好的示范作用。

新发展理念引领贯穿《嘉善县域科学发展示范点发展改革方案》

示范点建设方案明确2015年底第一阶段建设任务基本完成。当时我们希望能有一家比较权威的第三方评估机构来对示范点建设进行评估。于是，我们一边向省发改委、国家发改委汇报衔接，一边县里自己先开展示范点建设第一阶段实施情况的自评工作。后来，通过多次沟通衔接，在国家发改委地区司的建议下，省发改委委托中国行政体制改革研究会对示范点建设第一阶段实施情况开展评估工作。

示范点第一阶段建设评估。2016年2月28日，刚好也是《建设方案》批复三周年的日子，中国行政体制改革研究会牵头，由国家行政学院、国经中心、国务院研究室等单位的近20位专家共同组成的评估组进驻嘉善，对示范点建设第一阶段实施情况开展第三方评估。评估组在嘉善用了三天半的时间全面调研考察，深入平台、企业、学校、社区等20多个点，召开9场座谈会，发放600份调查问卷，并通过横向对比、纵向分析，对示范点第一阶段建设的实施进展和成效进行了全方位、深层次的总结评估。

经过全面评估，专家们一致认为，总的来看，嘉善县贯彻习近平的重要指示是认真的、得力的，科学发展的实践取得了显著进展和成效，积累了不少宝贵经验，是在一县范围内对“新发展理念”的率先探索实践。嘉善推进示范点建设的实践经验，主要体现在：一是坚持贯彻落实习近平指示，注重科学编制和认真实施示范点建设方案；二是坚持统筹兼顾，注重系统推进均衡发展；三是坚持问题导向，注重破瓶颈补短板；四是坚持从本地实际出发，注重发挥自身优势和特色；五是坚持加强和改善党的领导，注重提升县域治理水平。

评估组回去后，用一个多月时间形成《县域科学发展的成功实践——浙江嘉善县域科学发展示范点建设成效评估及建议》的专报，由中国行政体制改革研究会呈报党中央。2016 年 4 月 12 日晚，习近平总书记在这份第三方评估专报上作了重要批示，要求进一步总结嘉善经验，继续制定新的发展改革目标，争取全面建成小康社会新成绩。随后，张高丽、王沪宁、栗战书等中央领导同志也对嘉善示范点建设作出重要批示。4 月 28 日，时任省委书记夏宝龙来嘉善专题调研示范点建设，要求嘉善把示范点建设成为“四个全面”战略布局示范点和全面小康社会标杆县。7 月 7 日，时任省委副书记、代省长车俊也专程来嘉善实地调研指导示范点建设。

中办总结示范点建设经验。2016 年 5 月 9 日至 10 日，中央办公厅调研室局长率中办、国办、新华社相关人员到嘉善调研，全面了解总结嘉善示范点建设进展情况。调研组从示范点总体谋划、推进经济转型升级、深化开放合作、加快城乡一体发展、深化改革创新、改善民生事业、全面从严治党等七个方面，对示范点第一阶段建设情况进行了全面总结，给予了充分肯定。

调研组认为示范点建设经验主要体现在七个方面：一是推动县域科学发展，必须全面把握时代要求，精确绘制县域发展蓝图；二是必须坚定不移转方式调结构，扎实推进转型升级；三是必须充分发挥区位优势，实现大开放大发展；四是必须坚持新型城镇化与新农村建设双轮驱动，加快推进城乡发展一体化；五是必须坚持问题导向，以改革创新激发县域发展活力；六是必须坚持以人为本，着力让改革发展的成果惠及最广大人民群众；七是必须坚持全面从严治党，用好管好引领县域发展的“关键少数”。调研组形成了一份题为《浙江嘉善着力做好“三篇文章”推动县域发展实现新跨越》的总结报告，此报告刊发于中办第 33 期《工作情况交流》，向全国推广。随着这些经验做法在全市、全省乃至全国复制推广，嘉善示范点第一阶段建设也画上了圆满句号。

牢记总书记嘱托砥砺奋进。2016年4月12日，习近平总书记对嘉善示范点作出重要批示后，我们积极与上级部门对接示范点发展改革方案的编制工作。5月18日，省发改委带领嘉善到国家发改委衔接发展改革方案的编制工作，地区司司长大力支持，要求先制定一个编制方案的工作计划。5月27日，省发改委会同嘉善制定了《关于落实中央领导同志重要批示精神编制〈嘉善县域科学发展示范点发展改革方案〉的工作计划》，由浙江省委办公厅上报国家发改委办公厅。国家发改委收到《工作计划》后，时任副主任的何立峰召集有关司局进行专题研究，对《工作计划》提出意见和建议，明确了报送流程。与此同时，我们按照省委、省政府的工作要求，开始启动编制嘉善县域科学发展示范点发展改革方案。5月26日，县委、县政府召开示范点发展改革方案编制工作交办会，全面启动方案编制工作。为了编制好新一轮的示范点发展改革方案，县里专门成立方案编制工作领导小组，下设综合研究、指标研究两个专项组以及八个专题小组，抽调精兵强将，集中办公。5月31日，时任省委常委、秘书长陈金彪来嘉善调研示范点建设，对示范点发展改革方案编制工作提出要求。6月8日，县主要领导专程向时任省委常委、常务副省长袁家军作专题汇报，袁家军常务副省长对示范点发展改革方案编制工作，特别是对谋划好示范点第二阶段建设涉及的重大政策、重大项目、重大改革提出了明确要求。经过多次座谈讨论、专题研究、修改完善，并在省、市有关部门的精心指导下，形成了示范点发展改革方案的报送稿。6月23日，嘉善召开县域科学发展示范点发展改革方案专家研讨会，邀请浙沪两地专家对示范点建设第二阶段发展改革方案进行研讨。6月27日，县委召开嘉善县域科学发展示范点建设领导小组（扩大）会议，深入贯彻落实中央领导同志重要批示精神和省委、省政府决策部署，审议了《浙江嘉善县域科学发展示范点发展改革方案》（送审稿）。6月30日，经市委、市政府同意，方案上报省委、省政府。

示范点发展改革方案上报省级层面后，省委、省政府高度重视，7月至8月，袁家军常务副省长在嘉善报送的发展改革方案上作出多次批示，要求省发改委及省直有关部门进一步细化方案。7 月 29 日，他主持召开专题会议研究嘉善示范点发展改革方案编制工作，专题听取发展改革方案的编制与修改情况汇报。发展改革方案在省级层面经过多次修改完善，省发改委和省政府办公厅先后就发展改革方案两次征求了省直各有关部门的意见和建议，最后在 8 月底形成送审稿。9 月 13 日下午，时任省委副书记、省长车俊主持召开省政府第 73 次常务会议，审议并原则通过发展改革方案。他提出嘉善县搞试点，以嘉善县为主体，省、市、县联动，按照习近平总书记的“八八战略”要求，按照总书记对嘉善批示的要求，把试点工作做好。9 月 23 日上午，时任省委书记夏宝龙主持召开省委全面深化改革领导小组第十二次会议，审议并原则通过发展改革方案。10 月，方案由省政府报送国家发改委。

新发展理念丰富示范点建设内涵。示范点发展改革方案上报国家层面后，国家发改委在广泛征求教育部、商务部等 20 个国家部委及上海市意见建议的基础上，会商浙江省政府将发展改革方案的送审稿上报国务院。2017 年 1 月，国务院办公厅对方案作了进一步审核修改。1 月 21 日，张高丽副总理批报李克强总理，同时批转刘延东、汪洋、马凯副总理以及杨洁篪、郭声琨、王勇等国务委员，1 月 27 日，也就是除夕，李克强总理批报习近平总书记，1 月 28 日大年初一，总书记圈阅同意。2 月 9 日，《浙江嘉善县域科学发展示范点发展改革方案》经国务院审定，由国家发改委正式批复，主送浙江省、上海市人民政府以及国务院有关部门、直属机构，共计 22 个单位。

《发展改革方案》要求嘉善在践行“五位一体”总体布局和“四个全面”战略布局、贯彻落实新发展理念上充分发挥示范引领作用，为全国县域科学发展积累更多经验、提供更好示范。这个方案以新发展理念为引领，在示范点建设取得阶段性成效的基础上，进一步深化提升示范点建设内涵，从第一个方案的“三区一园”升级为“四区一园”，提出了建设产业转型升级引领区、城乡统筹先行区、生态文明样板区、开放合作先导区、民生幸福新家园，明确到 2020 年全面完成示范点建成任务，率先高水平全面建成小康社会，到 2030 年现代化进程走在全国前列。

在习近平新时代中国特色社会主义思想指引下打造示范点升级版

《发展改革方案》获批后，我们第一时间谋划开展了一系列实施推进方案的开局工作，并及时就贯彻落实方案的工作安排与国家、省、市各级层面进行了有效衔接。2017 年 3 月 23 日，嘉兴市召开了市嘉善示范点建设协调小组（扩大）会议，听取了嘉善实施推进示范点建设有关工作情况汇报，审议通过市级层面支持示范点建设的有关文件，并对下阶段工作任务进行部署落实。4 月 1 日，嘉善召开了示范点建设推进会，全面部署推进示范点建设。4 月 12 日上午，在习近平总书记作出重要批示一周年之际，省政府在嘉善召开了浙江嘉善示范点建设推进会，系统总结嘉善示范点建设第一阶段做法和经验，全面部署推进《发展改革方案》。副省长熊建平、国家发改委副秘书长范恒山、中国行政体制改革研究会会长魏礼群、市委书记鲁俊等领导出席会议并讲话，财政部、工信部等国家有关部委，省直有关部门副厅级领导 26 名及副处以上领导 30 多人参加了推进会，上海市发改委、上海市金山区政府、上海市政府发展研究中心、上海市金山区枫泾镇等单位参加推进会，中国行政体制改革研究会、清华大学、浙江大学等近 20 名专家学者也应邀参加推进会。4 月 12 日下午，由中国行政体制改革研究会、浙江省发展和改革委员会、中共嘉兴市委、市政府主办，中共嘉善县委、县政府承办的浙江嘉善县域科学发展示范点建设专家研讨会召开，专家学者们为嘉善县域科学发展把脉并建言献策。

5 月初，刘云山同志对嘉善示范点工作情况作出重要批示，要求进一步宣传推广示范点建设经验。随后，嘉善示范点建设典型报道被纳入中央媒体迎接党的十九大宣传重点专题“砥砺奋进的五年”。5 月 22 日至 6 月 20 日，《人民日报》、新华社、中央电视台等七家中央媒体及《浙江日报》、浙江广电等省级媒体集中在嘉善蹲点采访，全方位、多领域、深层次总结示范点第一阶段建设经验以及基层深入践行新发展理念的生动实践。尤其是中央电视台《新闻联播》连续三天报道《嘉善县域科学发展启示录》，第一天《借梯登高“大”开放破“小”困局》，第二天《调结构转方式小县谋求大作为》，第三天《统筹城乡干在实处小康路上走在前列》，三次主题紧紧围绕习总书记对嘉善的重要指示精神，从主动接轨上海、转变发展方式、统筹城乡发展三个方面报道嘉善经验，引起了强烈反响，进一步增强示范点建设的影响力和示范效应。

8 月 2 日，省委、省政府召开嘉善县域科学发展示范点建设现场交流会，省领导车俊、袁家军等八位常委出席，车俊书记作重要讲话，要求全省学习嘉善旗帜鲜明讲政治，奋力推进习近平总书记治国理政新理念新思想新战略在县域实践的政治定力，学习嘉善系统谋划全县发展，科学绘制县域发展蓝图的务实善谋等，省委专门印发《关于学习推广嘉善经验深入践行新发展理念争创县域发展新优势的指导意见》。随后，嘉兴市委印发《关于全面学习推广嘉善经验开展“八学八赛”活动的实施意见》，省内各大媒体对嘉善示范点建设经验又进行了深入集中报道，形成“全省看嘉善”的浓厚氛围。现场交流会之后，我县紧紧围绕县域科学发展示范点这一总目标，全面部署开展“全省看嘉善，嘉善怎么干”主题大讨论活动。经过一个多月的学习研讨，全县上下通过召开接轨上海、短板问题等五个专题座谈会，赴昆山、太仓、桐乡、安吉等先进地区进行考察学习，总结形成“找差距、学先进、做示范”三张清单，并结合新形势，在更高层次上谋划了一批大平台、大产业、大企业、大开放等工作举措，为示范点“四区一园”建设提供强有力的力量支撑。

2017 年 10 月 18 日至 24 日，举世瞩目的党的十九大在北京召开。许晴书记作为党的十九大代表，代表中共嘉善县委把基层一线的声音传递到党中央，也把党的十九大精神原原本本地传递到了全县每个角落。县委带领全县干部群众学习领会党的十九大精神的思想精髓和核心，我们一致认为，嘉善示范点建设要不忘初心、牢记使命，始终沿着习近平总书记指引的正确方向阔步前进，要把习近平新时代中国特色社会主义思想作为嘉善示范点建设的行动纲领和根本指南，继续发挥示范点的引领示范作用，推进新时代中国特色社会主义在嘉善的生动实践。这既是贯彻落实习近平新时代中国特色社会主义思想的实际行动，也是满足全县人民日益增长的美好生活需要的根本动力。为此，县委制定出台了《中共嘉善县委关于高举习近平新时代中国特色社会主义思想伟大旗帜 奋力打造嘉善示范点升级版的决定》，明确提出：不忘初心、牢记使命，始终沿着习近平总书记指引的正确方向阔步前进，打造县域科学发展示范点升级版，努力建设成为践行习近平新时代中国特色社会主义思想的县域示范点。

2018 年 1 月 13 日，省委车俊书记专程到嘉善调研指导示范点建设，他说，新时代，要有新作为，嘉善在新时代、新作为上，要有新的标杆，因为嘉善县域科学发展示范点要成为践行习近平新时代中国特色社会主义思想的示范点，要成为践行新发展理念，推动高质量发展，解决发展不平衡、不充分问题，满足人民日益增长美好生活需要的示范点和模范生。他希望我们在学习贯彻习近平新时代中国特色社会主义思想上作示范，在推动县域高质量发展上作示范，在全面深化改革上作示范，在主动接轨上海、构建全面开放格局上作示范，在全面落实乡村振兴战略上作示范，在全面从严治党上作示范。这六个方面的作示范要求，为我们打造示范点建设升级版指明了方向，也为当前乃至今后一个时期的示范点建设明确了发展路径。

从 2013 年 2 月建设方案获批到 2017 年 2 月发展改革方案获批，短短四年时间，国家层面先后两次对同一个县域作出专项规划，这是史无前例的，充分体现了党中央、国务院对嘉善发展改革工作的高度肯定，充分表明了国家打造县域践行新发展理念，实现有序发展、科学发展、可持续发展的示范样板的坚强决心。回顾嘉善这 10 多年发展特别是示范点建设的历程，我认为，就是在习近平总书记的指引下，从全面贯彻“八八战略”到自觉践行新发展理念的历程。一直以来，嘉善把示范点建设当作重大发展机遇的同时，也将其视做一份沉甸甸的政治使命。在这一点上，我们从未懈怠过，始终牢记习近平总书记的嘱托以翻篇归零再出发的姿态，学习先进、补足短板，将示范点建设进一步推向深入。

一路走来，我们回头看，示范点建设工作一步接着一步推向深入，靠的就是习近平新时代中国特色社会主义思想的指引和全县广大干部群众抓住机遇、革故鼎新、善作善成的努力。我们向前走，就要倍加珍惜习近平总书记长期以来指导嘉善实现跨越式发展、历史性变革的成绩，义不容辞建成践行习近平新时代中国特色社会主义思想的示范点。

义乌开放小商品市场的前前后后

谢高华

当官，就要干点事情，我是这么想的。当初到义乌，人生地不熟，对义乌情况我是一点不了解。说不了解，那也从农业学大寨中对义乌的大陈、后畈村有所耳闻，仅此而已。

坚定不移地开放小商品市场

1982年4月，组织调我到义乌任县委书记。本着一切听组织安排的想法，虽说对义乌一无所知，但还是毫不犹豫打起包裹，前来上任。为了尽快熟悉和了解义乌，我就是一个念头：多听、多看、多学，少发表意见。

当时的义乌，是个全国有名的农业贫困县，虽然建县历史有2000多年，但县城只有2.8平方公里，农民穷，县城也穷，有句顺口溜“一条马路七盏灯，高音喇叭响全城”，形象生动地描述了当时义乌县城的情况。

义乌的穷，除了自然环境造成的：人多地少，自然资源匮乏，土地贫瘠；也有政策问题。正因为穷，义乌人穷则思变，从明朝开始就有了鸡毛换糖的营生，至今已有400多年的历史。这营生很是辛苦，但为了生存，义乌人走南闯北从未停歇。

我到义乌，是党的十一届三中全会之后，以家庭联产承包责任制为主体的农村经济体制改革已经全面推行。义乌稠城镇的北门街和廿三里镇自发形成的“山货市”如火如荼，鸡毛换糖、拨浪鼓队伍越来越活跃。由于长期以来受“左”的思想影响，当时干部队伍中上下思想都未转变，有句话叫：堵不牢资本主义的路，就迈不开社会主义的步。把鸡毛换糖、搞自由市场经营等，都视为盲目外流，弃农经商，投机倒把，走资本主义道路。经营者和工商部门一直在玩“猫和老鼠”的游戏，就算对经营者，以“刁民”、“奸商”为名加以批判，也禁不了、赶不跑、关不掉这些自发形成的市场。这现状成了令当时义乌县党委、县政府和有关部门头疼的“包袱”。

义乌是“文化大革命”重灾区，资产阶级派性多，搞“小山头”各自为政的多，我上任时，听的最多的，是派性问题，看得最多的是人民来信，一天一大堆。关于自发市场的汇报和反映也是不绝与耳。由于当时上面没有明确的政策出台，放，怕犯方向性错误；管，又管不住；禁，也禁不了。当时的县领导，一边喊着割着资本主义尾巴，一边眼睁睁看着马路市场发展壮大，而束手无策。听了各部门的汇报后，我没有表态，因为没有调查，就没有发言权，没调查就做不出正确的决策。义乌的经商传统到底有多大的生命力？我倒想先看看。

当时的老百姓，尤其是县城附近的农民，想从事小商品买卖的很多，但又怕挨批受处理，那种欲罢不能的情绪日益滋长。有天一早我正出县委大院的大门口，突然呼啦一下涌上十几位老百姓，拦住我七嘴八舌地责问：县委、县政府为什么不让我们做生意……看着激动的人群，义乌话我又听不懂。我说：这样说不清楚，你们派代表到我办公室谈。然后就是一个叫冯爱倩的妇女跟我进了办公室。我给她泡了水，她气呼呼递我一根烟，说：大重九，差一点，要不要？我接过烟，让她坐下慢慢说。送上门的民意，我也很乐于接受。她开始先反映家里情况，我不做生意，上有老下有小，靠爱人一个人工资没法活，再讲到义乌情况……

听了冯爱倩的诉求，我的心久久不能平静，做小生意对当时的农民来说，都是不得已而为之的，当时的生意人，是被人们看不起的，还可能随时被扣上“投机倒把”的帽子。为了更多地了解情况，我决定开展重点调查研究，派出县委、县政府大批干部下基层，召开座谈会讨论，个别交谈，面对面地了解反映情况、听取意见，进行系统的调研。仗着刚到义乌，没人认识我，我自己带着工作人员往各个乡镇、农村跑，其间，我跑了稠城、义东、苏溪、佛堂、义亭、下骆宅、吴店、徐村等许多地方，看老百姓的生活，倾听老百姓的诉求。了解后才知道，义乌人多地少，土地贫瘠，特别是义东一带，一直有禾毛（用禽畜毛、人粪尿、焦泥灰、氨水拌和而成）肥田的传统。收鸡毛的时候，顺带着贩卖小商品，不但解决了肥料来源问题，其中的收益，也部分改善了生活。在调研的过程中，也有白跑的时候，一次，我与工商局局长陈松青同志一起下乡搞调查。由于工商局的前身是打击投机倒把办公室（人称“打办”），当地一些参与小商品经营活动的人被“打”怕了，所以，听说工商局的人来了，就纷纷出门躲避。我与那位工商局的同志开玩笑说：“看来，下次我再也不能与你一起来了，否则，会连一个调查对象都找不到的。”经过四个月的调查研究，我认为，义乌的小商品经营活动，不是一大“包袱”，而是义乌的一大优势……到了当年9月份前，对鸡毛换糖经营者基本保持睁只眼闭之眼的态度。在一次会议上，我提出上面讲的看法，当场干部群众就炸开了锅，有的喜笑颜开，有的眉头紧锁，有的则当心我头上的乌纱帽。我摆出了我的理由：义乌穷是由于环境的原因，老百姓做生意也是迫不得已。搞点小商品贩卖，不但不影响农活，还能发展经济，补贴家用，让日子过好，有什么不可以？我们的目的不就是让老百姓过上好日子吗？为官一任，就得造福一方。

由于小商品经营是个体性质，在经营中难免出现一些不良现象。于是社会上出现了“个体经营是挂羊头卖狗肉，是投机倒把，不法经营”的说法。若果真如此，那开放小商品市场岂不成了资本主义复辟？我觉得，了解经营者的实际经营状况十分有必要。于是县委、县政府组织有关部门对五六千名从业者，对照当时的政策规定，进行了调查。调查结果表明：合法经营的占 50% 以上；基本合法、稍有问题的占 40% 左右；真正有投机倒把行为的，仅占 4%—5%。这个结论，使我的心中有了底，于是，我在县委会议上理直气壮地亮出了我的观点：“入党经过严格审查，两个介绍人，都还有少数人要出问题。这么大的一支鸡毛换糖小商品经营队伍，不可能一点问题都没有。有问题并不奇怪，只要加强教育、加强管理，市场肯定会走上正规的道路。义乌过去的穷困，就是因为打压了这些经营活动……”经过细致的调查研究，慢慢地，在县委常委内形成了义乌为什么富不起来？义乌怎么样才能富起来的思维共识。

我心中很清楚，在当时，既无明确政策规定，又无先例的状况下，若要做出这样的决策，是要承担很大的风险的。但我认为，共产党员应该为人民服务，只要对群众有利的事情必须要做，哪怕是顶风冒险，也得干。于是我明确表态：如果出了问题我负责，我宁可不要“乌纱帽”。县委一班人统一思想后也明确表态：出了问题集体负责。

在政府和群众的共同努力下，震惊世界的义乌小商品市场瓜熟蒂落，水到渠成。1982 年 9 月 5 日，以稠城镇市场整顿领导小组名义，发出开放市场的通告，这在当时是全国仅有的事。通告发出后，这石破天惊的消息使整个义乌都沸腾了，人们奔走相告，很快就传遍了整个义乌。当时全县开放的有两个市场，一个是稠城，一个是廿三里。其实，这些市场是一直存在的，就是开放前它在地下，现在，只不过是名正言顺、合法化了而已。

1982 年 9 月，在湖清门划了一条街，开放小商品市场（即第一代小商品市场）。义乌的个体户如鱼得水，在市场的发展过程中大显身手。县城摆摊都摆到了县委门口。实践证明，我们的做法是得人心、顺民意的。

小商品市场一开放，经商的个体户纷至沓来，不久便人满为患了。为了更进一步满足群众的需求，给经营者提供和扩大经营平台，1984 年，县委、县政府到县银行、省银行贷款 60 万元，划拨土地建起了三层楼市场的第二代小商品市场。后经过几次扩建，三代、四代、五代市场……如今的义乌小商品市场已成为全球最大的小商品之都——国际商贸城。

解除束缚　兴商建县

小商品市场开放后，农民进城经商的愿望十分强烈，有许多农民都进城设摊经商了。但进城经商势必影响到承包土地的经营，于是，在当时政策不允许的情况下，有些人悄悄地把责任田转包给了他人。这在当时属于弃农经商，是绝不允许的。另外，经营小商品就得往返于义乌与外地之间，这又是“长途贩运”，一直都是被视为禁区的。农与商的矛盾一时十分突出。

我想，既然开放了市场，就要把市场做大做好。就目前的义乌状况，工业不行，因为当时义乌有个电视机厂，红旗牌的，生产黑白电视机，我也想把它作为义乌的重点工业捧起来，虽然几经努力，但怎么都不行，到最后只能放弃；农业也不行，人多地少，资源匮乏。显然前两条路都行不通。但在市场放开的这两年里，义乌的经济增长很快，而义乌本身就有经商的传统，我想，义乌走兴商这条路还是有希望的。但现有的计划经济的条条框框对老百姓的约束太大，怎么把人们习惯了的计划经济引向市场经济，这也是我当时考虑的最大问题。邓小平早在1979 年就指出：“说市场经济只存在于资本主义社会，只有资本主义的市场经济，这肯定是不正确的。社会主义为什么不可以搞市场经济，这个不能说是资本主义。”“社会主义也可以搞市场经济。”在人们争论市场“姓社姓资”的同时，我觉得坚持实事求是，一切从实际出发才是正道。我想我要把义乌这个社会主义的市场经济发展壮大起来，我的信念就一条，要让老百姓富起来，过上好日子。为了更好地发展义乌经济，学习借鉴全国各地乃至世界其他国家的发展经验，我阅读了好些国内外城市经济发展的资料，从中了解到城市经济发展的规律，即先有市场，后有城市。令我颇受启发的是日本曾提出的“贸易立国”的战略。我们于 1984 年底提出了“兴商建县”发展战略，当时也引起很大争论，后得到了地委、省委的重视和肯定。在 1985 年的省委工作会议上，义乌县还就“兴商建县”（后改为“兴商建市”）的经验，作了典型发言。方案提出后，历届市委、市政府坚持一张蓝图干到底，不断创新，不断深化改革，引领义乌走上了经济发展的快车道。

我深深感到，若要实现这个发展战略，就必须解除加在农民身上的束缚。面对这些情况，义乌县委经过反复研究后，做出了“四个允许”的决定，大意是：允许土地转包；允许农民经商；允许长途贩运；允许城乡市场开放。后来还允许多渠道竞争。这几项决定推出后，各种各类的专业户、专业村纷纷出现，城乡的经济面貌为之一新。我们从义乌实际出发，大胆制定一系列政策，既欢迎外地人来义乌经商，又鼓励义乌人外出经商，从而形成了义乌市场面向全国的基本格局。我感觉到：我们找到了发展义乌经济的新路子。

小商品市场开放后，大量的小商品从外地涌入义乌。商品意识特强的义乌农民抓住这一商机，就自己办厂加工生产，于是出现了“前店后厂”，晚上制作产品，白天拿到小商品市场销售的生产经营模式，从而促进了义乌乡镇工业、家庭工业的大发展。

大力扶持个体经济

个体经济是市场经济的重要组成部分。若要做到经济的真正转型，必须大力扶持个体经济。当时，扶持个体经济的政策虽然出台了，但“左”的思想的影响一时难以消除。为了消除大家的顾虑，我联系了当时的温州市委书记袁芳烈同志，他是我的老领导。温州的经济那时已开始兴起，我们与他取得联系后，于1982年下半年，组织乡党委书记以上的领导干部到温州去考察，学习发展市场经济的经验。当时社会上流传“要看资本主义到温州”，义乌有议论说“义乌要搞资本主义那一套了”，到温州后，看着温州经济的蓬勃发展和人民生活的富足，大家的议论少了，羡慕多了。袁芳烈书记还就温州的发展和经济情况向我们做了详细的解说。通过一周的考察，大家深刻地体会到发展个体经济的好处，真正认识到扶持个体经济的重要性，思想观念开始有所转变，县委正式向金华地委报告：从新认识温州，不是搞资本主义，是搞市场经济，让农民富起来，国家税收多起来。“左”的思想的影响不断从思维中消除。接下去的一段时间里，我还带着县委、县政府的干部跑了深圳、广州、厦门、上海、北京等改革开放的前沿阵地和各大城市，让他们切实地体会到先有市场后有城市的实际版本，感受改革开放给各大城市带来的红利。一圈跑下来，我们不但开阔了眼界，更是开拓了视野。大家心里都明白了该干什么，该怎么干。

干部思想通了，但群众中还普遍存在既想干，又怕干的心理。为了彻底消除群众的顾虑，让群众放心大胆地创业，县委做出了四条决定：一是大胆拨乱反正，对一些冤、假、错案坚决予以纠正，为蒙冤者恢复名誉；如廿三里华溪村有个虞荣海，开采石头的，家里还养着母猪，我在调查过程中，觉得这个人不错，勤劳致富。陪同的干部说：啊呀，谢书记，你有所不知，他是个劳改犯，生病保外就医的，所以在家养母猪。我问为什么劳改的？他说是腐蚀干部，一次腐蚀了 60 多个干部。这句话让我很吃惊，我想：这个人能量这么大，能腐蚀 60 多个干部。我决定对他进行调查，经过调查询问发现，原来华溪村是个大村，共产党员多。有一次村里召开共产党员生产队干部大会，他给大家烧了一顿稀饭当夜宵，结果成了腐蚀干部而锒铛入狱。我觉得这是个错误的决定，怎么烧了顿稀饭就成了腐蚀干部了，我回去同法院的同志讲了此案件，后来对他依法平反了。还有些错误的罚款，都予以退还；二是明确提出干部、党员在新的历史条件下，要敢于大胆带头致富，带领群众致富；三是对那些勤劳致富的能人，大张旗鼓地给予表彰和奖励；四是有关部门要大力支持群众从事商品生产经营。决定一出，犹如一缕春风吹拂着沉睡的大地，万物复苏了，民营企业如雨后春笋般地涌现出来。

义乌人有着勤奋好学，敢为人先的优良传统，在商品生产经营方面能人多多，这是义乌得天独厚的优势。如“文化大革命”期间担任过保联大队党支部副书记的孙荣福，就是勤劳致富的典型代表。他因曾带领村民外出打工，在“文革”中被错划为“黑包工头”，不但挨了批斗，还被开除了党籍。百折不挠的他依然决心大干一场。他给我送来了一个条子，提出要承包经营集体所有的已连年亏损的凤凰山果木场的120亩土地，提出了三个条件：一是承包期为5年；二是每年上缴大队承包款2万元；三是原果木场十几个人的工资由他负责。一石激起千层浪，孙荣福的提议引起了强烈反响，有人认为孙荣福是受过开除党籍处分的，有历史污点，不能将集体的土地承包给他，就是领导班子内部也意见不一。但是，我觉得他承包这个一直亏损的果木场，对集体、职工及其本人都有好处，并且又不向国家要一分钱，有什么不可以呢？于是，我就在他的条子上批了“同意”，并写上“5年承包期太短了，可以承包30年”。果木场是被承包了，但机关里议论纷纷。在机关干部大会上，我对议论提出了纠正：“市场经济讲的是公平竞争，在竞争面前应该人人平等，他被开除党籍了，但仍旧是中国公民，是保联大队的社员，为什么就不可以承包呢？就是犯罪劳改的人都还要给予出路呢。孙荣福在那里搞的是种植业、养殖业，我们应该大力地支持他。”在县委、县政府的大力支持下，孙荣福有了英雄用武之地，他办起了农工商公司，成了“养鳖大王”，每年产鳖量高达五六万只，成了义乌的首富。但他致富不忘反哺社会，用勤劳所得的积累四五百万元，投资建造了“稠州公园”，并将它无偿地赠给了保联村，还捐资办起了一所学校。鉴于以往对他的错误处理，县委做出了恢复孙荣福党籍的决定，并任命他为保联村党总支书记。

还有一位叫陈平的苏溪人，能力过人。他想办一个服装厂，但苦于领不到营业执照，也贷不到银行贷款。我了解情况后，就建议工商局、银行支持他办服装加工厂，在执照、贷款方面尽可能给予优惠照顾。经过调查后，工商部门批给了营业执照，银行也同意贷款给他。有了政府的支持，陈平的企业办得风生水起，产品全部出口美国，年产值达一亿多元，成为义乌市乡镇企业中产值第一、创税收第一、职工工资第一、出口创汇第一的企业。后来陈平还把厂办到了深圳，经营起进出口业务。现在上海东银集团工作。

佛堂有一个兽医叫金序龙，此人脑子相当活络，对种植、养殖业喜欢钻研，他家不大的院子里摆满各种花卉，养着各种鱼类，过往的行人都会慕名去参观。他的做法虽然得到人们的赞誉，但在当时却被认为是资本主义尾巴，没少受割“尾巴”之苦。他很想办一家种植、养殖的实体企业，但始终无法如愿。我了解情况后，曾多次去他家，看到他因没有土地而把葡萄种在室内，再让葡萄藤穿过凿出来的墙洞，绕到架在屋顶的架子上。我看金序龙确有经营本领，于是当他提出承包大队的山场（果木场）时，我就大力支持，和原佛堂区委书记盛东兴商量形成共识后，对联村干部说可以允许他承包。在政府的支持下，金序龙终于如愿以偿，成立了“龙华公司”，并发展成了农业综合经营大户。后来我回衢州工作，他的儿子到衢州接种苗，小孩也就十二三岁光景，到衢州县委办公室来找谢伯伯。他说我爸爸妈妈没空，让我来接种苗。我担心孩子小，乱跑，也没敢让他自己一个人住外面，就让他吃住在我家，直到他把葡萄种引回义乌。对这我很感欣慰，虽然我离开了义乌，但他们还记得我，没把我当当官的领导，有事还是会想起我。

大陈乡的徐爱巧，有一手裁剪的好手艺，十里八乡找她学艺的人很多，她就以收取每人几十元的培训费，带了学徒。可是，当时在许多人的眼里认为她这样做是“雇工剥削”。听到人们的议论后，她害怕不敢干了。我就说：“她收的是培训费，是合理的劳动所得，不能定为雇工剥削，是在培养学生。”听我这么一说，她也就放心大胆地搞起了服装技术培训班，还办起了服装加工厂，带动了大陈乡服装加工业的发展。

朱明忠是永康人，他有一门制作照相纸切刀的手艺。当时，他来义乌杨村办起了照相纸切刀的加工厂。因他脾气倔强又不善于交往，所以社会上对他的做法贬褒不一，连干部对他办企业也采取漠不关心的态度。我觉得这是一件好事，虽然他是外地人，但来义乌创业就应该一视同仁，我多次上门了解情况，并支持他好好搞。后来，朱明忠放开手脚，生意越做越大，成了有名的“花刀大王”，并带动了四个村致富。

我们从支持生产力发展的角度出发，只要有利于发展生产、增加收入、增加集体积累、增加国家税收，不分地域，不唯成分论，都大力予以支持。同时，对在小商品经营中出现的一些问题，主要通过教育、引导、管理等，使之步入正轨。

做好公有经济的机制转型

义乌小商品市场的开放、发展，一次又一次地冲击了计划经济体制，冲击了人们旧的思想观念，对国营商业、集体商业都形成了很大的压力。有些国营、集体商业企业抱怨说是小商小贩们抢了他们的饭碗。听到这些反映后，我几次跑到小商品市场和一些国营店家了解情况。相比之下，我觉得小商贩的摊上，花色品种多样，小商贩们经营灵活，价格随行就市，可以讨价还价，而且服务态度好，只要有人走到他摊位前总是笑脸相迎并主动介绍商品。而国营、集体店家的商品品种单一，一副皇帝女儿不愁嫁的样子，商品价格不论畅销与否都一成不变，服务态度也不尽人意。

有一次，我到国营商店去买铅笔。当时，当班的营业员正在埋头看小说，我说买铅笔，她头也不抬地说："没有。"

我看玻璃橱柜里摆着整捆我要的那种铅笔，于是我说，这不是有吗？营业员白了我一眼，不耐烦地拿笔"啪"往柜台上一扔，气冲冲地说："一毛。"又自顾看起了小说。

又如理发店，虽然是集体服务企业，但走的也是"大锅饭"的道路，经营作风与国营商店大体相同。作息时间与机关同步。我下班后去他们那里理发，却被告知："下班时间到了，不理了。"于是我只能到个体理发店去理。而个体理发店的私人老板态度就非常好，对顾客犹如贵宾，随到随理。我常去的那家小楼个体理发店服务态度很好，有时我去店里，他正在吃饭，即使我说"等你吃完饭后再理"，他也会急忙放下饭碗来给我理，并且说："你工作忙，先给你理完发再吃饭。"

当时，义乌城里集体饮食店的数量也很少。我上集体饮食店吃早餐总是烧饼、油条、豆浆，在排队买了三张票之后，还要再排三次队才能拿到这三样东西。往往是等我买到烧饼时，豆浆早已凉了。

对国营、集体企业的这些现象，不得不引起我的深思。所以有一次，国营企业的一个领导向我诉苦说日子难过，我说：你这么个堂堂的百货公司被小商小贩冲击，你活该。有的你不卖，没的你不进。

还有让农民自行杀猪、腌火腿等做法，让食品公司大为头痛，认为是我断了他们的财路，打破了他们垄断经营的模式，对他们的生意造成了很大的冲击。他们有的甚至到省里告我的状，为此，省里领导专门给我打电话批评我。但我认为，只有展开多渠道竞争，市场才能活起来。为此，我也专门作了调查并得出结论：国营、集体企业职工吃的是“大锅饭”，捧的是“铁饭碗”，是计划经济的体制导致了这些现象的产生。我觉得这种计划经济体制不转型是不行的。义乌县委经过认真调查研究后提出：国营、集体商业企业要借鉴农村改革实行家庭联产承包责任制的经验，推行经营承包责任制。在县委、县政府及有关部门的支持下，义乌城阳供销社率先实行经营承包责任制，挖掘内部潜力，提高了经济效益，从而很快就摆脱了困境。《人民日报》还刊载了他们的改革经验。在城阳供销社的带动下，义乌的国营、集体企业很快行动起来，大胆地改革，打破“大锅饭”、“铁饭碗”，实行各种形式的经营承包责任制，参与市场竞争，从而促进了义乌国营、集体工商业的大发展。

开了“定额包干计征法”新税收政策的先河

小商品市场要开放、发展，国家是必须要收税的。但是这税怎么收，却是老革命遇上的新问题。当时，我国仍采用过去对资本主义工商业实行改造时的税制——八级累进税制，即经营得越好，税金也就越高。这种方法是以营业额为依据的。由于市场的迅猛发展，几千个摊位，几万人加工、经营小商品，并且商品种类多，价格又是随行就市的，加上当时个体经营都不习惯设账本，根本无法得出营业额的数据，故而很难以营业额计征税额。当时在小商品市场经营的个体户资本很少，做的是小买卖，有些个体户确实有逃税行为。所以，税收干部搞得苦不堪言。他们只得利用盯梢的办法，抓住一个算一个。有时把来进货的客商也当成经营户征税，搞得人们怨声载道，影响极坏。

对于小商品市场所面临的这一实际问题，县委、县政府组织力量搞调研，我也深入到小商品市场和加工小商品的村、户去调查，发现是老的税收制度已不适应新的形势了。我对财税部门的领导干部谈了我的观点：政策、法规若有利于调动农民积极性，有利于发展生产力，它就是正确的；若不利于调动农民积极性，不利于发展生产力，那它就是错误的。我无权改变税法，但我们要敢于从实际出发，制订既有利于小商品市场开放、发展，又有利于国家收税的办法。

经过反复调查研究后，义乌县委、县政府本着“发展生产，培植税源，造福于民”的指导思想，决定采用“二税并一税，定额包干计税”法，意即不管你经营状况如何，一律按定死的税额交纳。这种方法有三个好处：一是税务干部收税有了依据，无须盯梢收税了；二是经营户不用担心税收多少，可以一心一意扩大经营，提高营业额，再也不要动逃税的歪脑筋了；三是来市场进货的客商不用担心被征税了。新的税收办法一出台，就受到了经商户的欢迎。逃税的现象大大减少，财税部门的工作也顺利多了，既有力地促进了市场的发展，又增加了国家的税收。这个办法向金华地委书记董朝才作了汇报，董书记听取汇报后，作了充分肯定，并给予大力支持。

但事情总不是一帆风顺的。由于这种税收办法开了全国的先河，因此，引来的争议很大，有拥护的，也有反对的，有的甚至说我是在支持偷税漏税。有位新华社记者写了一篇关于义乌税收办法推出过程的报道，并刊登在“内参”上。财政部看到这篇文章后，就把这份材料及批文转到了浙江省委书记王芳处，说义乌的定额包干征税是违反税法的。王芳同志对此十分重视，特意请了省财政厅的同志到义乌进行调查。省财政厅的同志到义乌后，我向他们介绍了义乌的情况，并建议他们到义乌小商品市场去看看。我说：“像义乌这样的小商品市场，以个体经营为主，有几千个摊位，几万名从业人员，几千个货物品种，价格随行就市，有的商品上午卖 1 元下午可能只卖 5 角，加上个体户都不设账本，根本无法计算其营业额，若按国家现行的计征税收法，怎么计算税款？你总不能一个摊位派一名税务干部去守着吧，而义乌又有多少税务人员？”同时，我还举例指出一些税收政策在贯彻中存在的问题。如义乌，有既生产文化用品，又生产烟花爆竹、花圈及香烛等迷信用品的工厂。按规定：迷信品（焚化品类）税率为55%，文化用品为5%，其税率应该怎么定？由于当时对凡有生产鞭炮的厂一律定为迷信用品生产厂，征收55%的税。因税收过重，成本过高，使得这种工厂纷纷倒闭，以至于义乌市场上的鞭炮几乎都是从外地进来的。对此，我说：“税率我是无权改的，这类厂定为生产迷信用品还是生产文化用品，税务部门是有权决定的。我觉得对这类厂，财税部门应定其为一半生产文化用品，一半生产迷信用品。税收也折中处理，征27.5%的税。”我的理由是：鞭炮、烟花不是迷信用品，比如粉碎“四人帮”时，全国各地都放鞭炮以示庆贺，总不能说，北京放鞭炮是庆贺，义乌放鞭炮是搞封建迷信吧。省财政厅的同志听取了义乌县委、县政府的意见，并对义乌小商品市场的税收办法作了全面调查，写了一份调查报告，结论是：义乌推出的税收办法是可行的，但是还欠妥，还需要在实践中不断地加以完善。这事实上是对义乌小商品市场所推行的税收办法的理解和支持。

开放、发展义乌小商品市场，本身就是义乌人观念更新的具体体现。义乌小商品市场的开放发展，冲击了旧的计划经济体制，也冲击了上层建筑领域，促使人们特别是义乌县各个部门的领导转变思想观念。

我在义乌工作期间，正是党的十一届三中全会胜利召开之后。在这段时间里，我同义乌的党员、干部、人民群众一起，根据十一届三中全会的精神，在充分调查研究的基础上，从义乌的实际出发，抓住机遇，开放了义乌小商品市场。义乌小商品市场的兴起和发展，得益于义乌的党员、干部素质好；得益于义乌县委、县人大、县政府、县政协、县纪委五套领导班子成员事业心强，团结一致，艰苦创业，勇于奉献；得益于全县各个部门、区、乡（镇）、村的党政组织对县委工作的大力支持；更得益于义乌人民的勤劳勇敢、聪明好学、热情、刚直、敢为人先，以及较强的市场经济观念。回顾这段时期的工作，我很感谢义乌人民和广大党员、干部对我工作的信任和支持。

由于我本人能力有限，在工作中难免存在很多的缺点和失误，还有许多本应做好的事情没有做好，作为一名共产党员，每当想起这些，我就心存内疚。在我调离后，义乌在历届市委、市政府的领导下，经济和社会的各个方面都得到了迅速发展。义乌小商品市场发展成为闻名全球最大小商品之都——“国际商贸城”，还跨入了“全国百强市”的行列，城乡经济繁荣，面貌焕然一新，一个朝气蓬勃、欣欣向荣的义乌正展示在我们的面前。我相信义乌的明天会更好！

回顾改革开放40年横店的发展之路

徐文荣

在我80多年的人生路上，亲身经历了抗日战争、解放战争、新中国成立、土改、反右、“四清”、“文革”、改革开放等重大历史事件，能够投身改革开放的时代大潮，带领横店人民走出一条富裕之路，是我一生最大的幸事。新中国成立特别是改革开放40年来，我们国家发生了翻天覆地的巨变，中国由一个贫穷落后挨打的国家发展成为世界第二大经济体，成为一个有影响力的大国、强国。在习近平新时代中国特色社会主义思想指引之下，中华民族迎来了历史上最好的发展时期，每一个中国人都应该为改革开放40年来的辉煌成就而感到骄傲。

我觉得，人这一辈子就是一个个梦连接起来的。我说的梦，就是梦想、理想，个人的理想和命运总是同国家命运紧密相连。我1975年开始创业，一手创办的横店集团正是伴随着改革开放的钟声和脚步成长、壮大起来的。记得改革开放初期，邓小平提出到20世纪末中国建成小康社会的发展目标，新时代，习近平又提出了实现中华民族伟大复兴中国梦的宏伟蓝图。40年来，总结我在横店的创业史，就是不断把中央精神带回横店，落地，生根，开花，结果，多办企业多赚钱，多为老百姓办好事，让横店人过上幸福生活。

改革开放40年来，横店始终坚持“多元化发展，专业化经营”的发展战略，目前已经形成了电子电气、医药化工、影视旅游、新型综合服务业四大支柱产业齐头并进、良性发展的格局。2017年，横店集团实现营业收入733亿元，实现贸易出口额82亿元，上缴税收总额43.8亿元，占到东阳市的一半。经过40年的努力，横店农民年人均收入由1975年人均75元增长到2017年人均6.5万元，已经圆满完成了建设小康社会的历史任务，迈步进入了富裕社会。2016年横店被国家住房建设部列为“中国首批特色小镇”，2018年5月，《中国特色小（城）镇2018年发展指数报告》公布全国最美特色小城镇50强，横店名列第二。

早在1994年4月14日，新华社发表专题报道《中国农民实现小康之路——横店集团纪实》；2000年4月6日，《农民日报》发表专题报道《横店大步走向城市化 农民现代化的出路》；2000年5月9日，香港《大公报》发表专题报道《从横店看农村城市化 访全国劳动模范、浙江横店集团总裁徐文荣》；1997年，一生都致力于研究中国农村发展的著名社会学家费孝通教授来横店考察，看到横店正在把自己在书本中所研究的课题变成了生动的现实，激动地说：“横店的发展是中国农民的一个伟大创造。”我个人也先后被《农民日报》评选为“中国农村风云人物”，被《文汇报》称誉为“中国三农之父”，被中共中央党校聘为“中国三农问题特邀研究员”，并当选第八届全国人大代表和全国劳动模范。

就我自己来说，虽然已经是一个84岁的老人，但是老人也要找点事来做，因为我心中的“中国梦”、“横店梦”还没有全部实现，所以，我还必须每天努力地去工作，去奋斗。我曾多次向新闻界的朋友，总结过自己的一生，这就是：苦难童年、风雨青年、奋斗中年、成功老年、伤感暮年、劳碌终年。我知道，我这一生，注定要奋斗，注定是要劳碌终年的。

回顾和总结改革开放40年来所走过的历程，恐怕三天三夜也说不完。只能挑自己感触最深的几点来说说。

一、个人的命运，总是同国家的命运紧紧联系在一起的

我从小苦出身，解放以后，当了农村干部，“文革”前我就是横店大队党支部书记。那时，我就总是在想，怎样解决老百姓的困苦，改变横店面貌，使大家都富起来。

说到横店，是既不靠海，又不靠边境，没有任何交通地理优势，更没有任何资源优势，作为一个靠海省份典型的内陆山区，人多地少，人均耕地不足半亩，横店的地理环境和基础条件同中国 70% 的广大农村地区没有任何差别。那时我就意识到，农民光靠种地是不行的，必须大力发展养殖业、加工业和副业。为此我在上任初期，就向农民做出承诺：“苦干一年，实现一稀两干，饭后一个水果”。为了实现这一目标，一方面，我通过兴修水利、整理耕地、改良土壤、提高肥力、精耕细作，千方百计提高粮食单产；另一方面，发展蚕桑，兴办养猪场、小五金厂、粮食加工厂等，同时，还把本地的木匠、泥瓦匠、箍桶匠、理发匠、修鞋匠等手工业艺人组织起来，大力发展副业，以增加收入。经过一年多的努力，粮食的年亩产量由 700 斤提高到 1500 斤，农民的收入由每个工分两角七分增长到七角六分，横店老百姓的吃饭问题基本得到了解决，农村经济得到了一定的恢复和发展。

可是在那个年代，总是好梦难圆，在“文革”中，这些努力反而成了“走资派”的罪状，我也被关进牛棚，挨了批斗。虽然受到了不公正对待，但是我始终对党和国家充满希望，我坚信农民的生活一定会好起来。

1975 年我 41 岁时开始在横店创办社队企业，1978 年党的十一届三中全会提出搞改革开放，借着改革开放的东风，我带着横店老百姓摸着石头过河，解放思想、实事求是、大胆探索，大办乡镇企业，先后创办过七八百家工厂，这其中有一部分工厂关掉了、或者并转了，但是，留下来的，都发展壮大，我的一个个梦想开始变为现实。

这不是因为我个人突然有了多大本事，而是因为改革开放的政策好，可以让人有梦想，可以让人异想天开。党和政府鼓励人们，通过自己的不懈努力和创新，改变命运、梦想成真。这是一代人的幸事，更是国家的大幸。

所以，我认为，个人的命运总是同国家的命运紧紧联系在一起的。我对改革开放的最深感触，就是改革大潮让每个人都释放出无限的潜能。只要你肯吃苦，不怕困难；有梦想，不怕挫折，你的正当利益就能得到，梦想就会实现。如果你的境界更高，目标更远大，想着是为老百姓办好事，那么，你的事业就会越办越大，你的潜能，就会被无限地发挥出来。

二、通过白手起家，无中生有，大办乡镇企业，不断转型升级，解决农村剩余劳动力就业问题，带领横店农民致富奔小康

40 年前横店的状况，用老百姓的话讲是“出门望见八面山，薄粥三餐度饥寒”。这样一个人多地少，资源匮乏，交通闭塞的穷山乡该怎么发展？“无工不富”，我认为只有大力发展工业才能让老百姓脱贫致富。所以在“文革”结束的前一年，1975 年，我们就已经开始创业办工厂，冲破阻力，克服难关，仅用 10 个月时间，建成横店缫丝厂。当年整个浙江省同期建设的丝厂有 16 家，横店丝厂是最早建成投产的一家。丝厂建成后，238 名农民“洗脚上田”，走进工厂当起了工人。投产第一年，实现盈利 7.6 万元，第二年达到 15 万元，第三年达到 36 万元。此后利用丝厂累积的资金，我们以厂办厂，陆续办起了针织厂、内衣厂、印染厂、丝织厂、化纤纺织厂，在横店构建了完整的轻纺产业链，其中仅针织厂一家的年利润就超过 100 万元。到 1987 年，靠着发展工业，横店成为了金华地区第一个产值亿元镇。新建的工厂接收了大批农村剩余劳动力，农民变工人，收入实现巨幅增长，苦了大半辈子的

横店老百姓终于看到了农村发展的光明前景。

在办厂的过程中，我们缺少资金、设备、技术、人才等等，遇到了很多困难。为此，我们绞尽脑汁，想方设法，发扬“拼命三郎”精神和“四千精神”（指办厂中千方百计、千言万语、千难万险、千辛万苦），白手起家，无中生有，再大的困难，都被我们一个一个地克服解决了。

在办厂过程中，我们遇到的又一个难题就是“政企不分”。招工用人、收入分配、企业扩建等等都是由公社（乡镇）党委政府说了算，企业的发展受到了旧有体制的种种束缚。此时，我站出来同一些插手企业事务、不负责任的乡镇干部进行了抗争，好在上级领导支持了我，最终实现了“政企分开”，打破了架在乡镇企业头上的枷锁。

1984 年政企分开后，借助国家的利好政策，横店的乡镇企业进入了发展的黄金时期。在 20 世纪 80 年代末，我做出了企业转型升级的战略决策，淘汰落后产能，大力发展磁性材料、电子元器件、医药化工。90 年代，横店集团成立之后，又提出了“非高科技项目”不上的原则，使集团走上了一条高科技创新发展之路，此后又提出了“立足横店、面向全国、走向世界”的发展战略，确立了“高科技、外向型、集团化”的企业总方针。今日的横店集团已经成为高质量深化发展的标杆企业，旗下拥有五家上市公司，成为了以电子电器、医药化工、影视旅游、新型综合服务业为主的中国特大型民营企业。

三、企业办社会，企业家要勇于承担社会责任，要争做一名社会企业家

回顾横店集团 40 年的发展历程，在创业过程中，我一直以推动横店新农村建设、城市化发展，解决横店“三农”问题为己任。这是因为横店集团不同于一般的城市企业，集团的根基在农村，集团的员工大都是洗脚上田的农民。所以，我提出横店集团的发展使命就是要带领农民

致富，改变横店落后面貌，从根本上解决横店“三农”问题。

集团自创立之初就始终坚持“企业办社会”的理念，从上世纪80年代以来，先后投入100多亿元用于城镇基础设施建设，整治南江、修建水库、架桥铺路，建起了自来水厂、发电厂、煤气站，对城区道路进行了绿化亮化，创办了医院、幼儿园、高中、大学，使横店城镇面貌发生了巨大的变化。近年来，为了进一步发展横店的交通事业，助推横店影视文化旅游产业的发展，集团斥巨资进行了配套项目的建设。目前东阳横店通用机场已经实现通航首飞，杭温高铁、城际轻轨、单轨项目也在建设中。

走在今日的横店，现代化的机场，笔直的公路、桥梁，花园式的街道，装潢别致的楼房，整齐划一的工业园区，风景秀丽的旅游景区，辉煌壮丽的影视拍摄基地，现代化的医院、宾馆、学校、幼儿园，功能齐全的邮电通信、银行金融、电影院、文物艺术品展览馆、图书馆、体育馆，高档的商场、酒店、商业街。横店已经成为了一座名副其实的“小城镇　大都市”。

为了进一步提高农民的生活水平，集团出资为横店老年农民发放补贴，为老年农民发放景区免费出入证，还组建古装戏剧团为老百姓免费演出，组建医疗队，常年送医下乡；在征用农民土地时，除支付农民征地款外，每亩土地每年固定补贴农民1000斤粮食，使农民旱涝保丰收，切实维护农民的利益。

2018年3月，我被评为“浙江省杰出社会企业家”，还被“两岸四地”评为第一位企业办社会的企业家。由中央多个部门联合组织调查的“横店幸福指数研究”初步结果显示，2017年横店农民人均年收入达到6.5万元，住房、医疗、保险保障、文化、教育、卫生、安全、环境等指数和满意度显示，横店已经基本达到现代化水平，横店人很幸福和非常幸福比例占了90%以上，超过了香港居民水平。

四、“开发文化力、促进生产力”，大力发展影视文化旅游产业，使横店农民就业率超过100%，保障农民永远富裕

早在20世纪90年代初，我就提出了“开发文化力，促进生产力”的思路，在横店办起了文化村、度假村、娱乐村、天堂村、小机场等项目，开始探索发展文化旅游产业。

为什么我要发展文化旅游产业？这是因为在实践中，我认识到，农民世世代代种地，仅仅从事第一产业“农业”，只能解决温饱问题；通过发展工业，向第二产业转移，使农民获得就业机会，但是，仍有相当多的农民因为文化程度、年龄等因素，进不了工厂。而大力发展文化旅游产业，可以拉动第三产业的发展，从根本上解决全部农村剩余劳动力的就业问题。

1996年，为支持谢晋导演拍摄迎接香港回归的大片《鸦片战争》，我们以最快的速度，仅用了三个月的时间，就建起了占地300多亩的“十九世纪南粤广州街”拍摄基地，保证了影片如期拍摄完成。此后我们提出了“影视为表、旅游为里、文化为魂”的发展理念，创造性的将影视拍摄与发展旅游嫁接，创造出了独具特色的横店影视文化旅游产业。

20多年来，我们在旅游产业上投资数百亿元，陆续兴建了广州街•香港街、明清宫苑、秦王宫、清明上河图、华夏文化园、明清民居博览城、梦幻谷、屏岩洞府、大智禅寺、红军长征博览城、春秋•唐园、圆明新园等28个跨越中国千年历史文明、汇聚南北地域特色的影视拍摄基地，完成了从春秋战国到唐宋元明清民国的中国历代古建筑复原工作，同时，已经建成和正在建设有70多座世界领先的大型摄影棚，实现了“规模最宏大”、“场景最齐全”、“要素最集聚”、“服务最周全”的发展目标。经过20多年的发展，横店影视城已经成为游客和

影视剧组的首选目的地。2017 年，横店旅游人次突破 1872 万，接待剧组 330 个，成为世界最大规模的影视拍摄实景基地。横店成为“中国的好莱坞”。

2004 年，经国家广电总局批准，横店成立国家影视产业实验区。我们制定的《影视拍摄基地服务规范》已升级为国家标准，在全国推广执行。目前，横店影视文化产业实验区的入区影视或相关企业已经达到 900 多家，艺人工作室有 500 多家。围绕影视拍摄，横店已经形成了一条龙的完善服务，实现了“导演带着本子进来，带着片子出去”的目标。

通过影视文化旅游产业的做大做强，极大地拉动了第三产业的发展，一大批新型服务业随之兴起，吸纳的就业人员越来越多。在横店农村，已经形成了家家开民宿，户户搞旅游，人人有钱赚的发展态势。我常说，横店的就业率超过 100%，有人不相信。因为在横店，除了年富力强的劳动力，一些上了岁数的老人和儿童也都可以通过影视文化旅游产业赚到钱，可以说，每一个横店人都成了影视文化旅游产业的受益者。

五、不做亿万富豪，拒绝资产量化给个人，成立横店社团经济，坚守“共创、共有、共富、共享”核心价值观

2000 年，英国人胡润就职的《福布斯》杂志发布“中国 50 富豪榜”，当时他们把我排在第八位，我找到胡润说：“横店是独一无二的社团经济，横店的财富是横店老百姓共同创造出来的，不是我徐文荣个人的，如果计算横店的财富，绝对不止榜单上那么多，但如果说是个人，我也绝对没有那么多钱。”

事实上，记得早在 1992 年八届人大我去北京开会之前，很多经济学界、新闻界的朋友都劝我，横店集团那么有名，要带头搞机构改革、

企业量化，这个问题我进行了思考。横店集团，国家没有投资一分钱，我个人没有投资一分钱，任何人都没有投资一分钱，我们是靠白手起家，水炸油条炸出来的，是靠所有员工努力创造出来的财富，怎么可以量化给我个人呢？一量化，我可能拿到几个亿的资产，但是我认为人在世上，不要为钱财而着迷，钱生不带来死不带走，共同创造的财富不能为私人所占有。

但是，当时全国都在搞改革，我不改革不行，那我这个改革，究竟应该怎么改？1993 年，经过两天两夜的思考，我想出来一个长远的模式，叫做横店社团经济。什么叫做社团经济，社团不是属于国家的，也不是属于集体的，也不是属于个人的，是一个由企业里的员工共同创造出来的经济体，叫作员工共同所有。这个名字提出来以后，我认为它的核心是“四共”，共创、共有、共富、共享，要通过“四共”的模式为老百姓共同富裕做贡献，为农村发展做贡献。后来习近平在浙江任省委书记的时候，他听到我们提出的“四共”理念，很赞赏。

2001 年之后，我将横店集团移交给下一代管理，带着一帮老人，十几名干部开始了二次创业。临走前，我交给下一代几句话：第一，我离开你们以后，不参与、更不干预你们工作，你们有困难，找到我了，我才帮忙；第二件事呢，存量资产不能量化，增量资产可以量化；第三句话呢，我说你们今后的路该怎么走，用天下人，聚天下资，谋天下利。要继续多办企业多赚钱，多为老百姓做好事。然后我就离开了。

2007 年，经市委、市政府批准，我们成立了“横店共创共有共富共享工作委员会”，该机构是联合横店社会力量，协助政府解决“三农”问题，推进横店新农村建设的工作机构。以“共创、共有、共富、共享”为宗旨，以“发展文化产业、美化山山水水、造福一方百姓”为己任，我带着“四共委”的干部职工继续为横店老百姓谋福利。经过几年努力，我们办起了 14 个影视拍摄基地，后来都移交给了横店集团管理。

六、国衰园毁，盛世兴园。响应习近平总书记提出的“文化强国”号召，耄耋之年，建设圆明新园，让全世界看到今日中国的强大

20多年前，我应邀参观北京圆明园遗址公园，看到遍地的残垣断壁，作为一个中国人，我的心情十分沉重。圆明园被英法联军焚毁是中华民族的奇耻大辱，从那时起，我就产生了要重建圆明园的想法。回到横店之后，我立即安排北影厂的资深美工大师、横店影视城的总设计师、艺术总监张先春同志进行了前期的规划、设计工作。

2005年，一个叫布立赛的法国人写的一本书《1860：圆明园大劫难》，不久国内圆明园专家学者到访横店，激活了我多年来埋藏在内心的圆明园梦。经过紧张筹备，2008年春节刚过，我们在北京钓鱼台国宾馆召开了“横店建设圆明新园新闻通报会”。一石激起千层浪，发布会在国内外掀起了轩然大波。三个月后，横店圆明新园项目还没有动工，就被有关部门叫停。我的圆明新园梦被“搁浅”。对比当时获批的上海迪尼斯乐园，我说是“伤感的暮年”。

2012年，中央提出了“复兴民族文化、传承民族文化、建设文化强国”的号召，怀揣着“实现中华民族伟大复兴的中国梦”，我亲任总策划、总指挥，横店圆明新园建设项目正式启动。那一年，我已经78岁。面对艰巨的工程，家人和朋友们都担心我的身体会吃不消，我对他们说：“建设圆明新园是我一生最大的文化梦想，不管遇到多大的困难，我都一定要建成。”

在我的带领下，横店“四共委”自筹资金300亿元，开山挖坡，筑坝围湖，通河架桥，造景修路，在北京圆明园被毁155周年之际的2015年，横店圆明新园首期四大景区全部建成开业。经过五年夜以继日的艰辛努力，2017年，一座盛人辉煌的“圆明新园”在横店横空出世，我们中国农民创下了一个令人惊叹的人间奇迹。

横店圆明新园占地面积7000余亩，汲取了北京圆明园盛时精华，按1:1的比例恢复了圆明园全盛时期84%的建筑群，最大程度还原了圆明园的旧时盛况，并创新增加了诸多关联项目和高科技游乐项目，整体规模超过了历史上的圆明园一倍。是一座集中西方优秀造园艺术，融中外文化和高科技游乐项目于一体的辉煌壮丽的文化乐园。联合国世界旅游组织曾提出："游美丽中国，首选横店圆明新园"。目前横店圆明新园已被评为全国首批中小学生研学实践教育基地、浙江省爱国主义教育基地、东阳市廉政文化教育基地等诸多荣誉。

横店圆明新园的建成在社会上引起了巨大反响，面对媒体的采访，我曾经说："千百年来，农民最爱生养他的这片热土，农民的心总是和国家的前途命运紧密联系在一起。我作为一个农民，建设圆明新园，就是要让全世界的人都看到现在国家的强大，看到中国农民的爱国，侵略者绝不能再行欺侮了。同时，要和北京圆明园形成鲜明的对比，让人们在美和欢乐的陶冶中，对历史有更全面的审视和认识，对中华民族伟大复兴中国梦的美好图景充满信心。"

七、改革开放40年，"三农"问题始终是关系改革和发展的根本性问题，我眼中的"老三农"和"新三农"

中央一直以来都很重视"三农"问题，改革开放以来，发了许多有关"三农"的文件，特别是从2004年起，连续15年，每年的中央一号文件都是聚焦"三农"问题的，这充分说明，中央一直把农业、农村、农民放在心上。习近平在十九大报告中高度重视"三农"问题工作，提出了实施乡村振兴战略，并在中央农村工作会议上划定了实施乡村振兴战略"三步走"时间表，提出到2050年实现"农业强、农村美、农民富"的奋斗目标。如何把中央精神落到实处，作为一个扎根农村办了一辈子企业的老农民，我有一些自己的想法和打算。

我认为，随着时代的发展，“三农”问题已经产生了新的变化，过去历史条件下的“三农”问题属于“老三农”，新时代下的“三农”工作属于“新三农”。“老三农”要解决农民的温饱和小康问题，“新三农”要解决美丽乡村建设、实现农村现代化的问题。通过几十年的奋斗，横店老百姓通过“农业变工业、农民变工人、农村变城镇”的发展途径，解决了“老三农”问题。在新时期，我在横店提出了“农业永远稳定”、“农民永远幸福”、“农村永远美丽”的“新三农”发展目标。

习近平在浙江工作时，就非常关心横店的发展，他曾多次来横店视察指导，要求各地学习借鉴横店解决“三农”问题的经验。那么横店解决“三农”问题的经验是什么呢？我认为就是坚持“实事求是”的原则，把中央精神贯彻落实到农村实际工作当中去，同时充分发挥农民的主观能动性，依靠横店人“拼命三郎，敢想敢干”的创业精神，走出一条解决“三农”问题的路子。

早在2005年前后，随着横店影视文化旅游产业的兴旺，横店农民劳动力就业率超过100%。按国家统计局提出的户均年收入6.5万—30万的中产阶层标准，2005年横店中产阶层家庭就达到了80%以上。横店农民年人均收入是当时全国农民年人均收入的四倍，已经提前实现了全面小康。同时，横店城镇化水平飞速提升，城区面积从最初的3平方公里扩展到了35平方公里。横店独创的“企业投资建设”、“农民就地转化”的农村城市化之路，被专家们称为“新横店模式”。“城在山中，房在林中，林在草中，人在花中”的现代化小城镇从梦想逐步变成了现实。

从那时起，横店已经走出了一条破解“老三农”难题，实现农民从温饱到小康，从乡村到城镇的成功之路。与全国其他地方不同的是，横店是农民就地转化，农民自己造城。新闻界、理论界把它称为“内生式的城镇化道路”。

依靠以富带贫，横店从最初40个村发展到现在的122个村，人口规模由最初的2.4万增长到现在的20万。新时代条件下，“新三农”横店怎么做？我认为，第一，要以2018年中央一号文件为引领，把美丽乡村建设和发展文化旅游产业结合起来搞；要通过大力发展文化旅游产业，推动美丽乡村建设，改造旧农村，建设新农村，实现农村的现代化；第二，要通过开展全域旅游＋全民旅游，让每个农民都能参与到文化旅游产业，赚到钱，提高收入水平；最终实现“农业永远稳定、农民永远幸福、农村永远美丽”的“新三农”发展目标。

为了实现横店“新三农”的建设目标，我们已经着手在圆明新园景区周边10多个村开展旧村改造试点工作，我们出台了相应的政策措施，农户开民宿，每个房间由横店“四共委”负责补贴3000元。我们已先期拿出6000万，率先开始了旧村改造工作。改造完成后，预计将增加民宿20000多个房间。

我设想，未来10年内，横店“四共委”将继续出资，助推政府，对横店全镇进行旧村改造工作。改造完成后全镇民宿房间将达到八万间。那时能基本满足日益增长的游客住宿需求，真正让旅游惠及全民，实现几年前我提出的“世界最美乡村在中国，中国最美乡村在横店”的愿景。

八、发展新方向：建设小城镇大都市的新横店

2018年，由中央多个部门联合组织调查的“横店幸福指数研究”初步结果显示，2017年横店农民人均年收入达到6.5万元，住房、医疗、保险保障、文化、教育、卫生、安全、环境等指标和满意度显示，横店已经基本达到现代化程度水平，横店人很幸福和非常幸福比例占了90%以上，超过了香港居民水平。

当前，横店圆明新园（含八大景区）已经全面建成并在试营业。横店圆明新园的影响越来越大，游客不断增加。我们正在筹划，积极准备，将在2019年9月向全世界宣布，横店圆明新园全面开业。同时，全国最大的军民融合项目也将在9月全面开业，届时还将举办第九届中国农民旅游节和第一届中国文化惠民节。我相信，到时候横店一定会非常热闹。

目前，我们正在筹建和建设的项目还有：高档次的体育文化项目、

高档次美丽花海、高档次民宿、高档次酒店。另外还有，凝聚着全国数千万收藏家脱贫致富希望的，全国最大的集收藏、鉴定、评估、拍卖、交易、出口、金融化服务平台于一体的横店古玩艺术品集散中心。

2018 年 4 月，我们与“金控单轨”正式签署了《横店单轨交通投资合作协议》，标志着横店单轨交通建设进入了实质性阶段。这也是我多年来的梦想和夙愿。这个项目可直接为发展横店全域旅游、全民旅游服务；为横店高科技工业和影视文化产业服务；为全面带动横店城市建设、人民致富服务；符合习近平总书记提出的“进一步提升新时代劳动人民的幸福感，让老百姓日子越过越红火，生活越来越美好”的要求。

随着立体化大交通网络的不断完善，横店旅游和经济发展的内外环境条件的不断提升，“全民旅游”的不断深入，横店的经济和社会发展将迎来新的重大机遇。我对横店的发展前景充满信心。

紧跟党中央精神，在浙江省委省政府、东阳市委市政府、横店镇委镇政府领导下，结合横店实际，把党在各个时期的方针、政策，在横店落地，生根，开花，结果，这是横店这么多年来发展的精髓和根本。随着改革的进一步深入，开放的进一步扩大，我们始终要同党中央保持一致，发扬企业家精神，不断锐意改革，不断努力创新，团结一致共同奋斗，完成党和人民赋予的使命。

我相信，到那时，一个农业稳定、工业强盛、信息发达、文化灿烂、交通便捷、环境优美、生活幸福的小城镇大都市，名副其实的“世界影视文化名城，国际旅游休闲之都”，人类理想中的“东方太阳城”将在横店成为现实。

我在衢州的工作经历

谢高华

我在衢州的工作大致分为三个阶段，第一个阶段是衢州解放以后到“文化大革命”之前，第二个阶段是粉碎“四人帮”之后到我去义乌之前，第三个阶段是我从义乌回来以后直到退休。我文化程度比较低，普通话不会说，工作中讲求实干，虽然在工作过程中产生过一些争议，但我始终坚持一个原则，就是在吃透中央精神的情况下，一切从实际出发，从老百姓的利益出发，真正一心为老百姓办实事，让老百姓过上好日子。只要是有益于老百姓的事，我就排除万难，义无反顾去做。

塘沿蹲点改造低产田畈

“文化大革命”之前，衢州主要是要解决农业问题，让老百姓吃饱饭。衢州的土地是比较多的，但那时要让老百姓吃饱饭也是很不容易的。当时我在杜泽当区委书记，为了解决吃饱饭的问题，我就在塘沿蹲了一个试点。我进去这个“点”的时候，老百姓有五个没得吃：一是吃不饱饭，二是没猪肉吃，三是没油吃，四是没菜吃，五是没豆腐吃。

我在塘沿蹲点一蹲就蹲了五年。那里土地多，但落后畈占比很高，粮食生产能力不足。我划了东塘畈，6 个村 2000 来亩土地，作为改造试点。要改造低产畈，先决条件是解决水、肥料、良种等问题。我集中力量搞铜山源水库，搞水利，搞肥料。那时老百姓种田稀稀拉拉，我们就推广合理密植。我们还鼓励大家种植油菜，鼓励大家养猪，一亩田养一头猪。慢慢地农村就开始有变化了，猪、鸡等家禽家畜养了起来。老百姓不仅饭吃饱了，收入也增加了，大家都很高兴。过去完成国家任务很难，现在不但完成了国家任务，而且生活水平提高了，大家都说社会主义好，共产党好，毛主席好。后来中共华东局开会，地、县委书记主要讨论解决吃饱饭问题，我作为区委书记在会上作了《塘沿蹲点，改造东塘畈》的发言，《浙江日报》、《红旗》杂志也发表了文章报道这个事情。后来“文化大革命”运动开始，我就遭到了迫害，被“关牛棚”，关在石灰厂劳动改造，直到陈伯达、林彪反革命集团粉碎后，我才重新出来工作。

拨乱反正转变思想观念

1976 年 10 月，衢县县委书记袁芳烈在粉碎“四人帮”后，到金华地委去主持工作了，衢县县委这一摊子就交给我主持工作。当时的主要任务是集中力量批“四人帮”，拨乱反正。十年“文化大革命”，把国家都搞乱了，粉碎了“四人帮”，举国上下都很高兴。因为全国大搞乱了，要集中力量揭发“四人帮”。我们主要就是拨乱反正，当时划了那么多反革命，我们都搞平反。真正的“四人帮”（帮派分子），主要的头头，县委也抓了几个，逮捕了几个。那时县委常委比较多，有 18 个，有 8 个副书记，大部分县委常委都与“四人帮”斗争的，表现突出的县委副书记、常委得到省委、地委提拔重用和交流。当时我们大力整顿恢复建设党组织，按党章，坚持党性，批判资产阶级派性，按照干部标准选拔干部，县委常委提拔副书记、常委、革委会主任、副主任。省委在我们这里搞县委党代表制度试点，是粉碎“四人帮”后全省第一个召开党代会的县。党代会开得很好，县级机关干部，委办局领导，区、乡、村级学校领导班子调整到位。对待“文革”当中犯错误的干部，思想批判从严，组织处理从宽。这一段来说，就是要通过拨乱反正，转变大家的思想观念，把大家的精力从阶级斗争转到经济建设上来，把老百姓的积极性调动起来，搞农业生产，解决吃饱饭的问题。吃饱饭是当务之急，吃饱了饭才好干革命。

分田到户发展农业生产

党的十一届三中全会在我党的历史上是个伟大的转折。看到三中全会的决议、邓小平的讲话，我们感觉到很高兴。小平同志出来主持工作了，我们基层也感觉到很高兴。贯彻三中全会精神，难的问题就是从上到下，都受“左”的思想、“左”的路线的影响。可以讲这条“左”的路线从上到下，时间也比较长，“冰冻三尺非一日之寒”。老百姓心里还是害怕，是批资本主义被批怕了。在“左”的路线上，我也犯过错误。三中全会总的就是以实践检验真理为标准，要改革，要改革开放。当时怎么改革开放，我们也搞不太清楚。我认为改革就是要完善社会主义的制度，社会主义制度是不可动摇的。但是当时的社会主义制度是搞“一大二公”的，私有制要消灭的。你怎么办呢？所以这个改革开放很重要，不能闭关自守啊。改革开放具体是个怎么样的定义、该怎么操作，我也不大清楚。但我知道，改革开放的目的，是要解放生产力，发展生产力，要把衢县的经济搞上去，人民生活水平提高，让老百姓更幸福。我是这样一个观点，并决定从农村、农业、农民开始入手。

安徽省的“小岗村”分户联产承包责任制消息传来时，当时“左”的思想还比较严重，相当多的领导干部是反对“分田到户”的。中央的文件又说“可以（继续搞合作化），可以（包产到户），也可以（联产承包）”，没有一个明确的态度。我心里对这件事有没把握。我就派老家在安徽的何琦同志以探亲的形式去实地调查。何琦同志回来后向我作汇报，她说小岗村原来很穷，大家都出去讨饭，分田到户之后，农民积极性很高，粮食大增产，不仅能完成国家任务，农民家里粮食还吃不完。她还到当地县委把联产承包责任制文件复印回来。听她汇报后，我决定立即召开三级干部大会，讨论农村问题。在会上，我把何琦同志复印的文件发给参加干部大会的同志传阅。我提出衢县也要搞小岗村的联产承包责任制，但要有计划，准备分三批进行，我在会上讲了两个多小时。经过三级干部大会，大家统一了思想，结果一个星期内全县都实行了分田到户，就没有分一、二、三批了。衢县在金华地区来讲是分田到户较早的县。分田后，农民积极性高涨，粮食大增产，除完成国家征购任务，还有粮食卖出去。

灵活施策带动柑橘种植

我们衢州有 1800 多年的建城历史，种柑橘的历史也很长。由于在“左”的错误影响下，衢县的国家统购统销任务很重，柑橘种植破坏得很严重。重到什么程度呢？那时省里的桔子就两个地方有，一个是黄岩，一个是衢县。当时省里下达给衢县的任务，一共八万担柑橘产量，我们当年一年的产量差不多也是这个数。也就是说我们衢县人种的柑橘，基本上留不下自己吃的，都要调拨到省里去。农民辛苦劳作一年，自己却尝不上一口自己种植的柑橘。

航埠是衢县柑橘的主产区，当地老百姓就靠种植柑橘为生。当时全县人基本上都吃饱饭了，但是航埠并没有解决，有讨饭的。我就到航埠去调查。我调查发现，航埠的国家统购统销任务太重了。这个粮食、柑橘、棉花、猪大都上交了给国家。为了完成国家任务，我们县委下死命令，逼得乡村干部也强迫命令。老百姓把自己一年劳作所得全部交了国家任务，自己就只好上街讨饭了。情况调查清楚后我发了点火。我对县长，对计委主任讲，我说省里这是官僚主义的计划，不要管它。我讲衢县人种点橘子，统统拿去，那农民自己要不要留一点吃吃，要不要留一点过生活？我们县委统一了思想，后来下任务的时候，就从实际出发，把省里的任务减少了。当时县委签发了一个文件，给航埠调整政策，减少了航埠300万粮食征购任务。粮食任务减掉了，恢复老橘区，老百姓积极性很高。

这中间还引起了一个大波澜。有一次开会，我讲了一句话："柑橘生产在完成国家计划的前提下，剩下的柑橘，你杭州价格高，挑到杭州去卖，上海高挑到上海卖，北京高挑到北京去！"我也没有稿子，就是这样讲的。这话讲了就糟糕了。各地橘农就自己卖起来了。结果黄岩的柑橘任务完成了，衢县完不成。省政府有关部门向省长报告，李丰平省长办公室打电话来，说让谢高华抓一下（任务）。省长来电话后，我到航埠柑橘区去调查，发现老百姓家橘子都被抢光了。我只好向省长检讨说，今年完不成了，争取明年搞得好一点。

当时有个新华社记者在衢县，他知道这个信息了，写了个报道，在《人民日报》发表，批我一通，还发表了短评。报道一正一反两个典型。其他省份的一个村支部书记是正面典型，不吃苹果，保证完成国家计划。我作为衢县的县委书记，是反面典型，讲柑桔价格哪里高，挑到哪里去卖，讲我是宣传市场经济自由化。他的短评写得很厉害，后面一个大问号，村支部书记和县委书记一个对立面，可见这个县委书记是什么品质？

这个报道发表的时候，我正在省委开会，这个报道一出，省里开会点名批衢县，压力比较大。虽然压力比较大，但我还是坚持住。我在机关干部大会上公开表示："你去看看，航埠农民讨饭啊！你知道不知道。《人民日报》批我，我谢高华犯错误，但能让老百姓过上好日子，我就值。"

当然这个事情出来了我也在想办法处理。因为《人民日报》的文章影响还是很大的。这个报道出来后，过了几天，新华社驻浙江分社社长沈志伟来衢县。我向他汇报了对柑橘的政策。我说下午有时间，我陪你去看看。不巧我下午有安排，我就另外派人陪他去看看，去航埠作调查。调查回来，这位社长同我讲，你这个政策轰动很大，得到老百姓的拥护，农民生产积极性那么高，既密切了党群关系，又发展了社会生产。后来他发表文章，支持县委柑橘的政策。当时改革是难，有些对的东西说是错的，错的东西讲对的，我们基层也搞不清楚。但我一切从实际出发，从老百姓的利益出发。

调整结构推行多样经营

老百姓都吃饱饭以后，我就在考虑，农业要调整结构，农村产业结构要调整，不能单一种粮。过去是农业“以粮为纲”，工业“以钢为纲”。这个是个大问题。当时我有很多设想，但是很多省里都不同意。在保证搞好粮食生产的前提下，我搞了十大基地。柑橘基地（建大市后搞了 50 万亩 80 万吨）、杉木林基地（100 万亩）、毛竹基地（最多时 100 万亩）、油茶基地（常山有油茶研究所）、食用菌（猴头菇、鲜菇）基地、毛猪基地、禽蛋基地、蚕桑基地、江山白鹅基地、茶叶基地。这里面最快取得效益的是柑橘基地，当时航埠沟溪一带，最早的一批新房子全是种植柑橘致富的人造起来的。

搞茶叶基地又涉及一个茶叶炒制的问题。我到农民家去调查询问，发现炒一斤茶，要用五斤到六斤柴。那我觉得，这个茶叶基地破坏山林比较严重了，那么多基地搞起来，山林都破坏掉，这也是不行的。我就比较理想化地自己设想了一下，能不能改为电炒茶。我找了相关的工程师，他们说完全可行的，于是我们就办电炒茶的茶厂。这又催生出对电炒茶茶叶机械的需求，我们又办了茶机厂，茶机热销全国。这里面人才很重要，好多东西我们不是很懂，但找了专家，很快问题就解决了。

当然农村产业结构调整还要扩大对外开放，引进一些新的产业进来。那时我们从国外引进拉链生产线。省里引进了两条，一条大的放在宁波，一条小的还没有明确放哪里。得知这个消息，我立马赶到省里去争取，那个时候是下雪天，到省里还是比较艰难，路上很不好走。省里也是被我们的热情所感动，最后同意把小的那条生产线放到衢县来，由当时我们的“二轻”具体负责。后来的很长一段时间，这条生产线都运营得很好，效益也不错。

凝心聚力打造现代交通

改革开放对交通要求很高，交通建设是必须的。当时衢县的交通状况是比较差的，衢县城区到龙游那么近，就30公里左右，而且都是平原地区，车子都要开两个小时。但是造公路很困难，主要是没有钱，我们县里也没有钱，只有尽全力整合一切要素资源，充分发动群众。

我们下了最大一个决心是建设城区到巨化公司这条路。当时巨化是个化工厂，全浙江省来装运化肥，车很多，基本都是拖拉机，路很小，路上就很容易堵，路况又差，石头都会飞起来。女同志换一身新衣服到城里去，结果拖拉机一开过去，泥浆一溅，满身都是泥，都是这样的情况，也死过不少人。我看看实在不行，就和当时巨化的厂长、书记李铁锋一起商量，干脆合起来搞一条路，两地合起来搞。当时想了五条措施，县里负责三条：第一，征用400亩土地；第二，把土压好，做好路基；第三，组建一个领导班子。巨化钱比我们多的，他还有个水泥厂，所以巨化一是出钱，二是出水泥。为此，我派了个县委常委，加上调了几个得力干部，组成一个班子，负责公路建设。

这是浙江省的第一条一级公路，路是24米宽，双向四车道。路搞起来后，反响好的很多，但是不同意见也很多，来信也很多，说谢高华搞个路，搞得像飞机场一样，有什么用啊！后来又说我损害农田，省里纪委要来查我。有一次，省委书记铁瑛来衢县检查工作，在去巨化的路上，铁瑛书记问我：“高华，你这里还有这么好的一条路啊！”因为争议比较大，我之前汇报工作的时候也没有汇报过路的事情，现在铁瑛书记问起我就只好实话实说了。我说：“铁瑛书记，我这里来信也不少，讲我这条路搞得跟飞机场一样。”在衢县调研结束前，铁瑛书记召开了县干部大会，在会上他专门指出这个公路修得好，他很赞成；后来在省里又讲，衢州有条最好的路，他很赞成。铁瑛书记为我讲了话，认为我做的是好的，是为民做事。这么一来，反对意见也就不了了之了。

后来，我又抓了农村的公路建设。我也想了很多办法，可以说是采取一切办法，最后搞成几条路。那时我们有些乡，根本就没有路！但是修路我们县里也没有钱，我就提出自力更生，全面发动群众。想办法搞点炸药和雷管，然后动员老百姓自己开凿，自己放炮，大家齐心协力把路修起来。

初心不改拦江开渠保饮水

从义乌回来以后，我花精力花的最多的一件事就是搞乌引工程。我从小在衢州长大，我知道衢州老百姓因为缺水，日子过得很苦，衢州老百姓都盼水。衢州本身年降雨量并不少，达到了1600毫米，但是时空分布很不均匀，4—6月份降雨达到了全年的一半，而7—9月份基本上没有雨，造成农作物减产欠收，甚至引发群体性事件。

其实建设乌引工程这个事情，我早在70年代就开始考虑了。1972年我到衢县县委担任副书记，重点分管农村工作。北边建了铜山源水库，解决了衢北的灌水问题。我就想，衢北的用水解决了，衢南没有解决，该怎么办。衢南我们有个乌溪江水库，是国家大型水库，乌溪江水库流域集雨面积有2683平方公里，一年大概有23亿方水。我当时的想法就是从乌溪江水库里引水。当时我设计了两条渠道，一条叫西干渠，解决廿里后溪那一片干旱区的用水问题，八个流量，沿渠六个乡，所以现在廿里那边工业发展得很好。另外一条叫东干渠，就是我们现在的“乌引工程”。东干渠最早是没有考虑通到金华的，我就考虑通到龙游。

东干渠其实1972年就已经开工了，当时我划了40亩土地，建了简易办公室和食堂，准备调配班子，搞初步设计。结果刚刚开始，省里来人了。省里和金华地委领导说服我，要顾全大局，说这个水，不能光考虑衢县和龙游，要引到金华、义乌。那么工程建设就停掉了。后来省里组成一个班子，进行论证，由衢县、金华、兰溪、义乌四个地方组成一个班子、专家，设计出一个方案。这个方案，1977 年 10 月，省里批下来，又上报中央审批。1979 年 12 月，中央最终批下来了。但是当时的任务是“拨乱反正”、调整机构，工作重心不在这块，而且光衢县也动不了这个“乌引工程”。那么之后组织调我到义乌去了，这个事情就耽搁下来了。

从义乌回来，我心里还是惦记着这个工程，对这个工程是很有干劲的。因为老百姓缺水的问题还是没有解决，一遇干旱，有些地方老百姓连喝的水都没有。我回来的时候，当时衢州刚建市，各方面都很困难。第一届市委、市政府八个常委，了解乌引工程情况的也不多。我就把这个工程的批文找出来，向市委常委会汇报，市委常委会同意了之后又向省里领导汇报，省里也同意开展建设，并把乌引工程列为省里的“八五”重点工程。

当时，这个工程不同看法的争论还是很大。副省长许行贯搞调查，从金华调查到衢州。在衢州开会，各地市思想上不统一。后来又在杭州开，在杭州思想也没有统一。主要是牵扯到金华的问题比较多。争论集中在两个问题。一个问题，水路很长，到义乌 130 多公里，到金华是 83 公里。当时分水分到金华 10 个流量，后面增加了一个流量，11 个。另外一个，有一段，大约有三五公里，就是我们龙游跟金华交界的地方，严格上属金华管的，但金华当时并不是很积极，我们积极性比金华高一些。我提出来，这一段就由我们来挖。后来副省长许行贯拍了板：“义无反顾、砸锅卖铁，把乌引搞上去！”这样一来大家也就不再争论了。

搞乌引工程，省里支持的力度也很大，当时定的政策是：重点的建筑物省里出 85%，我们筹资 15%。这是个大政策。重点建设就是桥、上道。土石方我们出 85%，省里补助 15%。我也是很受鼓舞，当时跟我们市委张友余书记汇报：背水一战、勒紧裤带，把乌引搞上去。

工程是确定下来了，但是遇到的实际困难还是很多。

首先一个要解决土地的问题。过去我搞铜山源水库，那时候是“一大二公”的政策，土地问题好解决。现在搞乌引，一方面这个土地使用也规范起来了，要报省里批；另一方面这个土地都分到户了，涉及千家万户的，处理起来难度就比较大。如果用强行的政策，我可以把渠道修过去。但是老百姓没有饭吃，事后还是要找政府的。当时我们也是想了很多办法，比如石室这里，土地很少，我这个渠道用到的土地又多，一次性要征用到400亩土地，还要施工。那么我跟农民座谈，研究出一个办法来，就是用地和造地相结合。我用一个溪滩，把地造好，用渠道挖出来的土和巨化的煤渣把田造好，仍旧分还农民。农民很高兴。石室我用了它400亩土地，我造地800亩土地，都还给农民。农民有土地好啊！后来这个方法，得到了省里的肯定，在全省推广。

再一个要解决人工的问题。我通过省军区，找到部队军部。我找到军长，调了三个团来，背着行军的装备和锅，搞了一个礼拜。我们衢州军分区宋司令也很支持，他调动了军分区的一批力量，地方海陆空都调来了。我还动员共青团员上去。共青团是党的助手，关键时刻一定要上去。另外妇联、巨化、农村，一批批调，把群众都动员起来，把任务都分掉，各个区、乡、村，责任到村，我们干部带队。当时干部的作风还是很好的，比如我让土地管理局负责征地造地，当时局里八个干部，我抽去五个，那么整个局干脆都搬到工地上去了，一边办公，一边造地。

碰到资金紧缺，我们就集资，衢州市市委常委班子每人捐款100元。一年100元，连续几年。机关干部10元。再就是发动群众，连小学生都发动起来了。我记得下张一个小学生，捡破烂捡了几十元钱找到我，捐了，几十元钱都捐了乌引。

就这样我们充分发动群众，遇到困难解决困难，慢慢地就把乌引搞起来了。而且问信访办，乌引工程的人民来信多不多？都说不是太多。因为我们都是发动群众搞的，农民你不给他解决问题，他们没饭吃了，那是要来找你的，群众有问题就真心给他解决问题，那他就好了。而且群众是真的英雄啊，修着修着群众变成了专业的队伍，开始全部是手工，到了后面是半机械化，拖拉机、压土机、造铁路的机器都来了。我分配他的任务，他自己会想办法，形成了干部群众上下同心、共同奋战的良好局面。

有一次水利部部长侯捷也来看乌引工程建设，后来他在《人民日报》上发表一篇文章，讲多年没有看到这个场面了，全民参与，十万工人奋战在建设工地上。当然十万人可能不到一点，但是七八万人是有的。

除了面上保障存在的困难外，我们还遇到两个具体工程建设上的问题。一个是地质问题。衢南的地质和衢北的不一样。衢北的地质更好一些，衢南的地质很复杂，有的简直没有办法通过去。这个是工程进行中遇到的最大困难。我造桥，挖不到底的，又搬掉换一个地方，换一个地方又挖不到底的，很困难。打隧道呢，塌方。特别是营盘山，2500 米的隧道，都出现问题。开始打，进不去，又换地方。换地方又牵扯到农田，打到中途，又塌方，塌到底。遇到这种困难，我们是用科学的态度，克服困难。你也不能蛮干，蛮干要出问题的，要保证安全。另外一个就是工程质量问题。千年大计，质量第一。质量一定要保证。质量问题就很大了，跟铜山源水库的情况完全不一样。铜山源那时候，你叫他怎么做，他就怎么做。到乌引呢，都承包了，偷工减料太严重。那么我们要保障工程质量就是加强监督，事前、事中、事后全面监督。现在有的工程搞起来，事后监督，你根本监督不出来问题。比如说，隐蔽工程，地下工程。举个例子，沙子的问题。好的沙很贵，有的承包商就用山里的沙弄下去，这个成本就下来了，但实际上质量是不行的。当时“龙游飞渡”这个地方的沙本身质量很好，但原来他上游有个黄铁矿，开了很多年，他那个废水里面有硫酸，后来他这个沙上面就沾有硫酸，硫酸对大桥的钢筋有腐蚀的，不能用。所以我们要派人守牢，不守住有人就会直接把那沙用到我们工程上，这是不行的。如果这个沙用上去，很多年后，这个大桥要被腐蚀的，桥要倒的。所以我们对工程质量关是把很严的。过去我坐小车，我都让车子停下来，直接走到施工现场去看，不走近看，发现不了问题。

总的来说，困难是有的，但困难也是可以克服的。我最深刻的体会，第一个是党的领导。我们这个工程省委很重视，省委领导王芳、薛驹、常委副省长许行贯，中央好几个部长都来过。第二个是我相信社会主义制度可以办大事的优越性。这个要把它发挥出来了。第三条是坚信群众是真正的英雄。真正相信群众、依靠群众，群众的办法多得很，有困难都会克服。作为我来讲，我也没有干多少事。第四个就是尊重技术，乌引工程的设计我们是请省设计院设计的，这个工程比较复杂，遇到技术难题，我们就请专家论证。

我离开工作岗位时间已经比较长了，党的领导班子一任接一任，都比我干得好。现在的市委、市政府决策很好，思路很好，衢州的发展前景也很好。我最希望能够把中央的省里的市里的政策，落实到群众，关键在于落实，要实实在在让农民富起来，要埋头苦干一步一个脚印，美好的生活、全面建设小康不是喊出来的，而是干出来的。关键在于落实。我老了，但是我相信，衢州的明天会更美好。

筹建舟山第二海洋渔业公司

张克田

“文化大革命”结束不久，随着政治局面的初步稳定和经济形势的逐渐好转，为了加速经济建设，1978 年 1 月，中央政治局批准了全国计划会议形成的《一九七六年到一九八五年发展国民经济规划纲要（草案）》，到 1985 年，全国要兴建和续建 120 个大型项目；到 2000 年以前，全面实现农业、工业、国防和科学技术现代化。

舟山地委在学习五届全国人大一次会议文件时，就讨论决定由地区计委牵头组织有关部门拟定舟山渔业基地建设规划。1978 年 4 月 2 日，地委讨论通过了《舟山渔业基地建设规划（草案）》，规划在今后八年内把舟山建成全国最大的商品鱼渔业基地。

当时，实现《十年规划纲要（草案）》的主要困难是：缺乏资金、先进科技和先进设备，为此，党中央又作出“利用外资，进一步扩大引进国外先进科学技术和先进设备规模”的决策。当时越来越多的人感觉到我国与先进国家的差距，迫切要求突破禁锢，对外开放。对外开放就要学习国外先进科学技术和先进管理经验，要大胆利用外资，引进国外先进技术和先进设备。中央分批组织国家各部委和各省市领导率领的考察团，走出国门考察学习国外先进科学技术和先进管理经验，洽谈利用外资，引进先进技术和先进设备的项目。

1978年3月28日至4月22日，以上海市革委会副主任林乎加为团长，国家计委副主任段云、房维中为副团长的中国经济代表团访问考察了日本的工业、渔业、农业、科技和商业，日本经济界对中国经济代表团表示了浓厚兴趣。在东京、关西地区的经济界先后举行了几百人参加的欢迎酒会。时任浙江省革委会副主任兼计委主任陈安羽参加了此次访日考察，他建议：舟山地委可根据国家《十年规划纲要（草案）》拟定舟山渔业基地建设十年规划，并提出利用外资引进设备，组建远洋渔业船队计划，报告省革委会，由省转报国家有关部门，争取列入国家计委引进外资项目计划。

根据陈安羽的建议，地区计委张书明拟写了利用外资引进设备、组建远洋渔业船队的计划，地委讨论同意这一计划，并决定由我负责筹划组建舟山远洋渔业船队。

此时我还“靠边站”，赋闲在家。时任地委副书记卢英贤同志到我家里，对我说：“地委根据五届人大一次会议精神，讨论决定加速经济建设，大力发展生产，在今后八年把舟山建成全国最大的商品鱼渔业生产基地。为此，决定舟山对外开放，要利用外资引进设备，组建一个现代化的远洋渔业船队。地委决定由你负责筹划组建远洋渔业船队。”我说：“我只熟悉舟山群众渔业，对现代化渔业一窍不通。我只好边学边干吧！”他说：“那好！明天你就和张书明商讨修改地委关于利用外资组建现代化远洋渔业船队报告，然后组织有关部门的同志跑杭州、上北京，办理审批手续。”

张书明主动找我商讨修改舟山利用外资组建远洋渔业船队的报告。我们仅作了些文字修饰，地委领导就批准了，并决定我们俩赴杭州向陈安羽和相关部门汇报。

6月21日，陈安羽召集省计委、省水产局和省外贸局领导听取我们汇报。各部门领导畅所欲言，都表示支持舟山利用外资组建渔业远洋船队。最后，陈安羽再次介绍了在考察日本有关渔业现代化的情况，还就建设舟山渔业基地提出了明确的意见。

1. 利用外资引进设备，组建远洋渔业船队，这是中央加速经济建设决策的组成部分。

2. 舟山渔业基地建设，应包括远洋渔业船队、渔港设施、造船和水产品保鲜以及水、电设施等。这些要统一规划，分别实施，而且要有轻重缓急。当前要尽快把利用外资组建远洋渔业船队搞好，越快越好。

3. 组建远洋渔业船队，首先要扩大到我国沿海200公里经济区捕捞和保鲜渔船作业，然后考虑到其他远洋区域捕捞。

4. 建设远洋渔业船队的资金问题，可以用中国银行的外汇贷款，也可以用补偿贸易形式，利用国外资金，购买他们的渔船等设备，然后用引进渔船捕的鱼，分期还本付息。

5. 远洋渔业船队的性质。舟山提出搞渔业大集体企业，也可以搞国营企业，只要列入国家利用外资计划，国家计委会批准劳动指标的。

6. 待国家批准舟山远洋渔业船队立项后，首先组织有关人员特别是技术人员赴日考察，然后根据我们的实际情况，讨论决定引进什么技术和设备。

按照陈安羽意见，当时舟山地委和省水产局商定：由舟山地区张书明、张克田、赵国光和省水产局计划财务处长祝耀祖等赴北京申报。

我们很快就上京了。我们先分别向有关部门送交省革委会文件，并交流情况。张书明联系国家计委，祝耀祖联系国家水产总局，赵国光联系中国银行，由我联系国家外贸部。此时，我参军时的老首长张建华同志已卸任中国首任驻美联络处商务参赞的职务，回国任外贸部所属中国粮油食品进出口总公司总经理。我到张建华家里，将省革委会文件交给他，并说明进京来意。张建华听后说："我国水产品出口和渔业设备引进，都是我们公司分管。浙江利用外资引进渔船设备事宜，外贸部已经向我们打过招呼，只要不影响水产品出口计划，就积极支持。"

几天后，我们四人集体活动，到有关部门拜访汇报，并征求意见。拜访国家计委时，计委财贸组陈一平同志接待了我们，他听了我们汇报后说："建设舟山渔业基地是国家计划之内的议题，利用外资引进设备这是中央的决策，国家计委是积极支持的。但是你们的规模较大，利用外资也较多，这需要国家计委综合平衡，征求有关部门意见，才能研究批准。"

因为我们已经摸清国家外贸部意图，就不找外贸部的其他部门，直奔北京东华门中国粮油食品进出口总公司拜访张建华。张建华总经理，李品清、张萍副总经理等三位领导接待我们。张建华爽快地告诉我们："你们省的报告，我们已经讨论研究过，现在重申外贸部的意见，只要不影响水产品出口计划，我们坚决支持。你们要我们办的，凡是在我们职权范围内而且能办的，一定照办。"

拜访中国银行时，该行董事长兼总经理卜明亲自接待我们。卜明说："你们的报告，我们讨论研究了，同意你们的意见。你们要用外汇贷款，可以满足你们的要求，年息低，比国际市场年息低。如果你们利用外资购买国外设备，国外企业是要银行出面担保的。我们可以为你们担保。"

最后，我们拜访国家水产总局，一位副局长接待了我们。他说："你们的报告看过了，有几个问题，请你们研究考虑。一是，远洋渔业船队到哪里捕鱼，捕什么鱼？二是，日本大洋渔业公司的渔船造价高，要用水产品归还，而且要用鲳鱼、鳗鱼、马鲛鱼等，哪有这么多好鱼。大洋渔业公司说利用他们资金，渔船要购他们的，所捕捞的产品要卖给他们。这样不行，不能有附加条件。三是，舟山渔场主要是近海渔业资源，你们买日本大洋渔业公司的尾滑道渔轮，怎么用？四是，国社合营或中外合营，我们没有经验。所以我们建议你们三思而后行。"

我们满怀激情地进京申报，不料最后碰了一鼻子灰。后来我们冷静地想了想，也是可以理解的。那时我们还是计划经济，有些做法还是情有可原的。我们深刻感到对外实行开放，必须同时对内实行改革。

回杭后，我们向陈安羽和张立修汇报了首次进京情况，大家讨论了如何进一步做工作。最后陈安羽说："你们进京工作很有成效，国家外贸部和中国银行的关系已经打通，国家计委一直很积极，待他们综合平衡和征得分管部门同意后，相信他们会正式立项列入国家利用外资计划的。至于国家水产总局，那也是在预料之中。下一步主要是做国家水产总局工作，我看还是立修同志亲自出面吧！"

7 月 4 日，张立修率领我们原班人马再次进京。7 月 5 日，我们向国家计委汇报，计委同志听了后说："你们项目的分管部门是国家水产总局，而主要阻力又是他们，建议你们先和国家水产总局商讨，征得他们同意，就好办了。”7 月 10 日，国家水产总局局长和两位副局长听取我们汇报，并讲了他们的意见。

张立修在汇报时又补充了几点意见：

1. 关于建设舟山渔业基地的依据。一是中央政治局讨论渔业基地时，提出可以利用外资引进技术和设备，要解放思想，胆子要大一些，步子要快一些；二是中国经济代表团赴日考察时，国家计委领导曾宣布利用外资引进设备，组建浙江、山东、广东、广西、天津五个远洋渔业船队；三是浙江近海或者近洋渔船越来越多，渔业资源却越来越少，而外海或者远洋渔业资源则没有很好开发，主要原因是渔轮少且马力小，又没有保鲜加工船等。因此，省委讨论认为：中央提出的利用外资引进设备、加速渔业基地建设的决策，完全符合浙江海洋渔业实际，并决定大胆利用外资引进设备，加速舟山渔业基地建设。

2. 关于海洋渔业的生产方针问题。目前浙江近洋渔业资源少，渔船多，主要经济鱼类和产量都下降。而远洋渔业资源没有很好利用。同时，海涂海滩和港湾渔业养殖发展缓慢。为此，我们讨论海洋渔业的生产方针是：打出去养起来，积极保护近洋资源，充分利用远洋资源，稳步发展海涂海滩和港湾养殖渔业。而组建远洋渔业船队，可以将部分近洋作业渔民转业远洋作业，这是既可以保护近洋渔业资源，又能开发远洋渔业资源的好办法。我们对发展远洋渔业方针的认识越来越清楚，发展远洋渔业船队的决心越来越大。如果把我们的建议列入国家发展计划，我们一定办好；如果没有列入国家计划，我们决心利用外资发展远洋渔业船队，我们决心已定，不想等、靠、要。

3. 渔港建设。沈家门渔港狭窄，航道水浅，码头小且少，而且渔民的渔船已经饱和，无法停靠未来远洋渔业船队。因此建议，在沈家门东区建设新渔港，先建 2000 米沿港堤岸。舟山历来缺乏水，电力是独立电网而且不足，所以建议建设相应的水库和发电厂。要求将渔港和相应的水、电设施建设项目列入国家计划，由国家投资，地方也可以投资一部分。

4. 关于远洋渔业船队的资金和设备。鉴于目前国家资金和材料设备短缺，以及技术落后的实际，我们决心利用外资引进设备，组建远洋渔业船队。日本大洋渔业公司、关西本部、金资造船业和石卷市都有浓厚兴趣，而且都主动和我们联系。中国银行表示积极支持，如果浙江需要外汇贷款，将满足要求，以优惠利息，年息7%，低于国际利率。如果利用外资引进渔船设备，中国银行将给予担保。至于归还外汇借贷问题，我们反复讨论研究，认为新引进的渔船设备，都是70年水平，捕鱼多、保鲜好、出口多，完全有把握按时还本付息。保证不影响国家水产总局水产品调拨计划，而且将远洋渔船捕捞的不适应外销水产品转入内销，可以增加水产品调拨数量。不仅不影响国家外贸出口水产品计划，而且可以增加出口水产品数量。因为远洋渔业船队生产的出口水产品多，而需要偿还借贷外汇出口水产品少，多余部分仍由外贸部有关公司出口，增加国家外汇收入。

国家水产总局三位局领导听了汇报后，分别讲了话，他们的主要意见有：

1. 我们也有个建设远洋渔业船队的方案。你们浙江很积极，国家计委又大力支持，当然我们应该支持。你们搞好了，可以总结经验；搞不好，也可以吸取教训。这对国家水产总局和各省、市都可以借鉴。

2. 问题是如何搞法？我们都叫远洋渔业船队，其实还谈不上远洋渔业船队，目前只算搞外海渔业船队。现在我国的黄海、东海、南海外海水域中的渔业资源，究竟有什么鱼？上、中、下层鱼类各有多少？我们都不清楚。我们搞远洋渔业船队，到哪里捕鱼，捕什么鱼，用什么渔船，这些都要事先搞清楚，才能打有把握的仗，否则是瞎子摸鱼。所以，我们的态度是既要积极、又要慎重。我们的方案是在原来的基础上搞，这样更快一些，我们计划利用外汇贷款1.3亿美元，购20艘尾滑道渔轮和钓鱼船，以广东、烟台、舟山海洋渔业公司为基础，建立远洋渔业船队。

3. 浙江一定要搞远洋渔业船队，我们没有资金投入。如果利用外资或外汇贷款，你们要自己借贷自己归还。为还外汇借贷本息，只能用新引进渔船捕的鱼，不能动用群众渔船捕的鱼。归还外汇借贷本息，不能影响国家调拨水产品计划，不能影响国家出口水产品计划。

4. 新建的远洋渔业船队，要到外海水域生产，注意保护渔业资源，对此我们必须引起重视。新建远洋渔业船队，绝对不能在近海水域生产，绝对不能同渔民渔船争利，否则会引起渔民群众反对。

5. 渔港基础建设，由国家拨款，要专项研究。现先拨给你们200万元，用于水库建设。嵊山渔港建设资金，也可用于沈家门渔港。

7月13日，我们再次拜访国家计委，计划组宋一鸣和财务组陈一平接待了我们。

宋一鸣说："看来，国家水产总局和浙江省意见不一致，主要有两个问题：一是国家水产总局要以现有基础统一搞，浙江省要自己搞新的；二是外汇贷款和利用外资是新课题，他们没有经验，各省、市都要求搞，他们很难下决心。"

陈一平说："你们的计划规模很大、投资也很多、牵涉面又广，一时定不下来。为了慎重其事，你们可以派人赴日考察，我们准备批复文件，报国务院批准，可以叫浙江省赴日渔业考察组，不要叫考察团。考察人员不要超过十人，如果人员多了，日方接待很麻烦，我们也不方便。除了领队和翻译人员外，主要是派懂行的技术人员。主要考察准备引进的渔船及设备性能，还有渔船和出口水产品价格和偿还条件等。回来后研究制定引进渔船及设备的规模，还有偿还计划和办法等，再报国家正式批准，邀请日方来华洽谈签约。"

7月16日，我们将在北京得到的意见向陈安羽同志作了汇报。他听了后说："这次进京申报效果大。当务之急是组织访日考察组。"同时他对考察工作提出了意见。

1. 访日渔业考察组定为十人，名单提出来报省委批准。省水产局和舟山地委各派一位领导同志，省外贸局派一位日语翻译，其他都是渔业技术人员，以舟山为主派遣人员。

2. 访日渔业考察组的任务，主要是考察渔轮、保鲜加工母船和水产品加工设备，渔港设施及建筑设备，渔船及其设备和水产品价格，但最主要的是渔业科学技术。考察目的是为了研究制定利用外资、引进渔船设备的方案。石卷市渔港设施和建筑设备比较先进，一定要考察，不然前方打仗，后方跟不上。当然大洋渔业、关西本部、金资造船和宫城县的仙台市、北海道函馆市等，都应去考察。

3. 访日渔业考察组费用问题。访日渔业考察组费用一律自负，如果日方请客不用拒绝。

4. 访日渔业考察时间，暂定一个月。是否就定在8月中旬集训，下旬出国。

5. 国家水产总局已经决定再拨款200万元，并提出把嵊山渔港建设资金用于沈家门渔港，地方财政也出一些，水库建设可以先动起来。

8月5日，地委听取了我们两次进京工作汇报和陈安羽对访日渔业考察组的意见，并就访日考察问题展开讨论。

卢英贤说："赴日考察要看造船、水产品保鲜加工、渔船电子仪表设备，并考察先进捕鱼方法，把日本渔业70年代先进水平看准，回国研究引进来。我建议由李辉同志率领出访。其他出访技术人员，由张克田同志和有关单位商讨选定。"

我说："这次访日考察，回来要制定利用外资引进设备的方案，因此出访技术人员必须既有书本知识，又有实践经验。我建议在舟渔公司、舟山船厂、舟山食品厂和舟山水产学院的教授、工程师、渔轮船长、轮机长和电机师中选派。"

李辉说："克田这个建议很好，还是由你到你说的这些单位商量选人，交地委组织部政审核确定，再由你办理访日的一切手续。这次访日考察是舟山对外开放的首次战役，我们一定要看准、学好、吃透，把日本渔业70年代先进技术带回来，下定决心打好对外开放的首次战役。"

之后，陈安羽与李辉、张立修商定：由我进京办理日本大洋渔业公司邀请浙江省访日渔业考察组访日函电。我单枪匹马第三次进京。第二天，我去北京饭店日本大洋渔业公司驻华办事处递交浙江省访日渔业考察组名单，请他们发邀请访日函电。接待我的是日本大洋渔业公司中国课课长渡边敬三，他非常热情。第二天渡边敬三就电话告诉我：本部邀请函电已到。我即刻赶到北京饭店，拿到了邀请浙江省访日渔业考察组传真函电。

连续三次进京办事，这次是最顺利了！

事情办妥后，我到张建华家里看望他们夫妇。我说："访日考察组就要动身了，我们舟山一分外汇也没有，访日费用外汇成问题。"张建华说："人民币你们拿，外汇额度我公司给你们出。"

回舟山后，卢英贤到我们家里对我说："地委决定：计划由渔业社、队利用外汇贷款，发展大型机帆船和在螺门、虾峙、衢山建造渔民集体所有制的水产品冷冻加工厂，进一步扩大外海渔场，提高水产品数量和质量，发展水产品出口贸易，多方面建设现代化渔业基地。地委同时决定：由你组织有关部门参加的调研组，深入到螺门、虾峙、衢山等渔业社、队调研，提出利用外汇贷款的方案，连同远洋渔业船队的方案一并讨论决定。"

我说："可以一并调研发展出口名贵海产品问题。例如，舟山渔场石斑鱼是香港市场最名贵的海鲜品种，出口一吨活石斑鱼约值二万美元以上，相当于 20 吨冻大黄鱼，或 20 吨水产品罐头。每年夏、秋汛，香港有好多只渔船来舟山钓石斑鱼，而我们却还没有利用。还有海鳗、鲈鱼和海虾等，只要发展活鲜渔业作业并出口，一吨活鲜鱼出口可创相等于十吨以上速冻鱼的外汇。而我们舟山还没有钓养活鲜水产品作业，可以说大有作为。"

卢英贤说："好！那你就和地委组织部商量，组织有关部门参加的调研组，由你挂帅。"经地委组织部和有关部门商定，调研组人员由我、童友根、赵国光、张维新、钱义夫、赵强、梅文耘、王流义组成。8 月 15 日，我们到螺门公社调查。该社四个渔业大队，固定资产 400 万元，年产鱼 16000 吨；而舟山海洋渔业公司固定资产 9000 万元，年产鱼 25000 吨。事实说明，集体渔业生产效率比国营渔业生产效率高，但是集体渔业水产品质量比国营渔业水产品质量差多啦！其主要原因：一是舟渔公司是渔轮带冰生产，而集体渔业是机帆船和木帆船不带冰生产，也没有水产品冷冻加工厂，还是古老作业方法。渔船没有保鲜设备，这是渔业水产品质量差的重要原因。二是集体渔业产销脱离。

我说："我们来螺门就是调研渔业社、队如何利用外汇贷款，发展大型机帆船，建设小型冷冻加工厂，以此打出去，扩大外海渔场，增加水产品数量，提高水产品质量，扩大水产品出口贸易。"

螺门公社党委书记赵荣再说："地委这个设想太好啦！如果确定在螺门试点，我们下决心搞好，一定按期归还外汇贷款。螺门公社有 100

只大捕船，夏、秋汛主要是生产大黄鱼、鲳鱼、鳓鱼、鲤鱼和海蜇等，总产量 20 万担，如果 10% 出口就是 2 万担（1000 吨）。还有 30 只流网船，夏秋冬汛主要生产鳓鱼、鲳鱼、黄鱼和蟹，每只船可产 600 担，总产量 18000 担。流网作业，水产品鲜度好，出口率已经 40% 以上，可出口 7200 担（360 吨）。全公社可供出口水产品 27200 担，合计 1360 吨，如果每吨以 1000 美元计算，每年可创外汇 136 万美元。所以，如果利用外汇贷款 50 万美元，保证在完成国家出口任务后，两年内还清外汇贷款本息。问题是，如何从渔船到驳货船再到冷冻加工厂，一定要把保鲜做好，否则是竹篮打水一场空。”

经过三天工作，调研组和社、队有了比较一致的认识，我们就冷冻加工厂和大型机帆船规模、建设资金、冷冻加工厂地址、水电设施、加工厂的性质等研讨了初步方案。

8 月 21 日，我们到朱家尖岛里港大队调查石斑鱼资源。党支部书记张定福介绍说：“舟山群岛每个岛礁周围岩石中都有石斑鱼，洋鞍、东福、青滨和两姊妹、四兄弟等外海岛礁，石斑鱼尤其多。近几年夏秋汛，香港有几十只大船背几百只小钓船来舟山钓石斑鱼。洋鞍灯塔管灯塔的两个人最清楚。”

张定福掌机帆船乘风破浪将我们送上东海最外的洋鞍岛。洋鞍灯塔工人冯乃来、李振华非常热情地接待了我们。冯乃来说：“洋鞍岛周围石斑鱼、鲈鱼、鮸鱼和虎头鱼非常多。每年 7—9 月，香港有几十只大船背几百只小船来洋鞍岛礁周围钓石斑鱼。他们上岛加淡水时，我们问过他们：一般一只大船背 4—6 只小钓船，大小船都有活水舱。每只小钓船两人，负责钓鱼和暂养钓来的活鱼，收工时将活鱼放养到大船活水舱里，渔民吃饭睡觉都在大船上，每年往返 3—4 次。”李振华说：“我问香港渔民，你们这么远来钓鱼合算吗？他们说：‘洋鞍红石斑鱼很多，每天一只小船可钓 200 斤左右。最主要是，舟山红石斑鱼是香港最名贵的鱼，大老板子女婚宴，每桌要上双红石斑鱼，这一盘鱼价值 2000 港元。所以，我们钓的鱼没有舟山渔民捕的多，但钞票比舟山渔民多多啦！’”

9 月 1 日，我们深入虾峙岛调研，张书明也参加了调研。由于已有螺门公社调研基础，这次主要是与虾峙区委商讨冷冻加工厂的建设问题。

9 月 6 日，地委调研组原班人员转入嵊山、枸杞公社调研，主要是开发钓养石斑鱼和海虾问题。

10 月，根据调研组调查情况和各地要求，地委讨论决定：利用外汇贷款 232 万美元，新建 40 对大型机帆船和螺门、虾峙、衢山渔业集体所有制水产品冷冻加工厂，进一步开拓外海渔场，提高水产品加工能力，发展水产品出口贸易。

8 月 31 日至 10 月 10 日，应日本大洋渔业公司邀请，李辉、张立修率领浙江省访日渔业考察组考察了日本九州、本州两地十多个城市的渔船建造、鱼货加工、鱼货交易市场和渔港建设等。日本各界却非常热情。考察组人员每到一地，都深入到车间、码头，船上参加劳动，和工人边干边学、边学边记。考察组人员的虚心好学和敬业精神，使日本接待人员深为钦佩。

考察组回国稍事休整，即集中在杭州市少年宫后的杭州铁路局招待所，由李辉、张立修主持总结访日考察成果，讨论利用外资建设舟山渔业基地的设想。李辉通知我参加访日考察总结会议，并指定我拟写访日考察和利用外资建设舟山渔业基地的报告。在几天座谈总结中，考察组同志发言热烈，畅所欲言，各抒己见。每一位考察组同志对日本渔船先进性、重视渔业养殖、水产品鲜活要求高、鱼货交易市场活跃，以及渔港建设现代化和渔港设施设备先进性等，都有深刻的印象，都有说不尽的看法。一致认为，经过 40 余天的访日考察，既看到了日本渔业的现代化水平，也找到了我国渔业与之相比的落后差距，深感不比不知道，一比吓一跳。一致认为，中央实行对外开放，利用外资引进国外先进科学技术和渔船设备的决策，非常英明，非常及时，对此，我们要胆子更大一些，步子更大一些，才能迎头赶上。如果还是闭关自守，我国渔业与国外渔业的差距，将越来越大。

经大家讨论，提出了尽快建设舟山渔业基地的建议：（1）采取补偿贸易或外汇贷款的办法，从日本引进 70 年代水平的渔船，建设一支现代化的远洋渔业船队。一期即 1978 年至 1981 年，引进 38 艘渔船，包括尾滑道渔轮和速冻冷藏母船。（2）加速社、队近洋渔业现代化建设，主要是利用外汇贷款和渔业社、队的积累，建造大型机帆船和集体经济的小型速冻、制冰和冷藏工厂。合理利用近海渔业资源，增加出口和内销水产品的花色。（3）加快沈家门渔港和相应的水、电设施建设，适应上述渔业现代建设的需要。（4）要求国务院批准舟山对外开放，建立相应的海关、边防、商检、检疫等涉外机构。

根据大家的讨论意见，我拟写了浙江访日渔业考察组《关于访日考察渔业的报告和利用外资建设舟山渔业基地的建议》（初稿）。李辉、张立修同志非常满意。

10 月 26 日，李辉、张立修向省委汇报访日考察渔业报告和利用外资建设舟山渔业基地的建议。时任省委副书记李丰平主持会议，参加会议的有省委常委薛驹、王家杨、王耀亭、牟汉清、袁芳烈，以及省计委、财办、外贸、水产和银行等有关部门负责同志，我作为李辉随行工作人员列席会议。

会议展开热烈讨论，一致同意李辉、张立修率团的浙江访日渔业考察组《关于访日考察渔业的报告和利用外资建设舟山渔业基地的建议》。李丰平同志说："这是浙江执行中央对外开放决策的实际行动，利用外资、引进科学技术，一定要胆子更大一些、步子更大一些，下决心办好，对全省有示范作用。我认为利用外资建设渔业船队，不仅舟山搞，宁波、温州、台州都要搞。国家给钱要搞，不给钱也要搞，就是李辉、张立修建议的采用补偿贸易和外汇贷款办法搞。"

薛驹同志说："李辉同志谈到日本对渔业科学研究非常重视，谁不重视科学研究，谁就要落后，落后必然倒闭。这点非常重要，如果一个企业落后，必然倒闭；如果一个国家落后，就必然挨打，甚至亡国。这是中国近百年的深刻教训。"

李丰平说："向中央汇报，大家都赞成。以李辉、张立修同志的报告为基础，请薛驹同志修改为省革委会文件，报国务院和有关部门。"

10 月 29 日，李辉、张立修、祝耀祖和我一行进京汇报。11 月 1 日，国家计委党组成员宋子明同志主持，召集财政部、外贸部、水产总局、中国银行和中国粮油进出口总公司负责同志参加会议，听取李辉、张立修同志汇报。除了水产总局持慎重态度，其他部门都表态积极支持。此后，李辉、张立修分别找水产总局几位副局长交谈。由于水产总局是渔业利用外资、引进科学技术设备的主管单位，如果水产总局的关过不去，事情就办不成。我们四人冥思苦想，怎么办？我忽然想到：当时，省委书记铁瑛同志就在北京参加中央工作会议，是否可以请铁瑛同志写信给中央领导同志，请中央领导同志直接过问，只要中央领导同志批示同意了，事情就好办了。

我们到京西宾馆向铁瑛汇报在京活动情况及要求，铁瑛同志爽快地说："可以我的名义写信给李先念、余秋里同志，请他们过问此事。"由于利用外资建设浙江远洋渔业船队正符合当时改革开放的大气候，余秋里同志很快在铁瑛同志的信上批示："拟同意：请先念、登奎、永贵同志阅。"李先念、纪登奎、陈永贵同志也很快圈阅同意。

11 月 23 日，铁瑛同志秘书方文打电话通知李辉到北京和国家计委商讨下一步工作。于是，李辉、张立修、祝耀祖和我四人再次进京，而我是五次进京。

11 月 24 日，国家计委副主任顾秀莲、房继中接见了我们，国家有关部门负责同志参加。他们说：1. 原则同意浙江引进 38 艘渔船的规模。渔业基地可利用现有设备，不另建新基地，同意将水库列入国家计划。2. 引进渔船后，尽快投入生产，尽快出效益，尽快归还外汇贷款。还贷越快越好，时间越短越好。3. 出口水产品可以海上交货，这样可以提高产品质量，提高经济效益。 4. 邀请日方来人，先谈起来，搞个协议，而后再谈判签实质性合同。同日本谈判，以浙江省为主，国家有关部门派人协助。5. 如何谈判？日方介绍情况，我们仔细听；我们提意见，日方修改；最后双方达成协议。对外谈判，要由主谈讲，不要乱讲。如涉及业务，可以由专业人员解释。我们已经同关西本部联络人员谈过，他们最感兴趣的是对虾，他们提供了十种渔船性能和价格。6. 根据上述精神，尽快组织谈判人员，准备谈判方案，大的盘子要定下来，尽快提出协议草案。

在京时，我们与关西本部大洋渔业公司驻京代表洽谈，他告知我们：日方确定分两批访华商谈，第一团由中部藤次郎为团长，于 12 月

20日来华，主要商谈原则；第二团明年1月来华，商谈实质性贸易。

在京时，省革委会副主任翟翕武还和我们谈了利用外资问题。

12月4日，陈安羽同志召集省计委、财办、外事办、外贸、水产和银行等有关部门负责同志参加了会议，听取李辉、张立修进京工作汇报。最后，陈安羽同志提出总结意见：

1. 利用外资的规模：以补偿贸易形式，利用外资5700万美元，引进日本70年代水平的尾滑道渔船和加工运输船36艘。

2. 对日合作公司名称：就按李辉同志建议的新建舟山第二海洋渔业公司。因为是新建公司，没有基地设施，就按张克田同志建议的，将舟山水产供销公司（主要是大干冷冻加工厂）、舟山食品厂和舟山船厂作为舟山二渔公司基地对日方洽谈。

3. 对日洽谈代表团：以舟山为主，省有关部门协助。李辉为团长暨主谈人，张立修、覃永章（省外贸局长）为副团长暨副谈人，三个公司经理（浙江粮油食品进出口公司陈金鸾、浙江水产品进出口公司祝耀祖、舟山第二海洋渔业公司张克田）为代表，其他业务技术人员若干人。

4. 商务谈判也是经济斗争。日方的宗旨是为了赚钱，他们可以赚三笔钱：贷款赚利息，造船赚利润，还有技术合作也可以赚钱。我们的宗旨是为了实现渔业现代化，引进的渔船等设备必须是70年代水平的，要拿到设备图纸，要掌握操作技术，渔船等设备的价格要合理。这就是说：知己知彼，才能百战百胜，达到预期目的。

5. 开始可以利用宁波港海关、边防、商检等设施，但是舟山二渔公司将来在海上交货，非常不适应，最终舟山要对外开放，要开展这方面的工作。

会议结束后，我们即从杭州返回舟山。12月6日，李辉同志向地委汇报进京工作情况和陈安羽对日谈判的意见。

卢英贤说：当务之急，组织好对日谈判班子和舟山二渔公司班子，请克田和组织部商量，尽快抽调一批干部，把舟山二渔公司架子搭起，应付对日谈判。

吴志诚说：我同意由克田牵头组织对日谈判班子和舟山二渔公司班

子，尽快把舟山二渔公司的庙建起来，并将舟山水产公司（主要大干冷冻加工厂）、舟山船厂和舟山食品厂作为舟山二渔公司基地。

李辉说：我同意大家的意见。当前，克田主要是协助我对日谈判，组织对日谈判班子，准备对日谈判方案。舟山二渔公司班子由地委组织部提出，交地委审议决定，并从地区机关和有关企业抽调一批德才兼备的干部，将舟山二渔公司的架子搭起来，并以舟山水产公司（主要是大干冷冻）、舟山船厂和舟山食品厂为基地，应对日方。要通过舟山二渔公司为舟山有关企业引进先进设备和进行改造。关于对日谈判人员，我建议张克田、张书明、赵国光作为浙江代表团代表参加谈判。还要由克田和组织部商量，从舟渔公司、舟山船厂、舟山食品厂和地区机关抽调懂行的工程业务干部，组成对日谈判技术业务班子，尽快赴杭和省有关部门的人员共同讨论对日谈判的方案。凡是访日考察的业务技术人员都参加谈判。渔港水库建设、明年国家计委列入 200 万元投资计划，还同意将嵊山渔港建设资金，移一部分用于沈家门渔港。现在就请有关部门尽快联系落实。

12 月 11 日，对日谈判技术业务班子集中于省水产局招待所。首先，由张立修同志传达中央领导同志关于浙江利用外资建设现代化渔业船队的批示，并作动员报告。组织全体人员学习中央领导同志批示和中央对外实行改革开放的有关文件，解放思想、树立信心。其次分组查阅日方提供的有关资料，讨论研究引进渔船等设备、水产品交易、货币结算，分别准备对日谈判的方案。最后，全体讨论对日谈判综合方案，根据大家讨论意见，我拟写了《中日渔业经济技术合作协议书》（草案）。

12 月 18 日至 21 日，李辉、张立修同志三次听取我们关于对日谈判《方案》和《协议书》（草案）拟定汇报，根据他们的意见，作了三次修改。最后，向陈安羽、李辉、张立修同志汇报。陈安羽同志还提出了对日谈判时，应注意掌握的重要意见。

12 月 21 日晚上，李辉同志和我个别谈话，他说：“地委讨论决定：任命胡声琪为舟山二渔公司经理，任命你为舟山地区外贸局长。”

我虽然感到非常突然，但还是接受了组织的安排。

12 月 22 日，以中部藤次郎为团长的日本大洋渔业公司访华团抵达杭州，住西冷饭店高层。大洋渔业公司访问团成员绝大多数是初次访杭，看到西湖美景，品尝到杭州名莱，都非常高兴。

12 月 23 日，中日双方举行全体会议，由双方代表团团长、副团长就中日渔业经济合作基本原则，进行洽谈。浙江渔业经济代表团团长为李辉，副团长为张立修、覃永章。日本大洋渔业公司访华团团长为中部藤次郎，副团长为上垣内刚、近藤有信。

那天下午，岱山县水产局肖坤同志亲自送来八箱刚刚试验成功的冻眠梭子蟹。当晚，张书明、肖坤和我拿了一箱给中部藤次郎等人鉴赏。待西冷饭店厨师送上盛满鲜红梭子蟹的大蒸笼时，中部藤次郎一行兴奋得手舞足蹈，边吃蟹边饮酒边唱歌……

中部藤次郎说："你们可否和大洋渔业公司合作钓养活梭子蟹？"

张书明说："舟山渔场梭子蟹很多很多，除和兵库合作外，也可以和大洋渔业公司合作钓养活梭子蟹。"

中部藤次郎连声说："好，好，大大的好！"

我们三人离开日方会客室后，我说，肖坤同志这几箱梭子蟹，比今天谈判效果还好。

李辉说；"这是实物谈判，比磨嘴皮子管用得多啦。"

张立修说："这是个很好的经验，今后对日谈判时，要注意灵活运用。"

经中日渔船设备组、食品加工组、水产品交易组和贷款及货币结算组多次深入洽商，最后取得了一致。我和张书明根据中日双方洽商一致的意见，重新修改了《中日渔业经济技术合作协议书》（草案），交日方审议通过，形成正式《协议》文稿。

12 月 28 日，中日双方于杭州西冷饭店会议室举行签字仪式，陈安羽同志出席了签字仪式。

12 月 29 日至 30 日，李辉、张立修等陪同中部藤次郎一行游览杭州西湖风景。12 月 31 日中部藤次郎一行离杭赴沪乘飞机回国。

送走中部藤次郎一行，中方参加谈判的全体人员举行总结会议，大家都非常兴奋。

李辉最后总结说："现在我们和日本大洋渔业公司正式签订《中日

渔业经济技术合作协议书》，这标志着舟山对外开放首战告捷，也是浙江对外开放一个战役性的胜利！然而，我们清醒地认识到：这仅仅是万里长征的第一步，对外开放还有很长很长的路要走。但是，只要我们坚定不移地执行党中央对外实行开放的伟大战略方针，如同这次一样，在省委正确领导下，舟山地区和省有关部门团结一致协同作战，任何艰难险阻都能冲破，任何关卡堡垒都可以攻克，一定能争取更大的胜利！我深信最后的胜利一定属于我们！”

丽水世纪之交的飞跃

丁耀民

我于1998年12月由江西省新余市委书记任上跨省交流到浙江省丽水任地委书记，当时组织把丽水撤地设市作为一项重要工作任务交付给我们地区四大班子。我边熟悉情况，边和班子成员一道加快启动撤地设市的系列工作，积极做好相关的思想准备、法律准备、组织准备、干部准备、战略规划准备、产业准备、基础设施建设准备等。从筹备到实施，用了两年多时间，实现了撤地设市的平稳过渡，为丽水的发展翻开了崭新的一页，也在自己的人生轨迹上留下了一段终生难忘的岁月。

撤地设市除了行政管理体制调整，更重要的是从思想理念、体制机制、基础设施、产业结构等方面去完成转型升级。现在回想起来，对撤地设市这样一件重大任务，我们当初是围绕“势在必行、因势利导、趁势而上”12个字次第开展的。

撤地设市是一个势在必行的选择

1998 年 12 月我从江西新余调任丽水，到岗之前，参加了在中央党校举办的 16 省部分地（市）级主要领导交流座谈会。其间，带队的一位浙江省委组织部领导找我谈话，正式告诉我到丽水工作后，当务之急是撤地设市。

12 月 18 日下午，丽水地委召开全区领导干部会议，宣布省委任免决定。当天，我从杭州赶赴丽水，给我印象最深的是，当时一路颠簸，当车子经过 330 复线后，接车的同志告诉我，丽水城就到了。我认为接下去的进城道路应该是平坦的，宽敞的，想不到当时的丽阳街还是坑坑洼洼，沿路建筑也比较破旧，没有城市样。我就想，进入城区的主街道都如此，看来丽水的发展的确需要一个符合时代要求的有效载体，换句话说，撤地设市势在必行。

1999 年的丽水全地区国内生产总值 122 亿元，财政收入 10 亿元，城镇居民年人均可支配收入 7300 元，农民年人均收入 2465 元，连同当时驻地的县级丽水市各主要经济社会发展指标都接近或略低于全国平均水平，达到或基本达到当时撤地设市的标准。不难看出，当时的丽水无论是区位，还是产业、资源、交通等都没有优势可言，有两组数据最能说明问题，一是当时人均 GDP 不到 1000 美元，不到全省平均水平的一半；二是城市化水平只有 25%，而全国是 31%，浙江省是 34%。当时丽水存在的困难和问题主要表现在：全地区经济社会发展与全省差距还在拉大，工业经济总量小，工业化程度低，产业层次不高，产品竞争力较弱；城市化明显滞后，辐射带动能力弱，基础设施建设相对落后；相对贫困人口还有一定数量，返贫因素依然存在；政府职能转变还没有真正到位，经济发展的软环境仍不够宽松。

行署作为省政府的派出机构，随着经济建设的快速发展、改革开放的不断深入和城市规模的不断扩大，这种行政管理体制已经越来越不适应经济社会的发展需要，主要表现为：一是行署的职责是代表省政府对所管辖县市的工作进行监督、检查、指导和协调，但实际承担的职责却与作为一级政府的其他兄弟市相同，被授予的权力与所承担的义务不相称，不利于工作的正常开展；二是行署作为省政府的派出机构，对管辖的九县市只能起指导作用，大量的经济、政治和社会活动都是以各县市为基本单位进行的，不利于对等的与区外各级政府及有关方面开展正常的合作交流，进行对等的洽谈和签约；三是行署建制不利于社会民主与法制建设，由于行署建制，从而人民代表大会和政治协商制度的结构不健全，行政管理缺少监督，不利于政府依法行政，一些必须用地方法规或规章制度确认的工作，无法通过人民代表或人大常委会予以确认，权威性不够，难以形成决策的民主化、科学化、法制化；四是现行的行署建制在行政管理上存在许多矛盾，人为地出现一事多头，重复建设等不合理现象，影响投资环境改善，降低了办事效率；地委行署作为省级派出机构，本级财力十分有限，对全区经济发展缺少必要的宏观调控能力，经济的有序运作受到制约，要办一些全区性的项目难度加大。

当今社会，城市是资金、技术、人才、信息的最佳结合点，也是经济社会新一轮发展的主要载体，因为丽水长期没有一个中心城市，难以在全区范围内有效地实现生产要素的优化组合，提高资源配置的效益，从而制约了丽水的经济社会发展。

丽水的现状被戏称为“小马拉大车”，当时全省 11 个市地也确实只剩下丽水没有完成撤地设市。可以说撤地设市早已成为全丽水人民心中所盼，只等政策的春风吹到。

撤地设市是一个因势利导的过程

在我到丽水工作的头一个月，也就是 1998 年 11 月底，丽水地委、行署就组织人员外出衢州、台州等地学习考察，并提出一些撤地设市工作初步设想。也是机缘巧合，1999 年 1 月 5 日，中央下发了《中共中央、国务院关于地方政府机构改革的意见》，提出“要调整地区建制，减少行政层次，避免重复设置。与地级市并存一地的地区，实行地市合并；与县级市并存一地的地区，所在市（县）达到设立地级市标准的，撤销地区建制，设立地级市，实行市领导县体制；其余地区建制也要逐步撤销，原地区所辖县改由附近地级市领导或省直辖，县级市由省委托地级市代管”的要求。省委、省政府据此文件精神，也对丽水作出撤地设市与机构改革一并进行的指示精神。这样，丽水不仅要完成撤地设市，还要在全省率先完成机构改革任务。随后，借助政策的东风因势利导，加快撤地设市的步伐也自然成为题中之意了。

一是借用“三讲”教育的东风，统一领导干部的思想。以“讲学习、讲政治、讲正气”为主要内容的党性党风教育，从1999年7月23日召开动员大会开始，到10月13日基本结束，经历思想发动、学习提高，自我剖析、听取意见，交流思想、开展批评和认真整改、巩固成果四个步骤，我在动员大会上就提出，“三讲”教育要在“五个真”上下功夫：真学、真听、真查、真批、真改。省委“三讲”教育丽水巡视组组长韩文德工作非常认真细致，全程督查一丝不苟，从学习阶段就推荐学习焦裕禄，并自己找来穆青写的小册子——《县委书记的榜样——焦裕禄》，经翻印提供给地级领导干部人手一册进行学习。这本小册子对我触动很大，我记得该书第一章就讲“关键在于思想的改变”，我想撤地设市也是一样道理。地级领导干部在当时的财政局招待所进行为期九天的封闭式集中学习，研读“三讲”书目，围绕专题研讨，一些同志的发言经过深思熟虑，很有启发性。通过各种渠道，共收集梳理地级四套班子集体剖析评议意见725条，地级领导干部个人意见786条；开展班子成员间谈心122人次；出台《中共丽水地委工作规则》等规章制度6个。其间出台了很多重要的制度成果：7月26日，地委发出《关于实行干部提任公示制的决定》，扩大了干部选拔任用工作的透明度，为此后撤地设市大批干部的调整打下扎实的制度基础，提高了干部选拔任用的质量保证。9月27日，地委办公室、行署办公室发出《关于进一步转变领导作风的意见》，对加强调研，压缩会议、文件，减少领导应酬、领导活动的新闻报道等作了严格规定，党风、政风为之一新。紧接着是地直单位领导班子和领导干部“三讲”教育，第一批从10月14日开始，到12月中旬结束，参加的地直单位64个，县处级领导干部230人；第二批从2000年2月18日开始，到4月底结束，参加的地直单位16个。县（市）领导班子和领导干部的“三讲”教育从2000年4月底开始，也用了两个多月时间。可以说，“三讲”教育贯穿撤地设市工作的全程，党的领导也始终贯穿撤地设市的全程。

二是发动优化环境大讨论，增强“人人都是发展环境”的服务意识。2000年5月3日，我从政协提供的《社情反映》上看到，黑龙江绥棱县客商一辆大货车运送东北桦木板到云和，途径缙云新碧木材检查站时，因所持的木材检运证上“有效期限”和“签发日期”的年份将2000年误写成“20年”，被该站判定为无效，扣下车辆，并要其回黑龙江办证，货主请求罚点款放行，该站两名木检人员擅自给予变相罚款3500元。看到这个材料，我马上作出批示：“要查清问题，严肃处理，并以此为典型教材，在全区开展一次‘优化环境，依法行政’集中教育整顿活动。”5月22日，地委、行署办公室发出《关于开展全区优化经济发展软环境大讨论的通知》。6月2日下午，地委召开全区优化经济发展软环境大讨论动员会，我作动员报告，要求全区各级、各部门从缙云县新碧木材检查站乱罚款事件吸取教训，进一步树立为群众、为企业、为基层服务的意识，为营造良好的软环境而努力。大讨论时间具体分为两个阶段：第一阶段为学习讨论阶段，各县市、地直各单位要谈认识、论危害、摆问题、定措施、抓整改。各级各部门广开言路，以召开座谈会、开展问卷调查、明察暗访等形式深入基层了解情况。针对群众反映较为强烈的审批程序烦琐等问题，博采众长，制定措施。对少数掌握实权的股（科、所、队）长和干部逐步进行跨系统、跨行业交流，建立了服务办事大厅，在思想认识、宗旨教育、工作作风、管理体制等诸多方面进行深入有效整改，推动优惠政策落实，促进政府职能和干部作风转变。为了密切联系群众，架设起政府与群众之间的沟通桥梁，2000年9月，丽水开通了政府便民电话，我在开通首日上岗受理第一批便民电话，并对每一次电话都认真作出处理。

三是通过营造氛围，使“丽水精神”成为全市人民开拓丽水美好未来的精神支柱。千百年来形成的丽水精神是什么？这种丽水精神对今后丽水的发展有什么作用？我们想通过对“丽水精神”的提炼和宣传，激发丽水人民的爱乡意识、创新意识和创业意识。2000 年 4 月，我们利用媒体，大张旗鼓开展了“丽水精神”宣传活动。首先在《丽水日报》开辟“丽水精神、发展之魂”栏目，拉开了“丽水精神”宣传报道的序幕。其他新闻媒体把“丽水精神”的宣传作为重点，纷纷开辟专栏专题，安排重要版面和黄金时段，对“丽水精神”进行全方位、多角度宣传报道。在三个多月的集中宣传中，总结宣传浙江纳爱斯化工股份有限公司、缙云雪峰人、景宁景南人、缙云中学等 50 多个体现“丽水精神”的先进典型，推出八论“弘扬丽水精神，建设新丽水”系列评论员文章，形成强大的舆论声势和浓厚的氛围。通过座谈会、报告会、研讨会、演讲会等形式，广泛深入开展“丽水精神”研讨工作，概括提炼出“勤劳质朴、坚韧不拔、负重拼搏、务实创新”的丽水精神，被写进了丽水市第一次党代会和市一届人大一次会议的工作报告。市直新闻媒体将“丽水精神”进行广泛宣传，并汇编《丽水精神》一书，使“丽水精神”深入人心，成为团结激励全市人民振奋精神、开拓进取，加快新丽水建设的强大精神动力。

撤地设市是身份的转换，也是职能的转换，更是精神的转换，不难理解，开展“三讲”教育、优化环境大讨论、“丽水精神”总结提炼和宣传，其实是分别从领导干部、机关干部和社会大众三个层面进行为撤地设市做了充分的思想发动，打下了坚实的思想基础，保证撤地设市的稳步和顺利推进。

撤地设市要实现趁势而上的飞跃

丽水撤地设市，正逢世纪之交，机遇与挑战并存，对此，当初我们清晰地认识到，要以主动姿态，抓住机遇，主动作为，趁势而上，把丽水社会经济发展推上一个新台阶。

第一是抓战略。新世纪初叶的丽水，处于温饱向小康迈进、进而基本实现现代化的关键时期。积极探索一条具有丽水特色的区域经济和社会协调发展之路，取决于我们的战略定位。当初我们就认识到，随着人们生态环境意识和生命健康需求意识的不断提高，“绿色浪潮”此起彼伏，“绿色时代”正向我们走来。“绿色产品”已成为人们追求的时尚，将成为新世纪国际市场消费的主导，“绿色经济”将很快风靡全球。丽水的最大优势就是绿水青山，看准自己的优势和特色，充分利用丽水生态环境较好，绿色资源丰富的特色优势，打响“绿色品牌”，发展绿色产业，培育壮大优势企业，加强基础设施建设，推进全市经济繁荣，环境优美，人民富裕，社会文明。“生态立市、绿色兴市”成为丽水现实客观的必然选择。于是，我们把丽水的发展战略定位为“发展绿色经济、培育优势产业、完善基础设施、建设生态城市”，并在2000年10月16日至19日召开的丽水市第一次党代会上予以明确。

生态经济发展要有新突破，我们就提出以发展生态经济为中心，优化社会资源配置，调整经济结构，充分利用丽水“青山、碧水、蓝天”的生态优势，做好保护和开发两篇文章，抓好生态农业、生态林业、生态工业、生态旅游业和生态城市五大工程建设，大力发展绿色能源、绿色食品、绿色用品等绿色产业，把丽水建设成为生态科学考察、生态度假休闲、生态观光旅游的胜地。对这点，我们现在回顾起来感到很欣慰。

第二是抓改革。改革，就是要促进体制、机制创新，为加快发展提供动力。结合撤地设市，丽水被确定为全国第一批政府机构改革示范单位，为了积极稳妥地进行撤地建市和政府机构改革，我们尽量把工作做细做实，确保撤地建市工作顺利进行。结合新一轮政府机构改革，在切实抓好区划调整的同时，进一步改革行政管理体制，理顺关系，明确职能，按照转变政府职能和机构简化的要求，推进审批制度改革，取消部分审批事项，简化审批程序，提高办事效率。撤地设市完成，政府机构改革也随即到位。

第三是抓规划。精心组织编制好“十五”规划。“十五”规划是撤地设市后制订和实施的第一个中长期规划，当初我们对“十五”规划编制工作十分重视，不断完善“十五”纲要，我清楚地记得当时丽水申报了国家生态示范区建设项目，在规划编制过程中，我们特别强调要注意两个重点：一是必须体现经济持续发展，社会全面进步，生态循环发展的目标，要把生态示范区建设与经济加速发展统一和衔接起来，防止“两张皮”的现象；二是要把区域经济和社会发展与瓯江流域的综合开发和综合治理结合起来。

第四是抓工业。我是从工业发展较好的地区调到丽水的，无论是我原先工作过的地方，还是相对浙江省其他地方，丽水工业经济总量小，产业层次不高，工业化任务远没有完成，坚持不懈举全力发展工业，是丽水必须作出的选择。因此，我们提出了“三区”建设，即经济开发区、特色工业园区和工业小区。当时丽水只有一个天宁工业园区，且又在城区里，发展空间受限，于是，我们提出向南扩展的设想，规划了水阁工业园区。我们的设想是，将天宁工业园区作为工业孵化器，对科技创新型企业进行培育孵化，然后，将水阁工业园区作为丽水工业发展的航母去打造，孵化成熟一个，输送一个，实行梯级发展，螺旋上升。

第五是抓基础设施。城市化是现代化的重要标志，也是经济和社会发展的重要载体。要紧紧抓住丽水撤地设市的机遇，不失时机地加速城市化进程，高起点建设中心城市。大力推进以丽水市区为中心的现代化城市建设，注重城市功能开发与形态开发的统一，抓紧修编城市总体规则，扩大规划区范围，进一步增强城市的综合经济实力，促进浙西南地区市场要素和生产要素的集聚，强化区域中心城市的地位和作用。加快以供水、道路、环卫、治污、绿化为重点的市政公用基础设施建设和城市防洪工程建设，进一步提高共享率，全面改善市容市貌，创造良好的人居环境。不断完善城市功能，力争在“十五”时期基本形成中等城市的框架。当初我们就提出，力争到 2005 年全市城市化水平达到 40%，其中中心城市区人口达到 16 万人，全市形成“一心、两区、三级”的城镇发展格局。市区要成为具有山水特色的现代生态城市，规划完成“一湖两线三山四桥五广场”的城建规划设想：“一湖”指即将兴建的开潭生态水利枢纽形成约 8.5 平方公里的湖面，使之成为像西湖一样的城中之湖，面积比西湖还大的胜景；“两线”，一指瓯江沿岸集防洪、道路、绿化于一身的综合开发带，二指穿城而过的好溪堰工程。“三山”即以万象山、南明山、白云山为中心，按照“把森林引入城市、把城市建到森林中”的思路，营造为城市服务的各种功能和类型的森林公园和风景区；“四桥”即在城区瓯江上建造四座跨江大桥，使大桥成为城市的重要景观；五广场是在城区建造火车站等五个规模较大、布局合理、功能各异的广场，以扩大市民活动空间，提高生活质量，展示“城市客厅”的风貌。事后实施情况看，我们的预想基本得到了实现。

丽水交通滞后，我们当初就设想，加快以交通为重点的基础设施建设，构筑联接区外大市场的“快车道”，为推进城市化创造良好的基础设施条件。努力形成以丽水市区为中心，北上金华接杭金衢高速公路，南下温州、东至台州接台州高速公路，西北出衢州通大西南，西通南平接福建，以高等级公路为主，互连各县（市区）主城区的区域干线公路网。同时，根据瓯江流域综合治理规划，积极开发水力资源，抓好山区小水电开发，搞好规划，限制径流电站，鼓励开发建设有较强调节能力的大、中型水电站，力争滩坑、开潭等大中型水电站上马开工。抓紧建设 220 千伏网架，进一步完善 110 千伏网架结构，加大农网、城网的改造和建设力度，加快物流、信息、金融三网合一的现代通信网建设，建立覆盖全市的宽带多媒体信息通信网络，提高全市信息化水平。

对丽水而言，撤地设市工作是一项系统工程，各项工作交织在一起，各项事业等着去做，是一个需要团队协作完成的重大任务。很幸运，我们有省委省政府的正确领导和大力支持，有四大班子的齐心协力和密切配合。当时我作为市（地）委书记真可谓是没睡过一个安稳觉，班子的其他成员任务繁重，可以说是没时间睡觉，没日没夜地干。到最后，顺利完成撤地设市工作，丽水的各项事业也稳步推进。我记得在丽水深深鞠过两次躬：一次是 2000 年 7 月 19 日，撤地设市庆祝大会后的市委市政府挂牌仪式上，我讲完话，情不自禁地走到群众中间，向他们深深地鞠了一躬；另外一次是 2002 年 12 月 28 日的金丽温高速公路金丽段开通典礼上，我也向群众鞠了一躬。这两次鞠躬，作为我个人来讲，我是从内心深处感谢丽水人民对丽水撤地设市的理解与支持，感谢他们为丽水的发展贡献了他们的智慧和力量，感谢丽水遇上了好时代。

丽水撤地设市前后的政府工作

谢力群

我是1999年底在丽水确定要撤地设市后受省委委派回丽水工作的，对撤地设市的决策过程接触不多，但很有幸参与和见证了撤地设市的全过程并担任市政府第一任市长。撤地设市前后的几年，在市委的领导下，市政府班子齐心协力，团结奋斗，砥砺同行，借撤地设市形成的良好机遇，用好用活政策，遵循发展规律，创新体制机制，带领大家一起建设新丽水，为丽水的加快发展打下了一个良好基础。

看见丽水现在的新面貌，看到很多当年确定的发展理念、体制机制、政策举措、城市规划得以延续；看到当时许多规划的项目已经实施，城乡面貌有了很大的改变，居民生活有了很大的提高，与全省同步进入小康社会已逐步成为现实。这一切，记录了丽水撤地设市以来历届市委市政府带领全市人民奋力拼搏的实践，我也为自己能在撤地设市前后为建设新丽水做出了努力而自豪。

我对丽水有深厚的感情，我的祖籍是松阳，出生成长于庆元，大学毕业后回到庆元工作，而后到省直机关工作。是丽水的山川大地养育了我，淳朴敦厚的乡风教育了我，虽然离开多年，但一直怀念这里的百姓和山山水水。

改革开放以来，浙江各地的经济迅猛发展，一些有中心城市带动的区域发展更为迅猛，而以地区建制的地方经济发展相对缓慢，其弊端逐渐显露出来，拖延了经济发展速度。到了 20 世纪 90 年代中期，全省只留下丽水仍是地区建制，其他绝大多数以市带县的行政体制普遍都助推了当地经济社会的快速发展，使之实力明显增强，人民生活水平提高明显。借国务院决定加快推进撤地设市的东风，1999 年初，省委省政府决定启动撤销丽水地区设立地级丽水市的报批工作。1999 年底，省委决定，调我任丽水地区行署专员，协助地委书记丁耀民同志抓好撤地设市以及地委行署的各项工作。说真话，开始我真不想在这个时候回丽水工作，因为当时省委张德江书记对丽水撤地设市寄予很大的期望，并在找我谈话时要求我必须确保撤地设市的平稳过渡（因为之前有一个地区撤地设市造成了很大的后遗症），并要求理清思路，加快山区的发展。加之丽水当时交通不便，经济发展滞后，还出现了一些腐败案件，在全省经济工作会议上书记省长又刚刚批评了丽水。为此，我感到自己的工作能力水平有限，到丽水工作压力会很大。但是组织定下来的事，不可能也不应该讨价还价。幸运的是，我作为丽水的末任专员和第一任市长，与大家一起见证了撤地设市全过程。现在回头看这段时间的工作，我很珍惜与丽水人民这几年一起艰苦奋斗的工作经历，也非常珍惜与大家结下的深厚友谊，怀念当时志同道合一起奋斗的同事，铭记丽水留给我的美好回忆。

确保撤地设市平稳过渡

我到丽水工作时，地委行署对撤地设市已经做了大量的前期准备，具备了很好的思想基础、工作基础和群众基础。我上任后的工作主要抓三个重点：

一是抓市和区的职能调整和事权划分。这是撤地设市后能否确保中心城市加快建设和发展的关键，也是矛盾最为集中、认识较难统一的难点。作为县级丽水市，本来是一级政府，有完整的行政权力、财政体系和城区要素的支配权，但是在撤地设市后，作为一个区，原来很多事权必须集中到市一级，干部群众难免会有心理上的不平衡。作为地委明确的牵头领导，我在当时已经进行了大量调查研究的基础上，通过反复协商，因势利导，把大家的思想都统一到加快丽水整体发展、长远发展的大局上来，统一到集中各种要素资源加快中心城市建设的大局上来，当时县级丽水市的领导和广大干部群众也都能以大局为重，从而使事权划分得以顺利进行。

二是抓群众看得见、摸得着的实事。撤地设市会有一个过渡期，2000 年初，行署领导班子就在谋划和尽快确定一批老百姓关心的实事和建设项目，并加快启动，让干部群众感受到撤地设市会给加快中心城市建设带来机遇。2000 年 7 月，市委市政府挂牌前后，首先将打通城区的断头路和整治市区环境作为攻坚战（如灯塔街、城东路、丽阳街、花园路、梅山背、纳爱斯广场等），并着手丽水新城区的规划，那时候，市党代会和人代会都还没有召开，市政府和各职能部门的领导都还是主要负责人和负责人，但大家都满怀激情，全身心投入工作，往往是白天上工地，抓协调、抓进度，晚上又自动集聚到我的办公室商量下一步怎么干，启动什么项目，抓哪几件事情，大家干得很辛苦，也很兴奋，共同的心愿就是抓住机遇加快发展。经过几个月的努力，在召开人代会前，一批群众反映最强烈的项目基本完工，城市面貌有了初步改善。

三是抓新一轮政府的机构改革。省委要求撤地设市新政府的设立要与机构改革和职能调整同步进行，并确定丽水为政府机构改革的试点单位。根据地委的分工，我具体承担了政府机构改革和职能调整的工作，因此，我们一手抓市、区的区划调整和事权划分，一手抓政府自身的机构设立和行政管理体制改革。在按照中央机构改革精神，充分调查研究的基础上，按照精简效能的原则和市一级政府履职的要求，确立了机构改革方案。政府组成部门由行署的 33 个精简为 25 个，机关编制减少 20%，做到了思想不散、工作不松、秩序不乱，切实做到转变职能到位，理顺关系到位、编制精简到位、人员定编定岗到位和分流到位，确保了撤地设市的顺利进行。

扬长避短建设新丽水

丽水是发达省份的欠发达地区，改革开放以来，丽水与全省经济发达地区的差距日益拉大，工业化程度和城市化程度都滞后于全省，中心城市的辐射带动能力较弱，基础设施较为落后，城乡差距较大，还有相当比例的相对贫困人口和贫困村，但是丽水也有自己的比较优势，最主要的是地域辽阔，资源丰富，生态环境尚未遭到破坏，干部群众有改变落后面貌的强烈要求。撤地设市后，如何进一步理清思路，发挥丽水优势，走后发地区跨越式发展的路子；如何明确目标，正确引导，充分调动干部群众的积极性和创造性，加快山区的发展，这既是省委交给丽水市委市政府的主要任务，也是撤地设市后新政府必须向群众交出的一张答卷。

（一）寻求跨越式发展的路径

我认为，和先发地区相比，丽水无论在资金、要素、政策、人才、科技以及基础设施等方面都有很大的差距，作为后发地区，唯有正视差距、发挥优势，超常规选取发展路径，才有可能找到跨越式发展的路子。根据这样的想法和面对丽水现实，加之丁耀民书记要求政府组织对发展战略和发展思路进行研究的任务，我们组织了一个小班子对此进行了大量的调查研究和分析思考，认为丽水因为工业不发达，较好地保持了自然生态和人文生态，而这正是发达地区花巨大代价也难以恢复的。而且，生态价值已越来越被人们所认识和重视，不仅以组成生态系统的资源要素为原料而制造出来的商品有使用价值，而且生态环境系统作为一个整体本身也有使用价值，且这种价值具有整体有用性、空间固定性、用途多样性、持续有用性、共享性和负效益性等特征，这是许多发达地区所无法比拟的优势。因此，丽水新一轮的发展必须避免重蹈发达地区“先污染、后治理”的覆辙，防止以牺牲生态环境和资源为代价实现粗放型、赶超型、掠夺型的经济增长，努力寻求一条发展与保护并重的跨越式发展路子。为此，我们确立了“发展绿色经济、培育优势产业、完善基础设施、建设生态城市”的发展路径，并进一步提炼为“生态立市、绿色兴市”的发展战略，还通过市委全会做出了决议。力求通过战略引导，走可持续发展道路，跨越“先污染、后治理”“先发展、后保护”的阶段；通过加快推进城市化进程，促进产业集聚，人口集聚，跨越“先工业化、后城市化”的阶段；通过利用先进适用技术或高新技术改造传统产业和发展新兴产业，提高传统产品的技术含量和附加值，增强传统产品的市场竞争力，使新兴产业由弱到强，跨越“先粗放、后精深”“先发展、后提高”的发展方式；通过政府行政管理体制的改革，着力规范市场经济秩序，跨越“先发展、后规范”的过程。

（二）以规划统一思想、提振信心

首先，精心组织编制丽水经济社会发展“十五”规划，进一步明确了战略方针、战略目标和战略举措，明确了发展生态农业、生态工业、生态林业、生态旅游产业和建设生态城市的主要任务，进一步统一了思想认识。

其次，制定城镇体系规划，针对山区实际，确立要素人口集约集聚发展的要求，并通过规划的制定，谋划编制一批城乡基础设施项目，并建立项目库，逐年组织实施。

再次，制定丽水中心城市总体规划。为了不留遗憾，编制一个高水平的规划，我们请了城市规划最高水平的中科院设计院具体实施。但是，建设一个什么样的新城区既要有专家理论和经验的指导，更要有主人的构想和需求的主导。要把现代中心城市和生态旅游城市规划有机结合，说实在的当时我们心中确实也不是很有底，只有依靠大家一起献计献策，广开言路，城市总体规划也是当时“白天干活、晚上聊天”工作机制的主要内容。当年市政府组成人员都年富力强，思想活跃，精力充沛，热情高涨，干劲十足，有强烈的加快发展的紧迫感和高度的责任感，有时“聊天”后大家心中不踏实，第二天就组织大家踏勘现场，统一思想。吕子春同志当时负责规划的编制，更是付出了大量的心血。正是依靠大家，我们对城市的基本框架、发展空间、功能配置等方面都向专家们提出了主导意见，对一些功能区块如江滨区块、行政中心区块、教育文化区块、水阁工业区块、城区的道路框架、南明湖的功能设计、城市绿化布局、群众休闲空间等都提出了具体要求，最终，通过反复的推敲论证，反复征求意见，通过市委集体讨论决策，形成了城市总体规划，这个规划在提交省政府讨论批准时，得到了充分的肯定和认可。按照这个规划提炼出来的“一湖两线三山四桥五广场”的规划框架，简洁明了，清晰好记，群众认同。此后，在此城市规划框架的基础上，进一步形成了“北居中闲南工”布局，重点突出“中闲”，让市民“望得见山、看得见水、记得住乡愁”，为丽水描绘出一幅远景蓝图，进一步提振了干部群众的信心。

第四，根据“十五”规划和城市总体规划，制定各类子规划，除了涉及全市经济社会发展的各类子规划，更把落实城市总体规划的各项子规划放到突出位置。如城市地下管网（要求新建道路所有管线下地）、城市防洪体系、城市供排水及污水处理、城市土地利用规划、水阁工业区建设规划（下决心改造低丘缓坡，建工业台地，拓发展空间）、电力供应网架、教育卫生资源整合建设规划、文化体育设施发展规划以及重要区块的城市设计等，通过这些规划的编制实施，派生出一批项目，变被动争取上级支持为主动以项目争取支持，迎来了大规划、大投入、大建设的城市建设高潮。

建设廉洁高效务实有为政府

2000 年 10 月 16 日，中共丽水市第一次党代会召开，2001 年 1 月 8 日丽水市一届一次人代会召开，标志着丽水撤地设市过渡期结束，新的市政府正式产生并开始履行职责。

新的丽水市政府运作，百废待兴，可以说是一张白纸，我们毫无经验，但也给我们留下了很大的创新空间。我们认识到，撤地设市不是简单的改个名称，换块牌子，它是行政管理体制的重大调整和改革，在丽水的发展史上具有划时代的意义，是一个里程碑。撤地设市后，从根本上理顺了行政管理体制，老百姓对新的市政府寄予厚望，因此树立一个什么样的政府新形象，给老百姓以信赖、信心和信任至关重要。市政府的主要任务是要根据体制调整这一重大变化，加快政府工作的“两个转变”：即从“行署的务虚和指导为主”向“政府的务实和实施为主”转变，从间接管理向直接管理转变。因此，必须加快政府工作的适应性转变，树立廉洁、高效、务实、有为政府新形象。

（一）全面提高政府工作的执行力

为了提高中心城市带动市县工作的能力，我们确定了“市政府在改革创新、完善机制、破解难题、寻求管用的办法”方面带头干，各县市主动跟进的工作方法，主动破除一些不适应发展的思维方式和条条框框，每次政府全会都确定一个主题，解决思想认识问题，介绍市政府的工作方法。

撤地设市后过渡期的政府负责人会议，主要是根据行政管理体制调整这一重大变化，确立了加快政府工作的“两个转变”的主题。

新政府正式运作后的第一次政府全会，确定了尽快转变政府职能和工作方式、方法，推进行政管理体制改革，建立适应于社会主义市场经济体制和运行机制的行政管理体制这一主题。

第二次政府全会，确立了加快体制机制创新，创造良好发展环境这一主题，全面部署行政管理体制改革和投融资体制改革，部署土地流转机制、扶贫机制、土地收储制度、政府公共资源配置、财政管理体制、市政管理机制创新以及深化企业改革、“引资”和“引智”相结合的任务。

第三次政府全会，针对当时政府行使行政权力存在“越位”、“缺位”、“错位”和“扰民”等现象，确立了建立“信用政府”的主题，部署了建设责任政府、信用政府、廉价政府的主要任务。

第四次政府全会，根据丽水人口分布分散、城镇布局分散、产业布局分散导致要素配置分散的现状，确立了优化集约合理配置生产要素，推动集约集聚发展的主题，部署了人口集聚（加快建设中心城市、中心集镇和中心村，加快推进城市化）、产业集聚（加快规划建设开发区和工业园区，发展现代服务业）、公共基础设施优化配置（交通、电力、广电、供水、医疗、教育、文化等）任务。

第五次政府全会，主题是部署应对“非典”，尽量克服“非典”影响，保持丽水良好的改革发展势头。

第六次政府全会，根据时任省委书记习近平提出的“八八战略”，确立了统筹城乡经济社会发展，加快推进城乡一体化这一主题，明确了解决城乡之间规划分割、一二三产业发展融合、提高城乡基础设施共享率、城乡社会保障体系建设、城乡生态保护体系建设和深化城乡体制改革的任务。

这几次全会，都是针对当时的突出问题，通过以会代训的形式，进一步统一思想，明确任务，对于新政府迅速开展工作并带动各县市区一起干，起到了较好的效果。

（二）建立规范有序的政府运作机制

新政府建立后，原行署的有关工作规则、政策措施、运行机制都得重新调整和规制，而尽快制定一套适应于新形势要求的工作制度，尽快形成一整套规范政府运行并推进创新发展的体制机制是树立政府新形象的关键。

首先，我们以最快的速度，制定了政府工作规则，规定政府的一切工作，都要依法办事，有章可循，规范操作，集体决定，分头负责，狠抓落实。集体决定了的事，个人不得任意更改，必须严格执行，没有讨价还价余地，任何政策措施的实行都要尽可能减少个人自由裁量权，要强化约束和监督机制，增加办事的公开度和透明度，用制度管人、管权、管钱，把行使权力的过程置于“阳光”之下，杜绝黑箱操作，减少权力运用的随意性，保证使用权力的规范性，防止腐败行为的滋生，并且明确市政府班子的领导首先要干净干事带好头。我深知，在大建设中，也是问题最多的时期，制度不健全，教育不到位，稍有不慎，个别干部也会迷失方向，陷入腐败旋涡，如果建起一个新丽水，倒下一批干部，那不是我们的初衷，也将是十分痛心的。比如，商住建设土地必须公开公平公正通过招拍挂出让，一旦市场准入条件设定，谁也无权更改，改变了过去常见的不计成本拿地，拿到后又千方百计争取改变建筑密度和容积率的现象。在大建设时期，没有一块土地拍卖后来找政府领导，从另外一个角度说，也从制度上筑牢了防止腐败的防火墙，保护了一大批干部。

其次，根据丽水大投入大建设的需求，全力推进了投融资体制改革，丽水的基础设施欠债太多，要加大基础设施建设，用常规办法按部就班肯定不行，老百姓也不答应。要保持超常规的建设速度，必须寻找管用的办法，必须尽快创新投融资体制，通过对政府所有经营性资产、非经营性资产的优化配置和运用，使之发挥最大的效用，为社会提供更多的公共产品和公共服务。那段时间，晚上我办公室的“聊天机制”又发挥了很大的作用，大家集思广益，献计献策，这一招挺管用，聊天聊出很多机制体制创新的办法来。就投融资体制方面，按照当时经营城市的理念，我们就建设方面最迫切的开发区、城建、水利、交通、国有资产运营和土地收储分别成立了公司或中心，作为投资运作、融资经营的平台，明确政府各部门必须与所办的企业和中介机构彻底脱钩，并逐步做到所有的经营性资产全部集中到国资经营公司或其他投融资平台管理和经营，坚决克服“国有资产部门化、部门资产福利化”的倾向。这些平台的建立为加快城区的建设，做出了巨大的贡献。

再次，根据撤地设市后群众的呼声和实际需求，对市区的教育资源、卫生资源进行全面整合盘活和建设调整，初步改善了“读书难”、“看病难”问题；对城市公共设施管理体制进行改革，变“花钱养人”为“花钱办事”，并要求逐步推开到公用事业单位。与此同时，市区财政体制、养老保险制度、医疗卫生改革等事关群众利益的重大事项也相应在理顺关系的基础上，加快推进。

（三）加快形成大规划、大投入、大建设的氛围

撤地设市，意味着丽水中心城区必须尽快加快基础设施建设，完善城市功能，加快产业集聚，发挥辐射带动作用。这种使命要求市政府和各部门拿出拼命的劲头，带动全市干部群众大干苦干，少说多干，不说只干，一级干给一级看。对于一些没有文件规定、没有法律制约的事，只要有利于发展，提倡先干再说，边干边说，多干少说。

首先，以大规划带动大投入。如前所述，结合“十五”规划和城市总体规划的编制，启动制定了一系列的子规划，涵盖了经济社会发展和基础设施建设的方方面面。这些规划制定，派生出许多大项目，政府的工作就是要将这些项目尽快付诸实施。如城市规划提出的“一湖两线三山四桥五广场”全面开始实施；交通规划中的“一纵三横一绕两线六通道”的部分项目也在迅速开始施工；水阁开发区规划实施后，形成了蔚为壮观的施工场面，为全省低丘缓坡开发拓展发展空间积累了经验；瓯江流域规划的许多梯级电站、水利设施先后动工，滩坑水利枢纽也经省政府批准建设；城市规划的道路框架建设迅速启动；一些教育、文化、电力等基础设施建设也根据规划迅速推开等，当时的丽水真是一个大工地，充满着生机勃勃的景象。

其次，以大投入带动大建设。丽水财力有限，上级政府也不可能大包大揽，实际上，丽水撤地设市省政府就给了500万元，要求“洗洗脸，就上轿”，唯有自力更生，挖掘潜力，加快投融资体制改革，干出样子才能得到上级更多的支持。在政府的投融资平台建立后，综合效应显著，为支撑大投入立下了汗马功劳。如土地收储中心成立后，负责城市一级土地开发，前后收储土地一万多亩，城北区块的三个多平方公里土地，抓了国家政策的“牛尾巴”，一次性全部征用；还联手开发区，一次性征用了水阁区块十几个平方公里的土地；各市县当时整理土地奖励的建设用地指标打算卖到外地去的，市政府也要求全部收购，几年下来，大约也收购了一万亩，这为今后土地政策收紧后，继续保持大建设的势头，打下了基础，也为政府大投入提供了资金保证。国资营运

公司建立后，将整合的经营性资产打包融资，城建、水利、水务、交通等融资平台也各显神通，通过多种方式，多渠道筹集资金，使建设资金多元化。看到撤地设市后丽水大建设的局面，省政府和省直有关部门也加大了对丽水支持的力度。这些资金的筹集，保证了项目的运作，也加快了丽水大建设的进程。由于投资拉动，项目带动，丽水撤地设市后经济和社会发展也呈现了良好的势头，初步遏制了与全省差距继续扩大的态势。

丽水在撤地设市后的快速发展，正是抓住了国家大发展的机遇，遵循了事物的发展规律，激活了全市人民的创造力的结果；也是市委市政府全体同仁协力同心，奋力拼搏，创新体制机制，苦苦寻求管用办法的结果；更是全市上下干部群众干出来的！我只不过是尽了建设家乡的一份力。

开办个人钱庄的五年尝试

方培林

开办钱庄背景

我出生在 1953 年，出生地是钱库。我印象很深的就是上小学的时候感觉吃不饱，生活也很艰难。1960 年，我七岁，刚好赶上三年自然灾害。对于这段历史我至今印象深刻。那年头，农民的生活很艰难，饿死人也是常有的。幸运的是，我家在镇上，是居民，每月有固定的粮票和一些粗粮供应，自给有余。记得每到青黄不接的时候，就有农民到镇上找我们这些居民借粗粮。一斤粗粮借过去，还回的时候是一斤细粮。我妈妈当时做过这种交易。我就问妈妈："明明是借，为什么还回来的和借出去的不一样呢？"妈妈告诉我："在农民困难的时候，把粗粮借给他们，等稻子收割后，他们就会过来还粮，那时候别说还一斤，就算是还十斤给你，他们也乐意，因为稻子长成了，他们再也不用挨饿了。"印象中，那些借到粗粮的农民很高兴，原因正如妈妈所说的，他们终于有米下锅了。不过，后来"文化大革命"，镇上几个老人被抓去游街，说是把钱借给人家，收了人家利息，被安了个"放高利贷"的罪行。放高利贷，这可是剥削，是资本主义的尾巴啊。我想，妈妈把粗粮借给人家，收回来细粮，不也是剥削吗？现在回想，这些应该就是温州民间借贷的萌芽吧！

我年轻的时候为什么对股息这么敏感？我有个三奶奶，是堂奶奶，她是钱库供销社大股东。原来她家开药店，叫太和堂。解放初期，国家实行公私合营，所有这个药店里的生产资料和店铺、房子和供销社合营了，她也变成了供销社的正式职工，也拿股息。“文化大革命”开始时，我才十四五岁，她跟我走得很近、很亲的。她对我说：“培林，现在股息也不好拿了，如果拿了，就是剥削。”

到了20世纪80年代，苍南钱库镇成了著名的小商品批发基地之一，钱库的副食品、烟酒、针织品批发覆盖了温州周边多个县市，小商品批发业兴起产生了巨大的资金需求。银行利率低，很少有存款，经营者自然无法从银行贷款。而民间高利贷利息之高，许多小企业主负担不起。

1984年，中央发出的1号文件第三部分提到“允许农民和集体的资金自由地或有组织地流动，不受地区限制。鼓励农民向各种企业投资入股；鼓励集体和农民本着自愿互利的原则，将资金集中起来，联合兴办各种企业，尤其要支持兴办开发性事业。”我当时就在想：入股合法的话，那意味着股息就是合法的。文件提出来要鼓励农民入股，去进行开发性的实践。入股就意味着股息。既然鼓励，等于承认股息是合法收入，也就是说不劳可以获得利益。如此，那民间自由借贷的利息也应该是合法的。股息又合法了，利息跟股息，从严格意义来说是“双胞胎”。利息合法该怎么办？应该进行引导。比方说当时民间借贷利率超过三分以上，为什么不可以引导到两分以下呢？利率低，对工商业生产有好处。

当时就抱着这样一种很纯真的、很朴素的思想，去找了钱库当地的书记黄德余同志。我说：“我有个想法，是不是可以办一个合作的民间金融服务社？把民间资金组织起来，放贷的利率控制在两分以下，吸收的资金一分左右，比民间借贷低，比银行的借贷高，存款的利率比银行要稍微高一点，放贷的利率比银行也高一点，来一个中间利差，把民间借贷进行引导。”

我当时觉得压力太大了，也不敢做。我就想跟领导商量，也打个报告。我在给钱库镇政府的报告中具体写了四点：第一，希望办一家股份制农村金融服务社，股本金是10万，一股1000块钱；第二，金融服务社办起来之后，股权可以转让但不能退股；第三，利率要浮动，比民间的利率低，比国家银行的利率要高；第四，我会24小时上班，服务于大众。

我问镇委黄书记这样做行不行，想不到黄书记的思想比我还要开放，他说："你放心回去，我三天内给你答复。"当时镇委领导班子大概有七八个人。他们是比较支持的，原因很简单：钱库镇民间借贷这么活跃，利率这么高，压不下来，信用社跟银行又照顾不到，商品经济又发展起来了，这应该进行引导。他们态度很明朗，这是镇里的态度。领导对我说："你说的这几个方面都可以，就是不要合作，你个人先动起来。"当时黄书记答复的速度很快，三天以后就通知我："政府给你发了一个红头文件，就允许你办钱库镇钱庄，你一个人做，也不要搞什么合作，为什么呢？一合作，人心不统一，到时候更麻烦。我相信你会把事情做好，你干脆一个人做，就叫钱庄行不行？"我就想：这个钱庄不是国民政府时期的吗？现在能做吗？他说："就叫钱庄，我这里给你发文件。"

1984年9月19日，钱库镇政府专门发了一个红头文件：为了改革经济体制，适应我镇商品生产的迅速发展，狠刹社会高利贷活动歪风，经镇委研究，同意方培林试办钱庄。

试办钱庄

当时这个钱庄就叫"钱库钱庄"，还不叫"方兴钱庄"，而且没有营业执照，就凭着钱库镇人民政府的一个红头文件。我拿到文件后，准备在国庆节那天试营业。哪知9月28日，两位消息灵通的温州日报社记者，赶到钱库找到我，对我办钱庄的情况作了采访，其中一人就是胡方松。胡方松当时是农村部主任，还有一个记者叶谷风来采访我。温州日报社对我的探索是积极支持的。记者回到报社，先是发了一个内参，对钱庄抱鲜明的肯定态度，送给市委、市政府领导参阅。于是，我就在当月 29 日，比预定的时间提前一天挂牌开业。钱库钱庄成了新中国建立后内地第一家由私人挂牌营业的金融机构。

开业当天，我发的通告，马上在钱库与周边乡镇引起了反响。有人在议论，有人在观望，但有人却马上就信赖了。苍南芦蒲镇的一位女同志拿来了 5000 块钱。那是我收到的第一笔存款。镇上的一位老人就过来存了一万元。老人还对说："千万别告诉我家里，连儿子、女儿也别告诉，只要按月给我付息就是了。"来贷款的人，那就更多了，有做生意的，有办工厂的，有个体的，有合股的，也有小集体的。那是改变我人生的一天，此前我从未与金融打交道，此后再没离开过。

钱库钱庄挂牌的第二天，苍南县里几个银行的领导都来了："个人怎么好办银行？不能办。"我说："深圳不是已经开始试验了。"他们说："这不行，办金融业要国务院批准。"我说："我有什么办法到国务院去批？"我们镇委书记黄德余也过来了，他的态度很明朗："办金融企业是要金融主管部门同意的，目前金融部门给你批一个私人的营业执照是不可能的。但是政府觉得在钱库镇这个地方试验，试错了也问题不大，我个人还是支持的。"我也明白他的意思，当时黄书记说干，我就干，我还怕什么。

我把"钱库钱庄"的牌子从室外移到了室内，挂里面就不管了。钱库钱庄主要从事存款、贷款业务，具有普通银行最基本的两大功能。我在门口贴了一张手抄的利率表：长期存款，月息 1.2%，3 个月以上结算；临时存款，月息 1%，随时存取；贷出款项，月息 2%，视情况而定。钱庄在必要时还可马上筹措资金，满足客户需求。钱庄还做到上门了解资金需求动向，上门收存，及时调剂个人和企业间的资金余缺，存款地域不限，借贷暂限本镇，不限用途，不需要中保。存贷对象有各类个体户、专业户、小集体企业、街道企业，共 160 多个。

到了 12 月，当时中国人民银行温州市分行的领导到钱库来调查。来了先找我，说要了解，同时还找了镇委书记。黄书记对我说："你把账本给他们看看。”我说：“刚办起来，财务人员都没有请过来，就是流水账。”后来行长把我的账本拿过去，还挺好的，给我整理了一下，流水来源搞搞清楚。他又说：“你们的保险柜都没有。”我说：“是啊，钱庄才刚开始办。”

回去之后，他们召开行务会议对要不要试办钱庄进行了讨论，会议基本同意试办，并建议加强管理监督。会议认为在钱库镇这个商品经济繁荣、资金需求大、民间借贷频繁、银行和信用社难以满足需求的情况下，同意试办一个。

钱庄有利于理论探讨和金融改革，在实际工作中也有助于探索新路。从理论上讲金融形式取决于经济形式，经济上提倡和允许国营、集体、个体一起上，金融形式上也应该适应经济发展。从实际上看，钱庄在经营作风、服务方式、服务态度上跟当前银行和信用社相比都有其独特之处。不过，对试办钱庄必须持慎重态度，要加强管理：一要经过批准，发执照；二要有一定的自有资金；三要有一套账册；四要接受人民银行管理；五要上缴保证金；六要照章纳税；七要框定业务范围；八要确定利率杠子，人行对钱庄资金不担风险。

历经曲折

1985 年 10 月，温州分行受中国人民银行总行委派对钱库钱庄进行再一次调研。当时他们查阅了钱庄一年来的金融业务活动账目。调研之后，领导对我说：“总行很快会有个关于银行的管理条例出来，在中国，个人是不许办银行的，你抓紧时间把资金收拢，停掉钱庄。”我感到紧张。我不肯丢掉成立将近一年的钱庄，又担心，就去找领导商量。领导觉得可以由“私”转“公”，把钱庄算作集体股份经济，挂牌到居委会营业。没有想到，牌子在居委会挂了半个月局面就急转而下，虽然钱庄的名称没有变，我也照样留用，只是由居委会再委派两个人管理，但开张整整半个月，居然只收到 1000 多元存款，贷款当然是无能为力了。于是，我又把钱庄的牌子拿回去，但这期间再也没有挂起来。当时很困难，我想在银行开一个户头，都没有办法做到，银行坚决不同意给钱庄开户。我原先曾在当地信用社开了一个户头，但没有多久也给注销了。要求注销的指令，肯定是来自上头，这个毫无疑问。我没有办法，只得把大批现金放在家里。

1986 年 1 月，《中华人民共和国银行管理暂行条例》公布了，一个电话打到钱库："方培林钱庄停了没有？"我们当地银行干部赶到我家，没有见到钱庄木牌，这才没有引起更多的麻烦。但当地老百姓也不管我挂不挂牌子，照样会来存款和贷款。

1986 年，为了推进农村第二步改革，中央决定在温州搞试点。当时中央决定在温州建立商品经济试验区，但是文件还没有下达。我得到消息，兴奋极了，心想：既然是试点，那就应允许突破，包括私人钱庄在内。1986 年 7 月 12 日，我草拟了《关于要求试办民间金融机构的报告》送到县里。报告中提出：向社会公开招股 5 万—10 万元，建立民间金融机构，企业性质为股份合作经济，独立核算，自负盈亏；在股东中产生董事会，并选出董事长，由董事长委托经理主持日常工作，财会工作人员向社会招聘，业务上接受人民银行指导，账户接受人民银行检查，并照章纳税，年终利润分配由董事会根据国家政策法规，做出再分配，照顾国家、集体、个人三者利益。

7 月 26 日，我再次向中国人民银行温州市分行提出重办钱庄的申请。申请是这样写的："适当发展民间信用"是 1985 年中央 1 号文件明确提出的，"温州模式"的经济发展道路，是中央领导同志肯定的。那么商品经济的发展是要求金融机构和融资形式能相适应地发展。民间庞大的金融市场要完善、管理、引导。为此，我要求中国人民银行总行及省市各级人民银行准予设立民间金融机构。该机构将以灵活的经营方法和一定的利率浮动幅度来引导民间信用，发展民间信用。

苍南县领导对商品经济比较在行，知道钱庄存在的必要性。县委书记批示：钱庄作为温州试验区金融改革的试验，可以办。县长批示：请工商局和人民银行抓紧办理。可批示到了，却又给搁着了，一拖就是几个月。我去催问，一个月内连续跑了四次，也始终无济于事，事情又拖了。

9月25日，中国人民银行温州市分行向中国人民银行浙江省分行提交了《关于试办苍南县钱库镇方兴钱庄的报告》。这份报告指出：最近中央决定在温州建立商品经济试验区。温州市委、市府发〔1986〕98号《关于温州试验区有关问题的报告》提出："允许试办股份性质的金融机构和少量的私人钱庄，但要付保证金，交纳税收，并适当限制其利率，以进一步完善市场体系。根据市委、市府领导指示，和方培林本人关于开办'方兴钱庄'的要求，现随文上报请审批。"这个时候为什么中国人民银行温州市分行态度会有这么大的转变？刘晓骅是我们苍南县县长，我后来听他说："我经常打电话给应健雄行长，我说这么好的事情为什么不支持呢？"黄德余同志原来是从金乡调过来的，金乡正在搞浮动利率，他也很支持这个事情，我办钱庄，他觉得很有兴趣。另外温州市委董朝才书记也支持。董书记就这么讲："现在多种经济成分发展，就必须有多种成分的金融机构来配套。国有银行维持大国营企业的贷款，那民营企业谁来管？没有人照顾的，只有发展民间的、微型的金融机构来服务。"董书记这个思想是很明确的。尤其董书记的前一任，是袁芳烈书记，我和他接触过，他也跟我讲："我在温州当市委书记的时候，金乡搞浮动利率，我一直就很支持。所以各级领导很支持，最后中国人民银行温州市分行觉得搞一个试点风险也不是太大，应健雄行长也比较支持。"

11月4日，温州市委书记董朝才对试办钱庄的申请作了回应，他批示："温州市人民银行，根据试验方案，方培林应继续办下去，具体工作希你们联系。"11月6日，苍南县县长刘晓骅对我反映的县有关部门不同意办钱庄的问题作出批示："请工商局抓紧办理。私人钱庄应允许试办，不必再请示有关部门，出问题由县委县政府负责。"

然而，在11月7日，中国人民银行总行给温州市分行答复是：对于私人钱庄，请按国务院银行管理暂行条例规定办，不能发给《经营金融业务许可证》。

在中国人民银行总行坚决不同意的情况下，中国人民银行温州市分行考虑到钱庄在当地的影响，认为如果采取强制的手段取缔，肯定会造成用户的损失而产生社会的混乱，所以温州分行决定在钱库镇的银行和信用社也实行利率浮动，改变了以往的服务方式，成为人民银行总行批准的全国第一个率先实行利率改革试点地区，这样就形成银行和信用社与私人钱庄竞争的局面。

12 月 20 日，苍南县委、县政府依照市委书记的批示，在自己的职责和职权范围内，责令县工商局给钱庄办了一个工商营业执照。如此一来，经过差不多一年时间的反复，我终于拿到一个正式的工商营业执照。我虽然还差一个金融营业执照，但至少是半合法。拿到了工商营业执照，钱庄才改名叫“方兴钱庄”。

有了两年的实践，我在经营上更成熟了。面对银行和信用社的深入改革，我拿出了更加富有竞争力的经营方式：存款——活期利率：1 分；3 个月：1 分 2；1 年 1 分；临时调进：2 分。贷款——存贷结合有长年存款的人利率为 2 分，其他人为 2 分 5。前者比信用社的浮动利率高 1 厘 4，后者高 6 厘 4。我把记利息的方法改了，改以天计息为以时计息：每天早上 10 点钟以前存储的，当天开始计息；每天早上 10 点钟以前还贷的，当天不再计息。这是银行和信用社所没有的。钱庄比过去更加热闹。原来上午没有存款的，后来络绎不绝；原来上午没有还贷的现在一个接着一个。1986 年底，不过几天时间，我就吸收存款 20 万元，贷款 18 万元。

“允许试验，继续试办”

1987 年 9 月 16 日，温州被国务院批准为中国首批 13 个农村改革试验区之一。那天，温州市委办公室打电话到我家，请我马上到温州参加会议。到了温州，我才知道这是市委书记董朝才召开的一个专业户代表会，卢声亮市长也在会议现场。会上，董书记向大家披露了温州被国务院批准为中国首批 13 个农村改革试验区之一的消息。会议结束时，董朝才书记激动地对我们说：“温州既然是试验区，我们支持各种试验。

我们已经为大家搭好了舞台，欢迎诸位都上台来表演一番，不要有顾虑。”回到家，我坐不住了，立即给苍南县委书记周方权打报告，要求批准钱庄公开营业。周方权书记向市里请示把钱庄作为试验区的试验项目，获得温州市政府同意。董朝才书记专门签字，“允许方兴钱庄继续试办，并请有关部门给予办理营业执照”。但最后营业执照也没有发。

10 月 26 日，我把“方兴钱庄”的招牌擦拭一新，并在招牌上又特意添上“中国温州试验区”七个大字，叫“中国温州试验区方兴钱庄”，下边是小小的一个“方兴钱庄”，上面是大大的“中国温州试验区”。有个记者来问我：“培林，你说中共中央同意，中央有批文吗？”我说：“中央同意温州建立经济试验区有没有？那试验区有个试点项目，允许现有的私人钱庄继续试办有没有？”他说：“有。”我说：“那不就行了。”他笑了。这样，老百姓就更放心了。那时候业务不得了。当时我就在镇上发了些通告，作为广告的形式，给每家人送过去，把利率告诉大家，把服务的理念告诉他们。那时候钱库家家户户对利率的观念很强，有一万块钱马上要送过来。当时我改了记利息的方法。银行记利息的方法是这么记的：你今天存款，明天取走算一天利息。我把它改为以中午的 12 点钟为界，就像我们住宾馆一样，你今天早上送过的钱，我今天给你记利息。你第二天早上还给我，我只算一天的利息，你如果第二天下午还给我，我要头尾都算。这样就形成一个良性循环，人们有资金的话就马上往我这里送，一个早上还，一个下午还，不一样。我这个办法挺好的。我还特别跟农行的领导说了：“你们记利息的方法要改变。”记利息的方法改了以后，我觉得老百姓的存款和还贷比较踊跃，利息的观念比较强。我这个钱庄规模小，就靠大家的不断循环才能维持，就这样做起来了。

方兴钱庄在经营上的灵活性，弥补了银行在严格的法规体系内运行的各种不便。比如银行的服务时间是 8 小时，而我的钱庄是 24 小时的服务，贷、存款随时都可进行。我经常不停地奔走于各大户之间，了解各家进货和售出情况及手头现金的余缺。同时他又专门在信用社存款 5 万元，根据信用社存一贷三的规定，一旦需要，就有 15 万现金可解燃眉之急。利率的浮动也灵活地体现了市场的需求和规律。当时银行利率是：活期存款 0.24%；五年长期存款为 0.78%；贷款利率为 1.5%。而民间高利贷高达 3%—5%。我们方兴钱庄的活期存款利率为 1%，三个月以上为 1.2%，一年是 1.5%；贷款利率在 1.5%—1.86% 浮动。这“中间利率”对存、贷客户都充满吸引力。

还有一些原因。第一，那时候的人，信誉观念跟现在不一样，我感觉到现在信用贷款是没法做了。因为当时的人比较淳朴，他们没有房产证，抵押物也没有，我们都是做信用贷款。第二，我对当地情况比较了解，客户都是当地人。第三，我当时的服务对象都是做商品服务行业的，资金循环比较快。比方说进货，10 日到货，卖出去，20 日就回来。这样我的资金就来得灵活。如果说把这个资金支持在工业、周期长的房地产行业进行开发肯定就不一样。其实我真正开始做钱庄，是在 1986 年到 1989 年，一共做了三年，那三年是比较顺当的。不过那时候银行一直在监控我，我还是没有账户，我就让老百姓把钱打到各村镇的业务员那里，我就看那些汇单。各个村镇把汇单都汇拢，资金全部到位，送到我这里来，一万现金，我就给一万零一百，五万就给五万零五百，就这么简单，老百姓不用发愁，问题也解决了，多好！不乐意的就只有银行了。那些银行的人觉得奇怪，只能向上面汇报说，没有钱了，但钱去哪儿了都不知道。

不过这个时候出现了一个状况。解放几十年来，从来没有这样的状况。我们钱库的业务员到外面订业务，比方说把一个杯子卖给了山东客户，山东那边钱要打回来的，打回来当时要汇款，是通过邮电汇的。国家一个政策出来了，控制现金，结果老百姓排队领都领不出来，整个银行没有现金，领不出来怎么办？很多人的钱是借过来跑业务的，钱一个月或者两个月取不出来，起码有三万块钱的损失。这个时候，他们请客吃饭的、托人的各种情况都有，而且排队钱都取不出来。当时刚好我的钱庄量也比较大，商业户就把钱往我这里走。我动了个小脑筋，比如商业户明天要汇款，我就先把钱打到他们账户上，让他们先使用，把时间约好，十天以后把现金给我就行。我就是这样运转的，这样我的现金就越来越多了。当时整个钱库市场包括苍南县都没有足够的现金，而且银行做了个代金券，一张纸上面写上 5000 块钱，让老百姓拿去当现金用。

我也看到了这个状况，就找董书记说："董书记，您叫我做事业，我把民间的事情向您反映。最近老百姓叫苦连天。老百姓到外面跑业务，有的钱都是借过来的，业务完成了，钱汇回来，但拿不出来，越拿不出来，资金就越紧张，老百姓越恐慌，都在排队。您不相信到苍南当地的邮电局门口去看，排了几百人的长队。"董书记很聪明，他马上就说："这是资金的体外循环，越控制越紧张，只有放开，这个资金紧缺问题才能解决。"过了几天，董书记就在《温州日报》上写了相关文章。后来人民银行可能就同意金融机构现金要放开，社会现金紧缺问题就解决了。说白了，几十年来我一直没有看到这个状况：没有现金交易，全部用代金券。这可能就是改革过程的一种震动。是什么问题呢？当时金融管理机构可能考虑是不是资金投放太多了？其实这个思路可能是错的，在管理过程当中是走了歪路，我是这么想的，我一直在琢磨这个问题，是哪一个环节出问题我搞不清楚，但是对社会来说是造成了不稳定，这个情况大概延续了半年时间，这件事情我印象最深。

尾　　声

到 1989 年，我预感到国家政策会有变化，当时对温州姓"资"、姓"社"的讨论很激烈，我总觉得很不安。另外，这个时候民间金融政策逐步放开，温州市区创办了多家城市信用社，各地农村信用社、基金会纷纷出现。一段时间体改委、经委、农办、工会、甚至乡镇等都可审批，我们钱库类似的机构就多达七八家，人员也是良莠不齐。搞金融最担心的一个问题就是挤兑。停业是我深思熟虑后的决定，当时村村开始设立农村信用社，生意越来越难做了。随后，我花了三个月时间，把遗留账目一笔一笔地处理好。前前后后五年，钱庄没有一笔呆账，没有一个人的贷款没有收回，没有一个人的存款没有付清。我陆续收回贷款，再把一笔笔存款亲自送回到客户手中。

我用了三个月时间把事情处理好，做得很好，这说明什么问题？我后来也在想，关键是我们放贷的对象都是商业户，如果全部是工业户，就没有这么快，也可能会出问题，一挤兑就出问题了。商业户贷出去的时间比较短，一般半个月就可以回来。

回想起温州市、苍南县领导对开办钱庄的支持，他们共同的一个特点就是实事求是，来解决中国的问题。他们就是对中国农村问题、对中国目前的问题实事求是，不管有什么争议，都以实事求是这个观点来解决问题。这是他们的特点，如果是唯上唯书的话，改革开放就搞不下去了。改革就得允许对现有的不合理的规章有所突破，也包括管制最严的金融业在内。另外，我还想补充一点，媒体有敏锐度，记者们及时的、正面的报道也十分重要。中央在传达 1985 年 1 号文件的时候，温州日报社的胡方松就通知我：《温州日报》要组织学习，让我也过来学。1985 年 1 号文件发了以后，温州专门有胡方松的评论员文章，对我的钱庄也进行报道。我看了评论员的文章，觉得到现在这文章还能够跟得上形势，一点都不会落后。所以我有时候在想，温州改革开放的进程当中，除了群众的热情和干部思想的开放以外，更离不开温州的媒体。媒体记者也是很了不起的，他们对未来有前瞻性，这对记者来说很重要。

对于方兴钱庄，原来中央很敏感，个人办银行这个大门原来是关闭的，我敲开了。私人钱庄最大的意义，不在于存贷了多少钱，而在于探索了民间信用从地下到地上的一种引导方式。实践证明，私人钱庄值得试验，值得实践，是一种值得关注的做法。几十年以后中央也认为民营银行可以办。国外的银行都可以进来，可以在我国大陆开银行。现在温州的民营银行也办起来了，全国也批了几家，这个门慢慢地也会打开。不管怎么样，我开了五年钱庄，对中国的金融体制改革也是有推动的，打破了一些旧的体制。

全国首家民间股份制金融机构

杨嘉兴　蔡兆清

一、早 年 创 业

杨嘉兴： 我是初中毕业，由于我们家的成分是资本家兼地主，是上了黑名单的，不能去报考高中。初中毕业以后，我本身是一个业余的无线电爱好者，在家里我会给别人装搭一些半导体收音机，后来就慢慢地自己修理一些电器。当时不需要人们去办厂的，我们都会在家里做。"文化大革命"时期我也受到了很大的冲击，被抄了家。有一天晚上，我家被收去了两大箩筐的电器器材。第二天广播站广播，昨天晚上破获了一个地下无线电工厂，这个指的就是我家。虽然被收去的东西后来都慢慢地拿回来了，但就当时来说这是一件比较严重的事情。我被抓过去，关在学校里面，后来自己逃出来了。改革开放以后，我就在十八家支路找了一家农民的房子办了环南机电厂。这是 1982 年办的厂，其实这个厂也是挂靠的，那时候都是区街企业，刚刚兴旺起来。我基本上是做一些小的机电商品，还做一些学校的教学器材和小型的机电设备。

但是我们的资金不足，我们这些街道的小型企业基本都是向民间借贷的，也就是现在所谓的高利贷，利息比较高，大概是三分左右，用这个办法解决了资金问题。在计划经济时代，银行不能给个体户贷款。温州银行给个体户的贷款额度只有五万元，根本轮不到我们，所以只能去民间解决。我们感受最深的是当时企业发展最缺少的就是资金。我的工厂资金不足，购买原料需要 6 万元，利息高了，那成本就高了，当时也是没有办法，为了去解决资金问题，也只能这么去做，大家也都这样做的。那时候温州有好多人去跑业务，接到订单后谁有能力、资本和技术就谁去做。我记得在 1984 年初夏，当时联系到一个比较大的业务，就是太原重型机械厂的深井淬火炉业务。按国际标准规定，这个炉只能做到一米深的，但是大件放不下去。我的业务就是做大一点的，要一米多的，我就做了一个一米五的。最后这个业务做得是成功的。

二、筹 备 办 社

之后的两年，我和朋友经常在一起讨论遇到的困难。我经常在晚上找些朋友到纱帽河——我家的院子来商讨这些事情。我们坐在板凳上面，喝着茶。大家一致认为资金问题是最重要的。如果能筹办一个民间的、没有门槛的、为我们这些街道企业服务的金融机构，那就很好了。我们也不需要很大的银行，只要能更方便地为大家服务。后来我到处去打听，请教一些银行的老同志，问他们这个事情。他们一听就谈虎色变，都觉得这件事情不可能。银行离退休的干部是长期受过这方面的教育，他们认为我们这样做一很危险、二很困难。在 1984 年的时候，我们国家已经有了一些城市信用社，但不是很多。当时温州市有三家城市信用社，这三家都是工商银行办的，注册资金只有五万元，根本承担不了风险，他们的主要业务就是为工商银行储蓄、代办，吸收的存款也都是上缴工商银行，没有开展其他的金融业务。刚开始我叫朋友和亲戚到中国人民银行温州市支行去了解、打听这些事。后来我自己去问，但根本没有一个部门或者人来理睬我。 听我要办信用社，他们都觉得不可能的，都回避这个事情。

当时我有个朋友的亲戚是工商银行的行长，朋友把我带到他家里去。到了他家，他一听我的想法脸也红起来了。他说："你赶快出去，出去，这是根本不可能的事情！"之后，在1986年的上半年，我就和鹿城区委书记王思爱联系，申请要办一个鹿城金融服务社。王思爱书记非常开明，支持这个事情。他听了我的话后说："鹿城区需要这样一个金融机构。"后来我得知浙江省委扩大会议里面提到一句：要进一步深化金融体制改革。这个信息进一步增强了我的信心，我就想努力去筹办信用社。准备工作还没有开始做，我先去了解这方面的情况，并积极地向区里汇报，后到工商局申请。工商局局长也非常开放，基本同意。因为当时上面不允许，他请示了温州市委书记董朝才，董书记基本上默许他。因为他们当时是试试看，也是第一个，所以先批了个临时的营业执照。这样我就开始真正地去筹建了。我印刷了传单，做了房屋和柜台的设计，去聘请一些人员。在聘请人员的时候我主要是去聘请那些退离休的银行老干部，这其中我碰到很多困难，有很多人想不通，大概有百分之九十几的人都不敢来我们单位，他们都认为这是不可能的。其中有一个年纪比较大的老同志，我中午到他那儿，他正在休息，我一直等到下午四五点钟才联系上，但他就是不敢来参与。当时，只有少数几个搞储蓄的和搞会计的来参加了。他们说："你办起来了，我就来参加试试看。"为了筹集资金，我把环南机电厂卖掉了，卖的钱也不多，只有几十万。刚开始的时候谁也摸不到底，有两个朋友起初都比较积极，后来碰到这样那样的困难，他们也认为风险很大，就说成本不合算。就在临开业的前几天，人民银行的人来了，他们两个也就退出去了。他们退出去之后，我们的资金就不足了。我就找到当时的旅日华侨，也就是我的房东徐昌星先生，请他入股。他愿意出十万元，弥补了资金不足的问题。关于这十万元，我是私下和他签了协议的，全部风险由我来承担，他才同意参加的。这样就凑足了当时的资金。我租了信河街272号，靠近嘉会里巷的三间四层楼的门面作为营业场所，在当时来说算是比较大的。开始时有八位股东，其中有七位是区、街企业负责人，还有一位华侨，这位华侨就是徐昌星先生。到开业的那天就只有我一个人，其他人有的退了、有的也不管事了。开业之后，生意红火了，他们又重新参与进来。

我们当时主要聘请了几位银行的离退休干部，他们对这方面的业务熟悉。开业以后，我们吸收的职工基本上都是高中毕业以后没有工作的。当时定的开业时间是1986年11月1日，我把这个信息发出去，好多部门和一些亲友都发来贺电。但在10月28日中国人民银行温州市中心支行派了两个处长来。他们说："杨嘉兴，你这个信用社没有经过我们批准，是不允许开的。"当时我们聘请银行退休的老同志来做财务，他听到这个情况，拿着账本放在自行车后面就逃掉了。走的时候，他说了一句话："杨嘉兴，这个是风险很大的，是会坐牢的，不能干的。"回到家中之后，我一夜未眠，是进还是退，陷入了深深的思索。翻来覆去睡不着，做这个事肯定是冒风险的，但是我觉得我认定的事要一直做下去。经过一晚上的斟酌，天亮了，我决定找温州最大的官员——市委书记董朝才求助。那天下午1点钟，我在温州饭店等他，到五点钟的时候，门卫和我说："董书记下来了，还有他的秘书。"我就说："董书记，我有个工作要向您汇报一下。"之前他也不知道我是哪个部门的，我也根本不认识董书记。他就请我到楼上的房间坐。他给我泡了一杯茶，我看到书记走过来就给他讲我的想法。当时乐清民间抬会事件闹得很厉害，涉及资金大概有2个亿，200多人潜逃，8万多家庭负债，影响非常大。这是我所知道的温州第一次比较大的金融风波。我向董书记讲了抬会的危害，以及温州在党的十一届三中全会以后个体户的发展，尤其是区街企业的发展，这是经济的需要。我大概讲了50分钟。董书记听了以后，很坚定地站起来说："杨嘉兴，温州的金融体制改革试验先由你牵头。"其实我的事情，鹿城区都有上报的，他也知道一些情况。当时他这样决定，也是冒了很大的政治风险。因为国家还没有《银行法》或其他法律规定允许我们这样办。市委办公室的同志后来和我说，董书记第二天就打电话叫银行部门负责人来，提出同意让我先试办这样的信用社。银行的同志说："金融是属于我们管的，国家是不允许他们这样办的。"董书记答道："你们的党组书记总是我管的吧。你们要先负责解决乐清抬会的事情，这也是金融工作，要处理好。"董书记这样说，银行才没有来查封我们。后来市里的人民银行其实也就不管我们这个事了。

1986年11月1日，信用社正式开业，这是全国第一家真正的民间股份制金融机构。开业当天是很受市民的欢迎。他们一是要看看我们国家改革开放的程度怎么样。他们的概念是改革开放了，什么都可以试试了，民间的金融机构也可以试。二是他们对改革新生事物的支持，所以当时有好几百人来信用社，队伍排了几百米长，一直排到弄堂里面去。第一天我们就吸收存款 30 多万元。后来因为银行不支持这样做。据说他们下了文件给其他专业银行，不允许我们去开户。所以我们白天吸收的存款都是以我个人的名义存到其他银行的，到了晚上因为银行已经关门了，我们就只能把这些钱带回家去。第一个月，信用社个人储蓄有 4300 户、770 万元。

我们做金融的人，金融风险自己承担，但是政治上需要领导支持。可惜当时省人民银行是不同意的。

三、正式获批

蔡兆清：我们用临时的工商执照开业了，做了两个月，社会各方面的反映都非常好，有了比较大的社会效益。应该说信用社要先有金融许可证才允许拿到地方工商部门的营业执照，我们那时候还没有拿到金融许可证，先把工商部门的营业执照搞起来了，按规定来讲这样是颠倒的。市人民银行只能按照上面的规定，其实他们不承认，到开业的时候还是说不行。这种情况下，我们的信用社是得到了温州党政领导的支持，才能开起来。但金融许可证还是要办的，不办不行，信用社就派我到省人民银行去说明情况并提交申请。我到了省人民银行，找到了负责金融管理的同志，汇报了我们的情况，他们说："你这个没有批准，这样搞是非法的。"当时我住在招待所，银行一开门，我就过去，坐到办公室里谈我们的事。后来，他们说："老蔡，不是我们金融管理处不给你办，是上面不通过，我们没有办法。"

当时，市领导刚好在省里开省委扩大会议，我就跑到会场，找到鹿城区委书记王思爱，他建议由市领导到省人民银行进行沟通。市领导听了情况后就同意派市委副秘书长宋文光同志和我一起去省人民银行找金融管理处的处长。因为已经跟他沟通了，他听说了之后觉得也是比较好的，就去报告省分行的领导。省分行的领导看地方的领导来沟通了，而且信用社的业务已经办起来了，影响很大，效果也很好，就批准了。之后他说："你们鹿城城市信用社的申请已经报过来了，你们得改名称。"我就告诉他："我们已经办起来了，单据都发出去了，影响已经很大了，现在改名牵涉太大了。"我就打电话给杨先生，把这边的情况告诉他。

我接到蔡老师的电话后就去找区委办公室主任，让他一起来动员已经申报了鹿城城市信用社这个名字的人，让他改名。最后他同意改成东瓯信用社。这样子就批下来了。为了赶时间，蔡老师请办公室的人立刻打字，最终在 12 月 30 日报告批了下来。蔡老师自己就把报告带了回来。第二天一早交给中国人民银行温州市中心支行。这样温州支行就马上发文件，鹿城城市信用社和东瓯信用社，两个一起批下来了。这个问题就解决了，接下来就是完全正式地按照国家规定办。之所以能顺利地拿到金融业务许可证，主要是领导支持和业务做得好。

四、金融改革先锋

信用社当时被称为金融改革的先锋，主要是对区街企业的支持，促进了实体经济的发展，当时银行为了保障自己的资金安全，小微企业个体经济贷款是没有它的位置的，国有企业把贷款额度都拿走了，没有考虑到私人的、个体的、小集体的区街企业。我们的信用社办起来以后为小微企业服务。开业第一天他们都排队，队伍从信河街到嘉会里巷。听到能贷款，大家都来了。假如信用社没有做起来，温州个体私营经济就不能发展得那么快。好多大企业都是从小企业、个体企业或者区街企业发展起来的，得到贷款以后，就像被人工造血一样蓬勃发展。我们当时就是在这样的背景下办信用社：温州个体私营经济已经产生了，等到要发展了，资金是个瓶颈。信用社给它们注血，注进去，它们就很快发展。杨先生自己本身有这个体会，他办了环南机电厂，缺资金，银行却不贷款，怎么办呢？想办法自己搞。这个就是他的敏锐感，他是改革开放时代的弄潮儿，抓住了机遇，办信用社，冲破了当时国家银行一统天下的格局，把小微企业缺资金的问题解决了，这对促进温州个体私营经济的发展起了很大作用。

杨嘉兴：我们鹿城城市信用社主要的服务对象就是区街企业，给他们的服务各方面都比较好，起到的作用也比较大。当时银行规定不允许我们给国有大企业贷款的，所以我们主动联系鹿城区工业局，给区里评上重点的企业一定额度。当时我们给的是两百万元额度，由他们来选定、分配给这些区街企业。这些区街企业中科技含量比较高或者发展潜力比较大的企业，我们考虑社会效益和他们的自身效益，给他们优惠贷款，以低于国家规定的 20% 优惠利率支持他们。

蔡兆清：鹿城区工业局是我去联系的。为了提高贷款的效果，对区街企业实实在在的支持，我和鹿城区工业局联系，表示我们可以给区街企业贷款，利息也可以优惠，请他们提供名单。比如什么企业？搞什么产品的？是不是国家支持的行业？先初审了，我们授信专项贷款两百万元，利率也有优惠，这个效果很好。这是有组织的，和工业局领导配合，给区街企业发放贷款。好多企业过去都是很小的，接受贷款后几个月、几年后都好转了。

杨嘉兴：可以说，现在温州发展起来的很多区街企业得到城市信用社的支持。我印象比较深刻的是一个叫陈辉的厂长，他当时有一个纸品厂，主要是搞机械和印刷设备的，资金不足。他找到了我，提出想贷款 10 万元，我立即带人到他厂里进行实地查看。我们看了厂房，知道厂房是他自己的，他做的产品技术含量比较高，在国内也是比较领先的，我们也不光看有没有抵押，主要看他这个企业的发展前途。当天他的贷款申请批下来，两三个小时就办妥了，这就是效率，不用这样批、那样审。因为他们有好多配件需要外购，怕第二天急用来不及，他又向我提出了一个请求，希望当天就能拿到款项。我了解情况以后，觉得要急客户所急，就一口就答应了下来。当时已经是晚上九点多钟，我派一个车子把款项送了过去。那时候温州人就是这样，有什么信息都是连夜出动的。还有，20 世纪 90 年代的月兔空调很有名，是浙江的名牌。当时这个厂是做电风扇的，后来转型做空调。他们因为资金不足，向我们贷款 30 万元，最后转型成功。再如温州市东屿机械厂，1986 年 5 月试制一种新式的印刷机，半年中投入了 12 万元。由于这个产品技术复杂、难度大，到了 11 月资金已经无法周转，面临半途而废的危险。在我们开业的时候，这个厂要求我们给予贷款扶持。经过我们了解，发放了 2 万元贷款。结果这个厂一个月内就成功地试制了两台新产品。厂长高兴地说："你们真是雪中送炭，帮助我们解决大问题。""雪中送炭银行"就是这么在温州传了开来。还有好多做皮鞋的、做眼镜的企业，他们在原始发展时期都得到了信用社的支持。

我们也给国有企业贷款。温州的国有品牌企业打字蜡纸厂，当时这个厂承包给个人了，个人用房产抵押。这个厂生产宣纸，需要收购棉花，季节性很强。但是因为这个厂账面亏损，银行不给他们贷款，找到我们请求帮助。当时银行是不允许我们给国有企业贷款的，我们了解实际情况后发现他们的产品有销路，也给他们贷款了，一共 30 万元，帮他们渡过难关。当时还有个温州皮革厂，也是温州的品牌，他们收购牛皮有季节性。当时银行看这个厂连年亏损，不允许他们贷款，我们从实际出发给它贷款。我们不光是支持了区街企业，那些大一点的企业也根据实际情况给予支持。

我们也做了很多慈善工作。我们把第一年的利润全部捐献给温州市少年宫，这个反响也很大。很多企业第一年都会亏损的，因为有开办费什么的。信用社前期开办的费用都是我个人出的，没有给他们分摊，再加上我们很积极地工作，取得了一定的成绩，效益也比较好。捐献这个事，一开始信用社里的股东思想不统一，认为这个利润应该大家分。我和他们说："我们信用社办起来得到了大家的支持，也要回报社会，谁要是不愿意出的话，该分摊到多少我个人给你。"这样董事会才勉强同意把这个钱捐了。后来我们还做了很多回报社会的慈善工作，温州市的教育基金会就是我提倡成立的。

到了 20 世纪 80 年代末期，鹿城城市信用社办得非常成功，也吸引了方方面面的关注。那时候到温州来考察学习的人有很多。我们信用社有一天接待了几百人。那时候人们来温州考察的基本是三个方面：一个是考察国营温州玻璃钢建材厂，一个是电焊设备厂，再一个是我们这个金融体制改革的单位，都是具有代表性的。一个是国有企业改革单位，一个是区街企业里面做得比较好的，再一个就是我们单位。好多地方说，要致富，先修路。我说："要改革，先要把金融搞好。"当时外界对温州争议很大，来看了以后观念就改变了。

1987年，美国《纽约时报》记者爱德华来温州采访后，在8月5日发表了题为《温州人办起中国首家私营银行》的报道。新华社《参考消息》第二天就全文转载了。后来国内的《人民日报》、《浙江日报》来温州采访，还有天津、广州的媒体也都有报道。国外的英国《卫报》、日本《朝日新闻》也来了，因为这是中国经济改革中比较典型的东西，他们是很敏感的，所以他们就来了。日本人来了以后也愿意买这个股票，当时我们不允许卖给外国人，就没卖给他们，他们只是作了这方面的报道。中央、地方的领导、学者也来考察。全国人大常委会副委员长李铁映、著名社会学家费孝通都来过，时任广州市市长朱森林也来了。这个信用社办起来后有那么大的影响，我们也没想到。他们主要来考察信用社改革方面的，吸取经验。当时的市人大主任陪同李铁映同志来我们信用社，说改革需要这样的先锋队。我和他说："我们当先锋队和敢死队都行，但是我们不愿意当政策的代死鬼。政策一改变，就要处理我们了。我们应该把信用社办好，要对得起那些对我们负责的领导，还要对得起广大存户。"所以我们是一心一意地去做这个事情。

五、不断完善提升

蔡兆清：在过去，银行、信用社、钱庄是百业之首，因为各行各业都要用到资金，特别是贷款，没有银行和信用社是不行的。对我们来说钱存进来了，利息给人家，当然要用出去，放出去要能够及时收回，保证安全性和流动性，这样子贷款上面就要做文章了。贷款的话是这样子的，你要先申请用途，除了正常的用途之外，我要规定几个不准，比如不准赌博什么的。正常的贷款审核之后我们觉得可以，而且要房产抵押。过去有发现造假的房产证，这个怎么办呢？我们就去联系房产交易所，叫他们给我们把把关，我们把房产证拿到他们那里审核一下，行的话，我们设计三联单，给贷款人授权。审核以后，一个留底给交易所，一个给贷款人，一个留底给我，他们就审核了。现在交易所搞的这套模式都是我们先搞起来的，房产证抵押都是正规的，不是造假的，这是个很要紧的问题。

我们鹿城城市信用社内部实行“自主经营、自求平衡、自担风险、自负盈亏”的方针。“四自”方针是这样的。当时开办信用社，我们是在国家规定范围内自主经营，我们当时吸收存款，发放贷款，代收代付，代发企业债券，异地汇款，在大范围里我们就具体做这几个工作。自求平衡、自担风险、自负盈亏，我们自己也要搞好，不能超出这个范围。在做到这四点的同时，我们企业内部的制度管理一定要跟上去，否则保不住的。我们业务要熟悉，服务要搞好。比如发放贷款我们晚上可以搞，客户明天马上要钱，我们也给。贷款方面：负责催债、房子所有权的确认等都是很要紧的。另外一个，在内部方面，查库也很要紧。我们存款今天收了多少，和银行那里可以对账的。但现金就是大问题了，我们定期一个月查库一次，几个人一起配合，另外不定期临时突击。我们怕就怕白条子，那就很麻烦了。另外还有值班什么的也要排起来，过年过节也一样。

贷款到期的话，我们有规定的，到期的话是利息和本金一起还的，我们规定每个月还息。比如贷款了三个月，第二个月要还息，如果你利息还不出来的话，你的贷款就有问题的，所以每个月要还利息。我们这个月到期的有个清单，会计本开出来，这个月到期的是哪几个单位，多少钱，什么时间到期，每个月一本。如果这个月利息没有交，就要去找，我们利息是每个月还的，这个效果挺好的。我们就知道了贷款人的信用程度怎么样，重视还款程度怎么样。我们建立了会计、出纳、现金、信贷、保安以及考勤、考核等有关制度，落实工作责任制。强调贷款工作“谁贷谁收”责任一贯制。有关职能部门按月提供贷款到期户名、金额，逐日核对还款情况，到了时间还不还就催。首先告诉他这个月什么时间到期，我们提醒他一下，到时候没有还，就要催了。那时候我们买了小汽车、摩托车，到了晚上，把抵押品的借据拿出来，上门去催，保安、经理、经办人一起去。有时我们会采用律师发函或者提出诉讼，这样子贷款质量比较高，以后业务发展了，呆滞贷款也不会超过2% 的规定，信贷质量远远高于其他单位。后来我们到省里去开会，大会上我们还作了经验介绍。

杨嘉兴：我们信用社发展了，取得比较大的社会效益后，有一天高忠勋书记问我："杨嘉兴，温州需不需要再办几家这样的信用社？"我说："这是需要的，温州市场这么大，应该多办几家。"当时，鹿城区委书记王思爱带领我们几家城市信用社到苍南一些个体经济刚刚发展起来的企业，给他们贷款。我们创办信用社，主要是把竞争机制引进了金融机构。我们的服务和他们是不一样的，我们是上门服务，为客户着想。打破了当时国家银行一统天下的格局，使多层次的金融机构一同发展。到 1987 年 12 月，温州市有类似的金融机构 18 家。为规范经营，我倡导成立了温州市城市信用社协会，并当选为理事长。我们协会成立的作用：一是行业治理，自我管理；二是互通信息；三是追求平衡，解放前的钱业公会也起到过这样的作用。我们还有对职工进行培训，举办技术比赛。每年度各信用社都会评先进，我们组织起来，由协会出面，进行年度评比。后来省里也成立了信用社协会，全省分五个地区，五个常务理事，我是温州地区的理事、浙江省城市信用社协会副会长。温州地区包括台州、丽水。1995 年，全市城市信用社已发展到 40 多家。到 1998 年 12 月 17 日，包括鹿城城市信用社在内的原温州市区 29 个城市信用社、6 家金融服务社和 8 家营业处进行了整合组建成立温州市商业银行。

六、思考与总结

杨嘉兴：与当时的国有银行相比，鹿城城市信用社有哪些新特点呢？第一，民间的金融机构主要靠服务。我们当时一年只有大年初一休息，一年到头都在办理业务，是24小时服务的，门口装了一个门铃，因为晚上有急需的。那时候温州的民营经济刚刚发展，有什么商业信息必须晚上连夜坐车赶过去，大部分都是到上海、北京、广州这些地方。刚开始我们信用社是借的车，后来为了工作需要，信用社自己买了车。有些人行动不便的，他们打个电话，我们都会上门服务的，吸收存款。比如一位巴西华侨潘老先生，每次存取款，我们都派人上门办理，他也很赞赏我们。以前我看过一部电影，日本的保险业刚刚发展起来，都要挨家挨户去做工作，那个保险员到农民家里去拉业务，这个农民很忙，他就帮忙插秧、做农活，他这也是做到服务到家，所以我们也要朝这方面学。其实我自己的感受是最深的。在开信用社之前，我去香港探亲。香港银行的服务很好，一来先给你泡咖啡，你出示有效证件，说明你的意思，他们就全部做好，之后给你签个字就行了。不像当时我们这里的银行，说下午5点多下班，其实下午3点钟就已经在结账了，那时候都是用算盘的，算完之后也就不理睬了。所以我们考虑民间的金融机构主要靠服务，靠优质的服务，才有竞争力和生命力。

第二，当时鹿城城市信用社还实行了浮动利率，这个事情在当时也是个创新。浮动利率的事是这样的，根据我们的经验，所有发达国家和资本主义国家都有不同层次的金融机构为不同层次的企业服务，也有不同层次的利率。所以我们要上浮20%的利率来试点。当时在这个问题上面争议很大。在鹿城城市信用社成立初期，市里有个行长联席会，这个联席会是由市委副书记高忠勋管理的。开这个会的时候，他说："杨嘉兴，你在开会的时候也可以谈谈你的观点。"四个行长都是一样的说法，认为要搞浮动利率，不就是储蓄"搬家"了吗？这是不允许的，国家要统一利率。他们四人在会议上面讲好之后，高忠勋书记问我是什么观点。我就提出应该有不同的利率，因为我们有不同层次的金融机构，服务的对象也不同，应该适当地浮动利率，这样就在会议上形成了一种争论。我说："你们四大专业银行，存款有几百个亿，我们全市的信用社加起来才几百万，这个比例很小的，拿一部分去试试，影响不大的。"高书记就说："好，你们有这个争论，我们把这个事情拿到市委会议去研究。"过了几天，市委研究决定，发下会议纪要，允许我们的利率上浮 20%。其实这个利率是人民银行管的，到了温州试验区，拿一小部分去试一试，这也是很正常的。所以会做事情的领导，他会想办法给我们一个出路，也不是一棒子打死。

第三，向社会发行股票。我们为了扩大自有资金的影响面，1987 年 1 月 14 日，鹿城城市信用社经批准公开向社会发行股票。这个股票在当时来说是全国第一张最规范的股票。刚开始发行股票的时候，大家对股票的认识和概念不是很明确，最主要还是怕风险，所以也不是像现在人做股票那样去做的，我们是有限定地发行了股票。因为我们的目的是使广大区街企业、居民有能力入股，每股的股金是 100 元，每 10 股印 1000 元，发一份股票，一共发放 5000 股，总额是 50 万元。当时为了防伪，我们委托上海印刷厂印刷。我们还建立健全了股东大会、董事会等制度。我们每年都开股东大会，主要是报告一年内的经营情况，税后利润是多少，股金分红是多少，给大家知道一下，针对一些事情提提意见。这实际上是例行的年会。我们的信用社是比较正规的，比较谨慎。我们根据谁投资谁受益、亏损以入股金额为限，规定了税后年终盈余分配，公积金部分可以按照股金比例划入各位股东的名下。这个股票要经过董事会认可批准转让，购买的单位也有一定额度的限制，每户不能买很多。发行了股票，扩大了信用社的影响，吸纳了大量民间资金，把这些钱从地下转入地上。几年以后我到了深圳，深发银行还不知道有信用社发行股票的事，当时连上海股票市场还没有成立。后来上海股票市场成立了，当时我就和他们联系，在那里搞一个分支机构。因为上海股票市场发行单位的章程也是银行的退离休干部来制定的，这些人我们都很熟悉。

第四个特点，产权明晰。这个问题的解决为日后城市信用社改组为商业银行提供了便利的基础。那时候我们是 55% 的税后利润，5% 的营业税，营业税的 5% 是累计加好了后才是所得的，还有其他的附加税上缴。这个税上缴以后剩下来比例是很小的，我们也是预留了 50% 的资金去扩大再生产，20% 作为福利资金，还有 10% 的风险基金。我们不是把所有赚来的钱都分掉，留 20% 作为股东的分红。股东的分红怎么体现呢？根据股票额来分配。比如这一年股票本来是一万的，升到一万二了，我们就把利润加到股金里面去了。我们主要还是考虑到扩大再生产，避免风险。还有就是产权明确了，不是像以前糊里糊涂地挂在集体里面，我们明确了以后有了一定的效益，你就知道我这个股票的真正价值，不像现在的股票只是用于投资。我们的股票是真正体现出增值了。这样产权明晰了，大家都会关心，还会努力地参与金融事业。我们是一直在坚持产权明晰的问题，当时还是遇到很大问题的。众多部门认为，金融机构有效益的话是集体的，不是你个人的。我们认为，我们和国家的关系是税收的关系，我们都按照规定来交，交好了剩下来由我们决定怎么分配。我也说了，我们考虑怎么分配不是要把它分掉，是在考虑扩大再生产的问题。还有一个，股份制有很多优点和缺点。温州的股份制是和国际不接轨的，有股东买了一万块的股金，我就有权力去管这个事。按照国际惯例，股份制里的董事会和金融的总经理是两码事。我们温州的市场就是不明确这些事情，认为我是股东，就有权力管，这里面就有点混乱，真正的股份制要做到两权分立，这样企业才做得好。事实证明，我们的处理方法是非常好的。我们这家信用社效益比较好，还有东风城市信用社也有点效益。只有我们这两家这么做，有的是不敢做。我们为了产权明晰就这么去做，不然的话提高不了积极性。这样做的话，所有的股东都会关心单位的发展。后来，我们接待了上海提篮桥城市信用社。因为到1995、1996年的时候，全国统一要组建城市商业银行。因为好多城市信用社是亏损的，也有的是有利润的。那利润这部分怎么处理呢？上海解决不了，到温州来请教我们。他们改组商业银行的时候，碰到最头疼的事就是信用社的产权如何界定。他们吸取了我们的经验后，政府部门、信用社的经营者、商业银行的股东都很满意，觉得我们的经验有指导意义。

全国首例“民告官”案

黄德余

起　　因

全国首例“民告官”案在温州改革开放历史上，在中国法制建设进程中具有非常重要的意义。我作为苍南县的县长，是此案的亲历者，对当时的情况历历在心中。

苍南县江南平原自古水旱无常，洪涝风潮灾害严重。南宋嘉定元年（1208年），当时的平阳知县汪季良在舥艚潭头海口阴均山麓修筑一条挡潮海堤，古称阴均埭，又在魁江入海处建造一座排涝水闸，古称阴均陡门。舥艚海堤在历史上虽然多次遭受台风、大潮、洪水的侵袭，但由于人民爱护，加之官府刻石立碑，明令保护，所以保存完整。中华人民共和国成立以后，人民政府视水利为农业的命脉，多次拨款加固海堤，改建了阴均、东魁陡门，并于1962年在阴均陡门旁建了新闸，基本上满足了排洪需要。1964年，政府又在舥艚海堤上加固、加高防洪堤，使这座水利工程发挥出更大的效益，成为苍南县江南平原挡潮、蓄淡、排洪、灌溉、供水的中型水利枢纽工程，保护着当时50万人口和20几万亩农田。

“文化大革命”期间，有个别人在舥艚堤塘上造房子，开小卖部。当地人多地少，房宅地一直紧缺，一些乡民自作主张，在海堤南北坡及河道上抛石填基，毁堤建房，几年间，就建了200余间房屋。1968年，舥艚农民包郑照见许多人在盖房，他一时找不到地基，便在舥艚堤塘新闸50米处的内河一侧迎水坡上，盖了一间草房，一家人住了八年。1975年春节前，包郑照将自家的草房拆了，改建成三间二层砖木结构的楼房。

进入改革开放时期，舥艚老百姓开始富起来了，就有很多人又在这里搭建房屋。首先是盖茅草屋，后来盖瓦房，一共两三百间这样房子，两边盖起来。那么当中就变成街路一样了。其实这样对堤塘的损害是很大的。过去把房子造在堤塘上，是因为老百姓法律意识很淡薄。20世纪80年代初，政府发现这个事情不得了了，再搞下去，这个堤塘要毁掉。如果堤塘毁掉，老百姓的生命财产就不得保障，所以当时就是采取清障，对所有在堤塘上建的房子进行登记，登记后要罚款，等待拆除。因为当时政府下不了决心，一下子拆掉两三百间房子。包郑照家建于1975年的三间老房子也被罚款300元，每间100元。包郑照家尚未全部填好的新三间房基地，被打了两根界桩，一根打在新三间后墙间约1.5米处，一根打在新三间东边墙脚约2.7米处，这样做是控制向外继续填河，不准今后再搞违章建筑。

1985年8月，包松村出面，以儿子包郑照的名义，向舥艚镇城镇建设办公室申请建房，镇政府和镇城建办个别领导在包松村的多次请求下，口头同意包家建房的申请。随后，镇城建办工作人员带人丈量了包家所填的地基面积，包家交纳了708元的“地价款”。包家搞了个镇里批文。包家拿到镇里的批文以后，就马上把原来老的三间矮房子拆掉，再向河道填出去两三米。他们把地基打起来后，老百姓举报了，说他们家违法建地基。9月4日，苍南县水利局向舥艚镇人民政府发出了信函，要求立即制止包家非法占河道的行为。信中指出：“贵镇干部包松村同志最近又填河作宅基，这是非法行为，在群众中影响很坏，反映强烈。通知其本人，立即停止施工。并按省有关河道清障之规定，按照‘谁设障，谁清障’的原则，彻底清除，恢复河道原貌。特此函告，请支持处理，为盼。”镇长朱克通接到信函后，立即将水利局的要求向包松村作了传达。包家没有理睬，继续施工。1986 年 3 月，包家新的三间混凝土砖木结构小楼建好了。

包家房子建好以后，老百姓来告状。老百姓认为：包松村原是水利管理员，是管水利的，自己却带头在堤塘上建房，性质很严重。老百姓知道堤塘的重要性，他们告到省人大，甚至告到国务院。当时中央某个领导有批示给温州市。但包家就是不拆房。1986 年 4 月初，中共中央、全国人大常委会、国务院、中防汛总指挥部、水电部分别收到了署名为舥艚镇人民代表的上诉。5 月 7 日，全国人大常委会办公厅信访局致信浙江省人民政府办公厅，“要求派人查处，清除河障”。

受省政府办公厅、省水利厅的委托，温州市人民政府防汛指挥部、市水电局于 5 月 20 日派出负责同志和温州日报社记者会同苍南县水电局、金乡区、舥艚镇负责同志，进行实地调查。之后，温州市防汛指挥部专门写出海堤设障调查及处理意见的报告，上报有关部门。省水利厅正式下发 1986 年 135 号文件，提出“自 1983 年设置河道界桩以后，侵占河道建造的建筑物（包括包松村家新建房屋违章部分），一律按违章户拆除。在此以前的违章建筑，明显影响行洪者，也要予以拆除。”

5 月 22 日，《温州日报》在头版位置发表了《舥艚镇水利设施遭受严重破坏》的报道。这篇报道影响很大。当时的温州市副市长、温州市防汛指挥部总指挥何荣飞同志看到报道后，当即批示：“看了《温州日报》的报道，感到问题很严重。今年汛期即将来临，请市防汛指挥部和水电局的负责同志，苍南县委、县政府领导共同负责，并责成舥艚镇委、镇政府，务必在 6 月底以前解决水利设施遭受破坏的问题。否则，出了问题，要追究有关人员的责任，特别是要追究镇委、镇政府的直接责任。”

这之后，政府有关部门多次找包松村谈话，希望他能协助做家里人工作，尽快将违章建筑拆除。但包松村态度强硬：“我家房子是通过合法手续建造的，绝不会自动拆除。”

这里再补充一下，温州日报社记者下去调查以后，包家确实有新房子建在堤塘上。大家都没有重新盖房，他们家不但仍在盖，还填河盖房子，这个性质很严重。后来《水利报》也曝光这件事了，报纸报道：包郑照一家人违法在堤塘上填河造房，侵犯堤塘，破坏国家的水利设施。老百姓民愤很大。县政府当时压力很大，这个违章建筑要把它拆掉，怎么拆呢？当时拆这房子还没有下决心。改革开放以后，公开拆老百姓房子还没有先例。

这件事又拖到了 1987 年。1987 年 5 月，大兴安岭发生大火灾。鉴于火灾的教训，防汛工作引起中央高度重视。在短短不到一个月的时间内，国务院连续下发了三个关于防汛的文件：《关于听取防汛工作汇报的会议纪要》、《李鹏副总理在中央防汛总指挥部召开的防汛汇报会上的讲话》、《关于清除行洪蓄洪障碍，保障防洪安全的紧急通知》文件，指出：各级人民政府范围内的清障任务，要和防汛任务一样，由各级人民政府的主要领导人负责，组织有关部门和地区同心协力抓好。如果由于清障不力，而在汛期发生重大险情或者事故，特别是对那些拒不清障，造成上下游、左右岸灾情加重的地方，要追究其主要领导人的责任。

5 月以后，台风季节来了，国务院防汛的文件下来了，明确说在汛期以前，凡是破坏水利设施的，一定要严肃处理；侵占堤塘、侵占河道，搞违章建设的，一律拆除。6 月 26 日晚上 7 点，浙江省防汛防旱指挥部召开全省防汛清障紧急电话会议。省长许行贯要求各级政府以大兴安岭火灾为教训，坚决完成清障任务。如果因为拒不清障或清障不力，在汛期发生重大险情和事故的，该哪一级负责的，就要追究哪一级领导人的责任。有的设障单位及个人，拒不执行清障命令而又影响大局的，应强制拆除。

全省电话会议结束以后，温州市政府紧接着作了具体的部署。何荣飞副市长在讲到清障问题时说："苍南县镇包松村家违章建筑的房子拆了没有？如果已经拆了，很好；如果还没有拆，限你们在一个星期内强行拆除。这个'钉子户'要是拔不掉，苍南县政府还有什么权威？"会议一结束，副县长黄特今就赶到县委书记周方权家，汇报了省、市领导的指示。周方权书记意识到问题很严重了，而当时我又在省里开会。

第二天，周方权书记亲自出面，召开县联席会议，决定强制拆除包松村家的违章建筑。同时打电话告诉我，我表示同意。联席会议做了四项部署：一、县政府马上作出强行拆除的决定，书面送交包郑照全家，限7月3日前自行拆除。如果包家自己不拆，将由县里强行执行。二、将强行拆除意见用传真电报请示市政府。三、区、镇干部由黄特今副县长组织政法委、公安、城建、水电职工执行强制拆除任务。四、届时由县法院派员到现场，监督工作人员依法办事。

根据县联席会议决定，这次强行拆除，不是将包家的三间新房子全部拆掉，而是先拆其阻水最严重的部分，楼房后部的部分建筑共约11.12平方米。如何既把这部分拆掉又不损坏其他建筑，黄特今副县长与水电、城建有关人员反复研究，决定采取定向小爆破的办法。他们在桥墩水库建设工地上找到了能承担定向小爆破的专业技术人员。于是，他们就组织公安警察，把包家新建的违章建筑拆了。当时有的人不理解，我们拆包家的房子，为什么拆后面的两米到三米，斜过去拆掉？其实当时还是对他们网开一面的，就是说我们把违章建筑拆掉，拆掉新盖起来的房子，但是在原来的基础上盖起来的房子已经在了，也就没有拆除。填河的两到三米这个部分，一定要拆除，还原到原来的状况。因为当时包家这样做，闸门的水流不出去，所以这个阻水的部分一定要拆掉，我们定向爆破，把它炸掉。

在这之后，半个月的时间里，全县清障工作进展很快。河道清障达300多处，清障面积5000多平方米，其中清除毁堤砖窑100多座，清除填河建房100多间，还清除了阻水码头、阻水桥梁、堆场等障碍建筑将近100处。

7月初，包家的房子被拆掉以后，我从省里回来了。包松村就找到我说："黄县长，我这房子被拆掉了，我有镇里批文，这个是不合理的。我们一家人辛辛苦苦那么多钱凑起来盖了三间房子，你们拆掉了，现在我怎么办？"我说："你们家房子原来就是违章建筑，房子建在堤塘上，你后来又不听劝，又填河，重新盖房子，你本身是水利员，应该知道做这个事是违法的，国家法律也不允许你这样做，政府拆掉房子没错的。"他说："那我有不同意见，政府得有个说法，这样把我的房子拆掉，我怎么办？我现在没钱了，政府要赔偿。"我说："这个政府不会赔给你，你真的这么认为，可以向市里反映，也可以告我们，向法院讨说法。如果法院判决你胜诉，我们会依法赔偿。”他说：“你是县长，告政府等于告你，那不行。”我说：“我只是法人代表，你只管去告。”后来他的申诉状就到处发，状子送进了温州市中级人民法院，市中院也未受理。

根据我了解，他们到处跑，因为告政府是没有先例的，当时《行政诉讼法》也没出来，诉讼程序没有，以民事诉讼法立案也不好立，怎么跟政府打官司？照理说这个案子立不起来了，他搞了好几个月都搞不成。后来，他到杭州去找律师，通过律师找到了浙江省高级人民法院院长袁芳烈同志。

他原来是温州市委书记，一年前才调省里任职。对于温州这块土地，他是了解的。他认为老百姓觉得有意见，就要还个公道。法院不受理，那反倒不正常了。他也不是支持谁，反对谁，他思想比较开放。当时，全省正在开展普法执法大检查，通过公开审理此案，将会增强人们的法制观念，将有可能促进民主与法制向前迈进一步。他就作了批示：“鉴于原告已诉送温州中级人民法院，是否可在有关方面查处后，从总结经验教训角度报道比搞单纯的披露更好些？”他让下面的人把案子立起来，以民事诉讼官司来立案。

案子以民事诉讼程序立了起来，大量媒体的报道也出来了。这个案子很轰动，那个时候已经是 1988 年了，后来世界上还发生东欧剧变。当时有一种自由主义思潮，向西方看齐，特别是新闻界，这个思潮很厉害。所以这个案子一出来，很多报纸都在议论，包括《中国青年报》和《法制日报》。有的小报纸，就是希望政府输掉官司，看着这个官司炒得沸沸扬扬。当时政府是有压力的，本身是一个除违章的事情，执行市里的批示。防汛是很正常的工作，结果闹得沸沸扬扬，好像是政府违法拆了老百姓的房子而不赔偿，搞得老百姓日子过不下去。在那种情况下，我们所采取的措施，就是要积极面对。第一，我们认为，真理还是在政府这边，我们是按照国家的这个防汛条例来执行的。第二，我们是执行温州市政府给我们的指令来组织拆除。第三，我们也没有全部把包家的房子拆掉，就是把后来妨碍防汛的部分拆掉，这是合情、合理、合法的。公正地讲，这个房子建在堤塘上，本身就是违法的。后来他们填河再去造房子，一错再错，水利部门在他们还没有建好的时候就通知他们，他们不听，突击建起来，不管什么理由都站不住脚。

所以当时我们政府这边底气是足的，没有一点怕，因为这个事全部是合情合理的。中央也派人下去调查案件，到舥艚勘察，找包家谈话，找我谈话，都谈了。他们那边准备打官司。我们常委研究，由我牵头组织一个小班子来应对这个官司。我们从两方面走，一方面，就是在舆论上，正面的宣传舆论要出来。所以我们当时找到新华社记者丁雪萍，这个有名的记者找了温州日报社负责人，向他们反映情况。后来报纸出来都是很公正的。新华社和《浙江日报》、《温州日报》的报道都是中性的，客观地报道这个事情。另一方面，准备打官司。准备打官司，那就是说要请律师。最后我们找到了吴岳律师的爸爸，他是个老律师，在杭州很有名。吴岳的爸爸组织一个团队，有他儿子吴岳，还有几个人，我们政府正式聘请他们担任辩护律师。律师下来，我们陪他们到现场看，讲案情。他们熟悉案件，通过调查以后，他们信心很足，认为这个官司没问题。

1988 年初，距离开庭越来越近了。领导们在商量这官司怎么应对，县长要不要出庭。我们四套班子开会讨论，大家比较一致地认为应对这官司是没问题的。鉴于当前的舆论导向，必须精心准备，积极应对。我们这口气要争，就是在法庭上把这个事情要搞清楚。况且，这是民事官司，原告与被告是同等地位的。我们当时考虑，第一，袁芳烈同志已经批示；第二，市中院已经立案。我们不是没有理，要打官司就打嘛，没关系的。像这种案子，我们完全可以委托律师，县长不要出庭。讨论时，大家说："算了，就这样，我们也无所谓，不出庭没关系的。"我们就讨论了一次，现在有的媒体上说我们讨论三四次是没有的，也是基本上就定下来了。后来舆论越来越不像话了，有的人很过分，报道与事实相差很远。后来我考虑，第一个，如果我现在不出庭的话，现场律师不一定讲清楚。所以我必须自己去讲，要讲清楚这个事情。第二个，不出庭好像政府真的理亏一样，不敢出庭。既然闹得那么大了，把我们推到风口浪尖了，到时候看你县长不敢出庭，是什么局面。第三个，也没什么大不了的事情，这民事官司，被告、原告同等地位。我们可以反驳，他们告我们，我们在法庭上完全可以讲清楚，所以我觉得这个要下决心做。后来我跟周方权书记说：“我考虑再三，必须要出庭应诉才能讲清楚，也可以表达政府依法行政的态度。”他同意了，说：“那我们常委开个会，大家看看怎么样。”我觉得那天晚上连夜开会，距离开庭大概就是个把星期时间。那个会议不是专门为了讨论出不出庭的问题，而是常委开会了，有很多议题的，把这个作为议题放进去讨论。大家还是坚持县长不要出庭。大部分人觉得这个没必要，法律规定，律师可以出庭代表我，也不是什么很大的事情。假如我代表政府在庭上讲得好是可以，讲不好，万一有什么漏洞出来，有损政府形象，有损县长的形象，这何必呢？没有必要让他们牵着鼻子走。大家讲的也是有道理。后来我把我的理由讲给大家听，这样大家也没什么意见了。

当时还有个小插曲，因为这个事情全国报纸上都在登。我的一个湖南亲戚看到报纸，马上打电话过来，他说：“怎么样？这个报纸舆论对你好像很不利，说是违法拆除房子，政府当被告了，县长要坐牢了。”因为当时人们的法制意识还是比较淡薄的，认为打官司，上了法庭，就是好像要被判刑一样。老百姓以为，我这个县长当不了了，要回家去了，有的甚至以为我要坐牢了。他们不知道怎么回事，很担心。我说：“没事呢。”现在媒体报道上说亲戚们赶过来看我，这是没有的。我夫人、我舅舅，还有两个小姨子，那时就是打电话给我，问问情况。

出　庭

我记得开庭地点在苍南电影院，大概可以坐六七百人，也不是很大，外面一个广场。9 点开庭，我提早到了，大概 8 点 40 分就到了。我从政府出发，一个人走过去。我到电影院的时候，外面已经人山人海了，里面坐满了。我进去时，门卫把我拦住了，说：“你没有票。”我说：“我是被告。”他边上有人说：“那个是县长，是被告，你怎么不给他进去？”当时开庭很热闹，为什么那么热闹呢？因为舆论太大了：第一，这是全国首例的民告官案。首例民告官案是怎么一回事，大家要看新鲜。第二，想政府赢的人，要看法庭辩论。第三，包郑照这边的亲戚朋友，他们要进去看看。第四，社会上关心这个案件的人，总想在开庭的时候看看这个到底是谁对谁错？到底是怎么回事，要看个究竟。当时包郑照家里也有意见，说发给他们的票不多，就几十张。政府方面，这边的票也不多，每个部门都是分配的。后来听人家说这个票私下在卖，100 块钱、200 块钱一张，我倒没看到，但这个事情大概有。我们当时也没有去抓这个事情，虽是非法的，但私下搞的，政府没有证据。

我到庭后他们才来。因为他们过来是一大家子，上台的是一家人。我们这边，就我和两位律师。当时现场，新闻界有很多人过来，有中央电视台、香港电视台、新加坡的媒体。我前面有几十个话筒。当时很多国外记者都知道这个案子，中国改革开放初期，法制还不健全，他们以前以为中国是专制社会。所以，有个首例“民告官”案件要开庭，说明中国法治进步了，他们想知道中国的司法程序怎么走。

审判开始，先是原告陈述，然后是被告陈述，然后双方把证据拿出来。下午开始法庭调查，然后证人上台，有好几个农民上台作证，说包郑照家里人违法建房，是违章的。省水利厅技术员过来，他从技术的角度去说明问题，把数据拿出来。

法庭调查后，进入法庭辩论阶段后，先由原告的诉讼代理人楼献律师宣读代理词。包郑照家的楼房究竟属于合法建筑还是违章建筑是本案焦点。在代理词中，楼献律师用很长的篇幅来说明包家的房子是合法建筑：第一，包家的新房没有越过当时水利部门打下的界桩；第二，包家建房是按镇总体规划进行的，规划批准后就具有法律效力，必须认真执行；第三，包家建房的审批手续符合《中华人民共和国土地法》，房屋的所有权应该受到法律保护。代理词最后要求苍南县政府赔偿原告被炸三间三层楼房的直接经济损失 10 万元、医疗费 120 元、误工费 2 万元、上访诉讼与资料复印等费用 1 万元。

晚上 7 点半，继续开庭。吴岳律师宣读代理词。代理词针对原告的论点提出了反驳：第一，究竟是谁侵犯了谁的合法权益？所谓合法权益是指得到《宪法》和国家其他法律确认并加以保护的正当权益。国务院〔1979〕243 号通令、水利部《河道堤防工程管理通则》、《浙江省水利工程管理暂行条例》都明确地规定：禁止任何人进行危害水利工程设施的活动。原告毁堤建房，不仅违反了国家的法律，而且也危害着大堤的安全，侵占了国有河道。恰恰是原告的行为侵犯了国家的权益。第二，包家建房的审批手续是无效的。既然已经确认海堤属水利工程设施，那么任何人想在这一设施上盖房，都应当无条件地服从水利管理法规。《浙江省水利工程管理条例》第六条规定："在水利工程管理范围内，如果设置码头、修筑道路、建造房屋等，需由建设单位提出申请，经水利工程管理单位和水利主管部门同意，报上级人民政府批准后方可施工。"而包家从未向有关部门提出过这样的申请手续。第三，苍南县政府采取强制措施拆除包家违章建筑是法律所允许的，国务院《关于清除行洪蓄洪障碍，保障防洪安全的紧急通知》中已有明确指示。原告到处散布不适之词，给县政府名誉带来极大的损失，使清障工作难以开展，为此请求法院判令原告为县政府恢复名誉。

在最后一次陈述时，我谈了六点：第一，今天，温州市中级人民法院在苍南开庭，我虽然是作为被告出庭，但还是感到很高兴。包郑照一家懂得通过法律渠道来保护自己的权益，我是欣赏的。不过，任何一个公民都要正确运用法律，如果自己明显违法了，就应该依法办事。第二，我是完全相信法庭能作出公正的判决的，不论胜败如何，如果在这中间需要承担什么法律责任的话，由我个人来承担。第三，我认为通过这次开庭将有利于推动一系列水利法规的贯彻执行。第四，法院对我们反诉意见中关于要求原告承担强行拆除其违章建房的费用不予理睬，我们表示遗憾。第五，楼献律师在代理词中，对我个人进行攻击倒无所谓，但谩骂政府，令人无法容忍。第六，许多记者不辞辛苦到苍南来采访，作为县长，我表示欢迎，如果有招待不周之处谨请原谅。

法庭辩论直到晚上 10 点 10 分才结束。合议庭进行休庭评议。10 分钟后，审判长李玉林宣布评议意见：由于对本案的事实认定、法律的适用以及双方当事人与诉讼代理人的辩论意见，还需进行仔细评议，今天不作当庭判决，一审另定时间宣判。

庭审结束后，我走向原告席，过去跟他们拉拉手。我跟包郑照说："我作为县长，你是苍南的一个公民，我对事不对人，没关系的。你们现在有什么困难，或者有其他一些问题，可以找我。”他也笑笑，这个是无意的，很自然的。一个记者，紧紧跟在我的后面，马上把这个镜头拍了。其实我也觉得内疚，我工作没有做好，如果我做得再好一点，可能不会出现这些问题的，或许还有其他的途径，我当时心情很复杂。

三天之后，温州市中级人民法院作出了一审判决。法院认为：闸坝是苍南县四区二镇御咸蓄淡、排涝灌溉、挡潮防洪的重要水利枢纽工程，关系到12万亩农田灌溉和50万人民生命财产的安全，任何单位和个人均不得非法侵占。苍南县人民政府为了确保国家和人民生命财产安全，在多次教育原告并限期自行拆除无效后，根据国务院《关于清除行洪蓄洪障碍，保障防洪安全的紧急通知》的规定，强行拆除原告违章建造的部分房屋，是合法的、正确的。原告诉请赔偿损失，显属无理。据此，依照《水利水电工程管理条例》和国务院《关于清除行洪蓄洪障碍，保障防洪安全的紧急通知》的规定，判决如下：驳回原告包郑照等八人的诉讼请求。本案诉讼费191元和鉴定费150元，由包郑照等八名原告负担。

再次出庭

包家不服温州市中级人民法院一审判决。1988年9月12日，原告包郑照率家人又向浙江省高级人民法院提起上诉，并以苍南县政府违法炸房行为是执行温州市何荣飞副市长的指示，具体的炸房方案亦经他批准为由，要求追加温州市政府为本案的被告，同时建议省高院通知镇政府作为第三人参加诉讼。10月8日，一审的全部案卷材料由温州市中院报送省高院。省高院当即组成合议庭，民庭庭长钱士诞担任审判长。浙江省高院在10月13日，向苍南县人民政府发出了应诉通知书。合议庭的全体成员投入了庭审前紧张的准备工作：反复认真地审阅厚厚卷宗；去浙江省水利厅、城建厅、土地管理局，听取有关主管部门的意见；对当事人的资格，一个一个进行严格审查；委托省水利学会指派专家对海堤的性质及包家的房屋作了专门的鉴定；去苍南实地勘验、调查取证；精心拟定庭审提纲，对可能出现的各种问题作了充分的准备。

法庭原定11月初开庭，但这期间，我正好参加省里组织的一个经济考察团赴香港参观考察。我向法庭提出，如果在我出访期间开庭，我只好委托代理人出庭应诉；如果能够延期等我回来再开庭，我将再一次亲自出庭。他们考虑到这个案子的影响，还是应该由我出庭为好。于是，法庭将开庭时间推迟了半个月。11月中旬，合议庭成员结束了在苍南一周的调查、取证，我当时回到了温州，进入开庭前最后准备阶段。

11月18日，第二次开庭，地点在温州市政府前面的礼堂，当时在场的很多人是机关干部，普通老百姓很少。各地的水利局长都很关心这个事情，包括全国好多的水利部门、分管农业的部门都给我们写信：这个官司要坚持住啊，如果不打赢，那我们拆除违章又撑不下去了，破坏水利设施现在很严重。他们也很支持我们的做法。所以我们这里开庭的时候，听说丽水那边也有水利部门的人过来听。当时新华社、《人民日报》、《中国日报》、《法制日报》、中新社、中央电视台、中央人民广播电台及省市24家新闻单位的记者到庭进行现场采访。

审判长宣布："关于上诉人要求追加温州市政府为本案的共同被告，建议我院通知肥艚镇政府作为第三人参加诉讼的问题，经合议庭研究认为，强行拆除包家违章建房的决定是苍南县政府作出的，属于它的职权范围。虽然县政府在强行拆房前曾将具体方案报市政府，但这纯属上下级政府的内部工作关系，不构成侵权行为。因此，温州市政府不具备本案被告的条件。同时，鉴于肥艚镇政府对双方当事人争议的诉讼不享有独立的请求权，且本案审理不论出现何种结果，同其在法律上都没有利害关系，不具备本案第三人的条件。据此，根据民事诉讼法第一百二十二条第一款第六项、第二款的规定，口头裁定驳回上诉人的请求。"

之后，法庭调查开始。包松村代表全体上诉人首先宣读了上诉状，请求理由包括：第一，一审判决事实不清，证据不足，并不惜歪曲事实；第二，一审判决适用法律不当；第三，一审审理的违法之处；第四，追加被告和第三人。

在包松村宣读完上诉状后，紧接着，我宣读答辩状。我认为包郑照等人诉苍南县人民政府损害赔偿一案已经经过温州市级人民法院作出判决，确认包郑照等毁堤填河建造的房屋是违章建筑，县政府强行拆除违章建造房屋的一部分完全正确。一审判决是实事求是的、公正合法的。

双方发言完毕，法庭就包家房屋的审批过程、建房过程、被拆过程，堤塘的历史现状、清障时的桩位、镇城建规划、县政府强行拆房等问题，向双方当事人进行了详细、全面的调查。由于包家对一审中的鉴定人及鉴定书持不信任态度，浙江省高院特地聘请了浙江省水利学会的专家重新对海堤的有关问题进行了技术鉴定。当时，专家代表到庭宣读了鉴定书。法庭调查持续到下午 5 点 15 分结束，历时 6 个多小时。

晚上 9 点时，庭审进入法庭辩论阶段。在法庭辩论即将结束时，审判长再一次征询双方的意见，对方诉讼代理人楼献律师要求发言。楼献律师提出要求调解。我们这方讨论了一下表示，现在已经太迟了，不同意调解，相信法律判决。这样法庭就支持了我们的意见，没有调解余地。

之后，包松村代表上诉人宣读了最后陈述，我也作了最后陈述。我说："包郑照等人诉苍南县人民政府损害赔偿案二审庭审就要结束了，今天，我作为苍南县人民政府的法定代表人坐在被诉席上，心情是复杂的，有喜也有忧。喜的是公民与政府打官司将开始被越来越多的人们所接受，官民对簿公堂的事实将被越来越多的人们所接受。在这里，我们可以看到在我们国家实行全面广泛的民主与法制的希望。忧的是可能还有个别人，出于公民与政府打官司，不管理正与理歪，不管执法与违法，非要政府输不可的心理，捏造事实，歪曲法律，竭尽强词夺理诡辩之能事，非达到目的不可，我为此而感到担忧，但愿这种担忧是多余的。眼泪不能代表法律，法律就是法律，如果我们保护少数人的利益，那大多数人会受苦，至于个人有什么困难，那另外可以解决。我殷切希望这起农民告县府的官司，它的结局能够引出民主与法制建设好的结果，我相信法庭会作出公正的判决。谢谢审判长，谢谢审判员，谢谢全体听众和法庭工作人员！”

晚上 10 点 40 分，合议庭休庭，对审理情况进行评议，案子没有当天宣判。

12 月 26 日，浙江省高级人民法院在杭州市中级人民法院礼堂依法对此案进行了公开宣判。钱士诞审判长宣读了判决书。终审判决认为：“原审判决定认定事实清楚，论证充分可靠，审判程序合法，适用法律正确，驳回包郑照等八人的诉讼请求，并无不当。上诉人的上诉请求无理，本院不予支持。经本院审判委员会讨论决定，根据《中华人民共和国民事诉讼法（试行）》第一百五十一条第一款第一项之规定，判决如下：驳回上诉，维持原判。上诉案件受理费人民币 191 元和鉴定费人民币 450 元，由上诉人负担。本判决为终审判决。”

这个案子当时引起全国关注，至今仍有不少人研究它。现在回想此案，我个人认为它的意义起码有以下六个：第一个，这是中国法治建设的进步。他们说是第一例民告官案。县长和农民对簿公堂，这说明国家法治建设朝好的方向发展，体现了在法律前面人人平等。第二个，老百姓在认为自己的权利受到侵犯的时候，不是去吵吵闹闹，而是拿起法律武器来保护自己所谓的利益，这也是个进步，所以包郑照向法院提出起诉政府，我一直是欣赏这个事情，没有对他反感，有事情用法律解决，吵吵闹闹解决不了问题，有理在法庭上讲。所以，这个事情也是老百姓法治意识加强的一个表现。第三个，不管在什么情况下，政府必须要勇于挑起保护水利设施的担子，如果水利设施不保护，那么危害无穷。水利设施，各级政府都必须要义无反顾地勇敢出来保护，所以我们是勇敢地出来打这个官司，就是为了保护水利设施。第四个，老百姓也有义务来保护水利设施，保护水利设施的意识得加强，不能破坏水利设施，谁破坏水利设施就要受到惩罚。第五个，这件事无形当中，普及法律教育。老百姓是可以跟政府打官司的，本身是法制宣传的一个很好的例子。最后一点，这个官司其实是促使了中国法律的完善，催生了两部法律。第一部是《行政诉讼法》。这个官司打好以后，接下去全国人大马上就研究《行政诉讼法》。这部法律不出台不行了，不然政府和老百姓的矛盾怎么来调解？所以第二年中国的《行政诉讼法》出台了，没有这场官司，出台可能还要迟一点。第二部是《水法》。原来没有《水法》，水利设施保护只有国务院令，是政策性文件，是法规，不是法律，法规的约束性就不是很强。所以在第二年，《水法》出来了，很明显就有水资源怎么保护，水利设施怎么保护的内容，所以这个案子无形当中对推动中国法治建设，对推动《行政诉讼法》和《水法》的出台有一定作用。

我的汽车梦

李书福

2012年11月29日，中共中央总书记习近平在参观《复兴之路》展览时指出："实现中华民族伟大复兴是中华民族近几代以来最伟大的梦想。这个梦想，凝聚了几代中国人的夙愿，体现了中华民族和中国人民的整体利益，是每一个中华儿女的共同期盼。"

总书记的话深深打动了我的心。每个人都有梦想，而我从小就有一个汽车梦，就是"让世界充满吉利，让中国汽车跑遍全世界，而不是全世界的汽车跑遍全中国"。这是一个充满浪漫想像而又非常美丽的梦想。从青年时期创业开始，我就将这一美丽梦想植入我的人生实践，并为此立下了勇往直前、生死无悔、不达目的绝不罢休的誓言。

寻　梦

我是从浙江台州沿海的农村走出来的。20世纪70年代的浙江沿海，几乎没有工业，因为这里属于一线，国家基本上没有什么投资，经济也很不发达。上小学时，我利用暑假为生产队放牛，每天0.15元，一个暑假能赚 6 元到 10 元钱，对我来讲这是一笔大钱。上小学每学期交书本费大概 1.2 元，学费是免交的，有了这笔钱，我比其他同学富裕多了。上初中一年级时，党的十一届三中全会召开，改革开放的浩荡春风吹遍神州大地，吹进了校园和乡村。虽然我沉浸在放牛的快乐生活之中，但改革开放的春风在我心中激起千层浪花，散发无穷涟漪。农村的土地可以承包经营，农民可以离土不离乡搞乡镇企业，甚至还允许搞个体私营经济，我真以为自己的耳朵出了毛病，天下还有这样的大好事？因此，我无心上学了，开始研究党的十一届三中全会以来的一系列文件，一系列方针、政策。三年初中学业我用了两年时间就匆匆完成了，以优异的成绩考上了路桥中学尖子班。随着改革步伐的不断加快，我对高中学习失去了耐心，人在学校，心在游离，引起我父亲的极度不满，几次受到惩罚。高中还没有毕业，我就开始规划参与市场经济活动的各种梦想。

我最早的“梦想”是开一家照相馆。那个年代开照相馆也是不容易的，必须要公安局批准，还要房子、设备、资金，当时也没有照相馆的师傅愿意教我。我刚从学校出来，立刻就去开照相馆看来不太现实。家里有辆自行车，于是，我向父亲要了 120 元钱，买了一台手提照相机，开启了我的创业生涯。骑着自行车，走街串巷，见人就问要不要照相。由于我服务热情，照相质量也不错，很快赚了近 1000 元钱。有了这笔钱作原始资金，我就租了一间房子，开了个小照相馆。用现在的话说，我的业务已经升级了。由于资金有限，我的照相馆的所有设备几乎都是自己设计、制作的，包括大型座机、灯光、道具等。因为照相行业属于特种行业，由于我没有特种营业执照，多次接受教育与处罚，可能是因为我的态度比较好，即便要求关门停业，照相馆仍然坚持了近两年时间。后来因为开放的力度越来越大，我就寻求新的机会，进入了转型发展时期。

那个时候的台州，小五金生意很兴隆，做首饰等小五金需要用铜、金、银做原料，但这些原料国家控制，个体户没地方去买。当时台州拆解业也发展起来了，废旧电器市场中的废旧电器含有大量的金、银、铜等，我受到从事照相时定影液的启发，从废旧电器零件中分离金属铜、金属银、金属金，利用我家房子比较大的优势，进行家庭作坊式的生产，这完全是变废为宝的技术，可谓循环经济，效益确实不错。于是，我把照相馆关掉，专门从事这项技术。到了 1983 年，我的这些技术被其他人学会了，因而出现激烈的供应链竞争，废旧零部件成本也越来越高，我又进入了新一轮的艰难转型。

随着改革开放的不断深入，中国人民的生活水平也不断提高，电冰箱开始进入家庭，我再次开启一个新的创业进程，研究生产电冰箱配件，虽然过程十分坎坷，但磨难的经历就是宝贵的财富。奋斗的过程留下了许多美好的回忆。

因为公司初创，没有土地更没有厂房，我只能租用街道的厂房进行产品试制与研究。虽然理论上设想很好，但实际生产出来的产品总是不尽人意，经过近 400 个日日夜夜的反复失败与总结，我的手掌都被折腾得找不到一块完好的皮肤，见人不敢伸手，浑身疲惫不堪。研究试生产终于成功了，但人家自己要发展工业，决定收回厂房，我只能转移到其他地方，转移到哪里呢？真不知道。天无绝人之路，在同学家长的帮助下，找到了路桥中学校办厂并以校办厂名义生产、销售产品。费了九牛二虎之力，把所有机器设备搬迁到了新租用的路中校办厂。刚安顿下来，开始生产不到一个星期，事情又发生了。这个校办厂的周边是老师宿舍，我们加班加点生产电冰箱零件产生较大噪音，老师们晚上很难入睡，集体罢教，学校要求我们必须立即搬迁，我们又被厂房难住了。搬到哪里呢？我们在方圆几十里到处托人，找来找去找到了一个废弃的自来水厂，虽然房子不大，但周边没有居民，我们很高兴，终于找到了一个新的安身立命的地方，一个继续圆梦的地方。但这个水厂已经切断电源，必须找供电部门批电，几经周折，与村支书反复协商，终于找到这个村的电管员，请求装一个电表，把村里的电分一些给我们用于生产。结果祸闯大了，有人举报，说我们工厂没有经过工商局批准私自接电，黄岩县电力公司要求县检察院给予厂长监视居住并立案审查，吓得我根本不敢再去那个新的地方，生产又陷入了停顿，这一年我 22 岁。

在恐惧、无奈、叫天不应、入地无门的情况下，有一个声音在向我们召唤，家乡的工办主任为发展乡镇企业，主动找到了我们。真是山重水复疑无路，柳暗花明又一村。在他的协调下，我们租用了一个村庄的生产队仓库，把那些设备搬到这个新租用的仓库里，开始安装生产电冰箱零件。这些设备的搬运，我们都是用人力手拉车像蜗牛挪动般实现转移。一辆手拉车三到四个人，一共有几十辆手拉车，边推边拉。那几天碰巧老天不作美，下了倾盆大雨，道路泥泞，坑洼窄小，由于这些设备太重，捆绑锁紧难度很大。我们汗流浃背，根本分不清雨水还是汗水，只要能向前挪动一步，就是我们的成功，就是大家的共同追求。经过几个昼夜连续干才搬运完成，那种艰辛与折磨旁人是难以体会的。

因为搬迁，路桥中学校办厂的名称我们不能用了，在乡工业办公室主任的帮助下，给我批了一个戴红帽子的乡镇企业，叫黄岩县石曲电冰箱配件厂。有了营业执照后，我们便轰轰烈烈地大规模地招聘员工，开始扩大产能，制作设备，研发新产品，生产的电冰箱零配件供不应求，一举成名，成为全中国最有竞争力的蒸发器、冷凝器、过滤器研究生产企业，产品销往全国几乎所有的电冰箱厂，包括上海上菱、远东阿里斯顿，安徽美菱、扬子，杭州西冷、华日等。1986 年 11 月 6 日，我即组建起“黄岩县北极花电冰箱厂”，以“贴牌生产”的形式为青岛红星电器有限公司生产电冰箱、电冰柜等制冷设备，青岛奥柯玛电冰柜就是我们为其贴牌生产的，产品供不应求，企业欣欣向荣，一片繁忙，成为台州最大的民营企业，在浙江乃至全国都有较大知名度。到 1989 年 5 月，我们的冰箱销售额已达到 4000 多万元。北极花冰箱也成为当时国内冰箱行业的名牌产品。

正当我冰箱厂办得红红火火的时候，1989 年国家政策调整，开始对冰箱进行定点生产，“北极花”没进入名单，加上当时社会上对以股份制为代表的经济模式提出种种猜疑，内部股东意见分歧，我深感疲惫，就把全部资产无偿送给乡政府。政府接管后，我虽然一夜回归无产阶级，但浑身轻松。我离开台州去深圳上大学。

追　梦

到了1991年，我看到中央的政策很明确，要继续支持乡镇企业发展，心里就踏实了，就想着怎样重整旗鼓。特别是邓小平南方谈话后，天地间又一次荡起了滚滚春潮，万丈春辉暖透了大江南北、长城内外，整个中国进一步迈开了气壮山河的新步伐，我的创业热情又一次被点燃，那一年我已经28岁了。

研究、生产什么呢？从深圳回到台州，经过一段时间的市场调查，我决定办一家装潢材料厂。这个念头是在深圳一次逛市场时产生的。我在当地装潢材料市场发现，那些装潢材料都是从国外进口的，价格非常高，里面隐藏着很大的利润空间。随着国家经济的发展和人们生活水平的提高，装潢已经成为人们生活的组成部分，装潢材料特别是镀铝装饰板材，市场需求量非常大。国产装潢材料的研究、生产又刚刚起步。我觉得这是一个十分难得的商机，立即决定上马镀铝装饰板材这个项目。1992年3月，我从已经送给政府的资产中回租一部分厂房，开始新的创业生涯。

通过艰苦的技术攻关，我们研发出了中国第一张镁铝曲板。这个产品投放市场后很受欢迎。后来我们又研发出铝塑板，也非常畅销，产品供不应求，工厂日夜加班都来不及生产。我们马上扩大生产，把送给乡政府的厂房、土地以市场价格一点一点地买回来。按照我的习惯，又是自己设计、制造设备，大规模生产镁铝曲板、铝板幕墙等装潢材料，产品不但满足国内市场需求，而且出口几十个国家和地区。后来，我们的这些自主创新成果又被其他人学走了，虽然我们有专利，有所谓的知识产权，但被别人拷贝，也许是那个年代的命运安排，当然今天的法制环境已经有了很大的进步。为此，我不得不放弃这个产业，但是从小一直在我心里盘旋着的汽车梦又冒了出来。

很早的时候我就对造汽车非常感兴趣，我们的家乡把轿车叫作“小包车”，我从小就幻想着有朝一日能够自己来造“小包车”。可是进军汽车行业，国家政策这一道关口迈不过去，那时国家政策没有放开。大车不准造我就先造小车。在装饰板生产如日中天的时候，我就决定试着先向摩托车行业发起冲击。为了解决“没有生产权”的问题，我找到临海一家摩托车厂，签了个字面上叫“协作生产”的协议。

1992 年，“浙江吉利摩托车厂”的牌子终于挂出来了。吉利成为全国第一个研究生产摩托车的民营企业。我为工厂起名“吉利”，希望“吉利”给我的事业带来“大吉大利”。而吉利摩托车也确实给我们带来了吉利，特别是后来我们研发的国内第一台踏板式摩托车，市场销售非常好。眼看销量暴涨，合作方提高了要价。不得已，1995 年我把临海一家国营的濒临倒闭的鹿城摩托车厂整体并购过来。尽管吉利为此付出了很大代价，但不管怎样讲，吉利有了自己的摩托车生产许可证，它和今天资本市场上的“借壳上市”很有相似之处。1998 年踏板式摩托车产量达到 35 万辆，不但占领了国内市场，还出口到 22 个国家和地区。

装潢材料和摩托车生产的成功，进一步坚定了我的造车梦，为我后来进军汽车产业奠定了基础。

圆　梦

在成功进入摩托车行业后，我一直紧盯着汽车行业，从没有放弃。我想进行研究、生产汽车，除了我自己信，真的没有太多的人相信。大家都认为中国在汽车工业领域已经没有优势了，早已被西方国家垄断了，中国企业只能与外国汽车公司合资或者合作才有可能取得成功。但是我认为中国的改革开放政策一定会更加成熟、更加稳健，中国的现代化建设一定会持续推进，中国一定会成为世界上最大的汽车市场，虽然那个时代，中国汽车市场每年才几十万辆，汽车进家庭才刚刚起步。看着满街外国品牌的轿车，说实话我真的不服气。我始终认为“挪威的森林”不属于中国，中国不能没有自己的汽车产业，尽管我并不反对合资。

1994年，当吉利踏板式摩托车还卖得如火如荼之时，我造汽车的愿望又强烈起来。我找到当地市计经委的一位领导提出这个要求，对方却警告我：国务院24号令明确指出不再批准轿车项目。但我总想，中国汽车企业除了国家的就是合资的，为什么不把我们作为民间造车的试验田？如果成功了，可以为民族汽车工业提供借鉴和经验，即使失败了，也没关系，国家又不用承担一分钱呀！我觉得自己的想法有道理，就对自己说，我一定要圆造车这个梦！

那时，有人好心提醒我，造四个轮子的汽车与造两个轮子的摩托不是一回事，但我根本听不进去。我和他顶牛："造汽车有什么神秘？不就是四个轮子、两张沙发，加上一个铁壳嘛！"有人说吉利造车无异于跳楼，我就说："那就给我们一次跳楼的机会吧！"

1997年，我在出差途中偶然听说四川有一家汽车厂即将倒闭，这就是一个机会。我立刻动身前往那家工厂，与厂方主管部门商谈股份合作办厂。结果双方一拍即合，很快签下合股生产汽车的协议，成立了四川省吉利汽车制造厂。后来由于对方人事变动，我抓住机会和对方谈判，买下了汽车厂的全部股份，并且将汽车厂迁到了台州生产。本来想在自己的家乡路桥造汽车，但当地政府对此兴趣不大，后来就建在临海市城东的一个省级经济技术开发区。通过这种曲折迂回的办法，我们终于进入了汽车领域。

造车过程中，困难真是难以计数，记忆中从来没有一帆风顺的时候，有许多次几乎都快撑不下去了。但我有个原则，就是对认准的事绝不退缩，因为我坚信我的选择是正确的。

开始造汽车后碰到的第一个困难，就是缺乏人才。我翻遍摩托车厂的员工档案，发现只有三个人是汽车厂来的钣金工。就靠这三个人，连我自己在内共七个人，我们组成了研发团队，开始了艰难的造车之路。在广泛延揽国内外汽车专家人才的同时，我横下一条心，下决心自己办学，自己来培养汽车专业人才。吉利从有限的资金中拨出款项，先后创办起了浙江吉利汽车技工学校、浙江吉利经济学院、北京吉利大学、海南大学三亚学院、浙江汽车工程学院等大专院校。由于坚持，我们终于渡过了这个难关。现在，在研发线上工作的科技人员，我们自己培养的占了一半，生产线上的技术人员，70% 也来自我们自己的学校。近年我们还办起培养研究生、博士生这样的高级汽车专业人才的工程学院，为吉利和中国汽车工业的未来培养储备人才。

在汽车生产刚有头绪的时候，我们几乎被另一个难题所击倒。当时我们的发动机还在研发中，汽车配置的是天津丰田生产的 8A 发动机，但当我们对发动机的需求成倍增长时，却遭到了对方的刁难：先是大幅提价，后是干脆停货。竞争对手的“下马威”让我懂得：中国人要造自己的车就一定要自主，你别指望别人！我发誓要尽快拿出自己的发动机。经过无数次的试验，并且在试验中不断壮大研发能力，吉利牌发动机终于陆续问世。现在，我们甚至拿下了技术上处于“世界先进、中国领先”地位的 CVVT 发动机。

经过不懈的努力，吉利终于推出了自己在造车史上第一款真正量产的产品。这款叫“豪情”的车有着明显的拼凑痕迹：前脸儿有些像奔驰，车身和底盘有些像夏利，发动机是找夏利买的，而变速箱则来自菲亚特的两厢轿车。但不管怎样，车毕竟造出来了。我当时很兴奋，为了讨个好彩头，特意挑选了一个好日子：1998 年 8 月 8 日上午 8 时，并且向全国发出了 700 多张请柬，摆了 100 桌酒席，还在吉利所在的临海大街上，挂满了“造老百姓买得起的好车”、“热烈欢迎各位领导莅临吉利视察”的横幅，庆祝吉利“豪情”汽车在浙江临海的生产基地正式投产。可是那天快 10 点钟了还没有嘉宾前来。原因很简单，因为我们的汽车还没有拿到“准生证”，严格地说，还是“非法”生产，很多人不敢来。就在我极度失望的时候，一位女领导出现在车间门口。她就是当时的浙江省副省长叶荣宝。省长的坐骑急驶 300 多公里，从杭州驶到临海来参加我们的“豪情”下线仪式。当时对我们的鼓励和支持，简直无法用言语来形容。

为了拿到“准生证”，1999 年 12 月，当国家计委主任曾培炎到吉利考察时，我向他提出正式造汽车的要求。我说，请国家允许民营企业造车，允许民营企业家做梦，请给我们尝试的机会。我说了很多，曾培炎静静地听，最后他说了一句话：“我不反对你们造车。”就是这句话让我们看到了希望，坚定了造车的意志，有了“将革命进行到底”的信心和决心。当时的《中国企业家》杂志以“请给我一次失败的机会”为题做了一期封面报道，产生了很大的社会影响，引起了更多人对中国民营企业造车的关注。

也就在那一年，我感觉到造汽车要形成规模，有规模才会形成竞争力。我找临海市政府要地，扩大生产，临海市政府没有同意。于是，我把眼光投向宁波。当时宁波方面也不太相信，不过他们刚好有一个闲置的厂，日本人投资开的，做的是活动房。当地政府决定，先把其中的 300 亩卖给我。地是有了，可生产权还没有落实。我就去找宁波市领导请求支持。最后发现早已关门的宁波拖拉机汽车制造总厂还有“六字头”的汽车目录，双方需求一对接，就共同组建了浙江吉利汽车制造有限公司。2000 年 1 月，公司更名为宁波美日汽车制造有限公司。因为有了合作基础，吉利后来在宁波北仑又拿了 1000 亩地。

2001 年，中国汽车产业政策从目录管理过渡到公告管理方式。随着中国入世步伐的加快，国家经贸委增发了一批汽车生产许可证，在 11 月 9 日发布的第六批《车辆生产企业及产品公告》中，“JL6360”赫然在列。国家明确了吉利作为国家汽车定点生产基地的地位，吉利终于“转正”了！ 12 月 26 日，国家经贸委又发布了第七批《车辆生产企业及产品公告》，吉利集团生产的轻型客车 HQ6360、MR6370 和三厢式轿车 MR7130 又名列其中，这使吉利实现了从生产两厢轻型客车到生产三厢轿车的跨越，同时也成为中国首家获得轿车生产资格的民营企业。在宁波美日汽车制造有限公司、浙江豪情汽车制造有限公司的基础上，再加上吉利集团临海机车工业有限公司，浙江吉利汽车有限公司在 2002 年 2 月 16 日正式成立。

作为中国汽车工业新兵的吉利，与国内外那些已有几十年、上百年历史的汽车公司相比，差距实在太大。只有在研发、技术、生产、营销、售后服务、管理等方面实行全面创新，不断提升企业的核心竞争力，才有可能和他们一较高下。因此我提出了“总体跟随，局部超越，重点突破，招贤纳士，合纵连横，后来居上”的战略思想，把在技术创新上寻求突破放在企业经营的首位。

长期以来，中国始终没有形成自动变速箱的研发与生产能力，100%

依靠进口。国家曾专门立项攻关，耗时两年多，花费 8 亿多人民币，但最终没有成功。某外国汽车权威放言“中国人造不出自动变速箱”。但是，经过对有关自动变速箱研发情况的详细了解，我认为这个项目吉利可以做。2002 年我决定自行研究，花了将近一年时间，一次又一次去请相关的专家到吉利来；来了就和他“约法三章”：要权给权，要钱给钱，要人给人，失败了由公司负责。我说，我给你当后勤部长。经过三年多时间的努力，投入上亿元的经费，耗费了 110 台试验车，经历了常人难以想像的艰辛和险阻，拥有完整自主知识产权的自动变速箱终于研制成功。2005 年 5 月，吉利自动变速箱在吉利宁波基地实现了产业化生产，其价格仅是进口产品的一半。2006 年 3 月 28 日，中国汽车工程学会主持了吉利自动变速器科研成果评审。与会专家给出这样的评价：这一成果“实现了我国在自主开发并批量生产自动变速箱方面的重大突破”，“走出了我国汽车工业自主创新的成功之路”。

现在，吉利在多项汽车技术方面已经走在了行业的前列，如电子等平衡技术、新能源技术、BMBS 技术等，其中 BMBS 也就是爆胎监测与安全控制系统技术，解决了其他汽车公司一直想解决而未能解决的重大安全问题。这一发明，曾在 2008 年北美底特律国际汽车展上引起了世界汽车界的极大关注。

走 出 去

对吉利来说，“走出去”的目的，就是要走进世界汽车同行的制高点，真实了解世界技术动态，凝聚全球资源，形成自己的创新能力，从而加快实现从“中国制造”到“中国创造”的转变。

当时许多人不相信，认为我在“痴人说梦”。但就从那时起，我们开始了“走出去”的各项战略准备，包括对奔驰、宝马、沃尔沃三大世界豪华汽车品牌进行充分的研究。2007 年 5 月，我们率先实施战略转型，宣布不打价格战，确立了“造最安全、最节能、最环保的好车，让吉利汽车走遍全世界”的企业使命，为企业的发展和“走出去”做好了思想上和物质上的准备。

1999年，福特花64.5亿美金收购了沃尔沃。2007年前后，沃尔沃公开挂牌出售，标价60亿美元，当时，我们提出45亿美元的报价，对方一位负责人不屑一顾。2008年全球金融危机爆发，沃尔沃大幅贬值，这是最好的并购时机，经过极为艰苦的谈判，2010年3月28日，在北欧瑞典王国的哥德堡，我和福特汽车公司首席财务官Lewis Booth签署了一份协议，以18亿美元收购沃尔沃，浙江吉利控股集团有限公司获得沃尔沃轿车公司100%的股权以及包括知识产权在内的相关资产。8月2日，我和福特公司财务官共同出席在英国伦敦举行的沃尔沃资产交割仪式，中国浙江吉利控股集团有限公司郑重宣布，吉利已完成对福特汽车公司旗下沃尔沃轿车公司全部股权的收购。这次并购带给吉利的变化是显而易见的。沃尔沃的三家工厂、一万多项专利权、完整的技术研发体系，能够反哺吉利汽车的技术研发，形成均衡的产品线和完整的制造体系。沃尔沃的供应链、员工培训体系、安全试验中心、大型试车场以及遍布全球的销售与服务网络，让我学会用全球化的商业思维，在不同文化的冲突与融合中去体验管理的艺术与智慧。当天，《人民日报》的评论写道：“吉利成功收购沃尔沃，将使中国拥有具备国际竞争力的世界知名企业和品牌，对于中国由汽车大国转变为汽车强国具有重要意义”。《光明日报》则指出：吉利收购沃尔沃，“成为中国汽车企业成功收购国外豪华汽车企业和品牌的第一宗案例，为中国汽车工业由大变强迈出了重要一步”。

并购沃尔沃是我们实施“走出去”战略的一次重要实践，但不是唯一的实践。在此之前，我们还成功完成了另外两项收购项目。

2006年10月，我们根据对国际汽车市场的长期考察，首先与英国锰铜公司达成了合资协议。按照协议，我们以占股52%的比例成为这家合资公司的控股方。这是一次改变以往游戏规则的合资，标志着我国首次在汽车界中外合资中获得了控股方的位置。

另一次是对澳大利亚DSI公司的收购。2007年我们去找他们，要跟他们配套变速箱，他们说来不及生产，根本没商量。随着全球金融危机的蔓延，2009 年，澳大利亚 DSI 这家有着 80 多年历史的全球第二大自动变速器公司遭遇破产。这是一家集研发、制造、销售为一体的自动变速器专业公司，拥有雄厚的技术积累和产业化经验及一批世界级的优秀专家，其产品为福特、克莱斯勒及韩国双龙等世界著名汽车公司配套。当消息传来，我立即召开董事会决定参与竞购，第三天就组成谈判项目组踏上了飞往澳大利亚墨尔本的航班，与全球十多家实力雄厚的企业同时展开竞争，经过数十天紧张谈判，吉利终于胜出，顺利完成收购。

目前，DSI 在国内合资新建的年产 30 万台自动变速器工厂已投产，中澳工程技术人员共同开发的 6 速自动变速器、无极变速器已经面世，并使用在新帝豪、吉利 GX7、吉利 GC7 以及帝豪 EC8 等产品上，这项长期以来没有攻克的国家技术难题，通过这次跨国并购得以完全解决。

正是这种未雨绸缪的战略转型，吉利赢得了应对紧接而来的经济危机的主动权。2008 年，吉利的经营逆势上扬，产品产销稳步增长，产品质量迅速提升，技术实现重大突破，成为当年汽车界罕见的亮点。2009 年，吉利顺利兑现“四项承诺”：战略转型目标不会变，集团员工总数不减少，产销目标不减少，重要项目不停止，全年销量实现 48% 的增长。2010 年，吉利圆满完成年初制定的各项经营指标，全年销售突破 41.5 万辆，技术创新体系建设获得国家大奖，品牌形象、产品形象、社会地位都得到显著提升。所以，2014 年李克强总理在浙江考察时，对吉利给予了很高的评价：“吉利汽车不仅是让国人骄傲的民族品牌，更了不起的是，吉利走向了世界，还收购了全球知名汽车公司。吉利汽车的发展史，就是中国经济不断升级的缩影。”

再 出 发

2014 年吉利遭遇了发展历史上的一次“小寒冬”。一方面，中国汽车市场产销双超 2000 万辆，连续五年位居全球第一；另一方面，合资车降价绞杀自主品牌生存空间，导致整个自主品牌汽车销量同比下滑16.24%，吉利汽车销量更是同比下滑22%，遭遇了造车20年来唯一一次销量下滑。在年初的一个产业论坛上，我就说："汽车行业正面临着一场变革，尽管海面上看起来静悄悄的，但实际上海底已经暗流涌动，谁不变革谁将先死。"于是，吉利围绕着开发产品、掌握核心技术、产品在市场上的表现力等几个关键词，开始从研发、制造、采购到营销各个环节的大调整，回归"一个吉利"的品牌，打造精品车。在整体车市低迷的2015年，转型之战从博瑞"仰攻"开始，拉开了吉利精品3.0时代的序幕。吉利汽车以同比22%的增幅领涨自主品牌，并跻身2015年汽车集团年销量榜单前十强。

吉利并购沃尔沃后，经过近四年的运营，沃尔沃在全球经营业绩明显好转，盈利节节攀升。2014年累计销量46.6万辆，同比增长8.9%，达到历史最高水平。2015年沃尔沃全年销量突破50万辆，再创历史纪录，利润是2014年的三倍；其中，沃尔沃欧美市场表现突出，增速均超过20%。2016年，全球销量53.4万辆，同比增长6.2%；其中，沃尔沃中国市场销量9.09万辆，同比增长11.5%。同年位于中国大庆的吉利制造基地开始向美国出口全新S90长轴距版豪华轿车，与其他品牌在中国实行的"国产化"完全不同，大庆工厂作为沃尔沃的全球性制造基地，中国制造的沃尔沃汽车不仅满足本土需求，还将供应美国和欧洲等全球主要市场。我们把沃尔沃轿车全球研发中心迁到了中国，把沃尔沃轿车全球生产基地转移到了中国，我们成功实现了沃尔沃豪华轿车中国制造出口全球的目标，让中国制造的豪华轿车为全世界市场提供服务。而且全球一个标准，无论是中国人、美国人、欧洲人，还是全球任何地方的用户，买到的沃尔沃轿车都是一套标准，没有任何歧视。我们还带动、培养了大量的上下游产业价值链企业的发展，提高了中国本土汽车零部件企业的同步研发能力，影响与推动了成千上万个实体企业坚定地持续投入，顽强地生存与发展。沃尔沃汽车集团总裁汉肯·塞缪尔森说，"中国汽车工业进入了一个由沃尔沃开启的全球化生产和出口的新时代"。

汽车产业是全球性产业、是制造业之王，21世纪是科技革命、产业变革、商业重塑的世纪，无论是吉利、沃尔沃、奔驰、宝腾、路特斯，还是世界上的其他汽车公司，都面临巨大挑战。在相互尊重、互不影响独立性的前提下，依法合规地探索一条携手共进的新型发展道路，是经济全球化背景下应该尝试的创造性思维，这种思维可以为用户带来更多利益，为行业产生积极影响。吉利收购戴姆勒部分股权，是基于以上思考所做出的商业决定。资金基本上都来源于海外资本市场，完全没有使用中国境内资金，其中 80% 左右来自海外的外资银行，小部分来自海外的中资银行，还有一部分是吉利自有资金，这完全是市场化资本组合，市场化自我平衡的资金结构安排，这种安排没有任何特殊背景。无论是中国政府，还是德国政府都对我们的交易做了充分而认真的了解，依法而严格的审查。世界上所有投资都是机遇与风险并存，吉利投资戴姆勒也存在机遇与风险，是一项完全合规、公平的透明交易，当然这也是一次冒险的创造性探索。我们希望通过这种探索更好地迎接 21 世纪的商业竞争。

吉利从无到有，从小到大，由弱变强，从小山村走向全中国、走向全世界，为中国汽车跑遍全世界，而不是全世界的汽车跑遍全中国而顽强拼搏。实践证明，这条路实在太艰辛，这条路也确实很诱人，这条路时而景色秀丽，时而乌云密布，我们勇敢地在这条路上参加了没有尽头的马拉松赛跑，虽然跑得腰痛腿软，浑身浸透汗水，有时还出现精神恍惚，不知所措。但是“认准一个方向，坚定一个信念，提炼一种精神，凝聚一股力量，完成一个使命”的企业文化始终支撑着我们。前方的路依然充满神秘，勾起我们无穷的想像，探索远方秘密的心情根本无法平静，已经扬起的创业风帆将继续推动我们走向充满无限可能的汽车世界。

后 记

为庆祝改革开放40周年，原中央党史研究室组织地方党史部门对征集到的一些领导同志、亲历者的口述史进行整理，选取反映地方贯彻落实党中央改革开放重大决策部署中具有全国意义或地方特色的典型事件的史料，编辑为“改革开放口述史”丛书。

本丛书在策划、选稿、编辑、出版过程中，得到各位作者和地方党史部门的大力支持。原中央党史研究室主任曲青山和副主任吴德刚给予了精心指导，并分别担任编委会主任和副主任。中共党史出版社的领导和编辑们为本丛书的编辑、出版付出了艰辛的劳动。在此表示衷心感谢。

由于工作繁忙，编辑时间紧迫，编者水平有限，书中难免存在不当之处，欢迎广大读者提出宝贵意见。

编 者

2018 年 11 月